现代学前教育理论与实践丛书
浙江省哲学社会科学规划课题成果（11JCJY10YB）

心理理论与混龄教育

武建芬 ／著

ZHEJIANG UNIVERSITY PRESS
浙江大学出版社

儿童是个心理学家，教师应该成为解读儿童的心理学家（代序）

"心理理论"是当今发展心理学和学前教育领域中一个重要的研究热点和前沿课题，其基点着重关注幼儿朴素理论在儿童发展和成长中的作用和意义。作为朴素理论的核心构成，心理理论不仅是儿童进行有效社会认知的工具，还能帮助儿童进行反思性思维的学习。心理理论水平高的儿童可以更好地理解他人并与之相处，从而更好地适应社会生活。随着研究的深入，学者们从最初对儿童心理理论能力发展的年龄特点及不同任务带来的结果差异等问题的关注，逐渐转向探讨心理理论发展影响因素的研究。

建构理论认为，儿童早期与他人的社会交往有助于儿童心理理论能力的发展，即社会交往能够促进儿童心理理论的发展。作为儿童发展中的重要他人，同伴对儿童发展的意义重大而特殊。人类学家梅尔文·科恩特指出，儿童有一种天生的与非同龄人交往的倾向，而教育实践却往往由于过分强调年龄差别而使儿童的这种先天倾向受到抑制，从而在一定程度上限制了儿童与异龄同伴交往的机会，这是有悖于儿童的天性的。应该说，同龄交往和异龄交往对儿童的成长都是不可或缺的。《幼儿园教育指导纲要（试行）》指出，"环境是重要的教育资源，应通过环境的创设和利用，有效地促进幼儿的发展"，"同伴群体及幼儿园教师集体是幼儿园宝贵的教育资源，应该充分发挥这一资源的作用"。正是基于这种理念，很多幼儿园在实践中除了采用同龄编班之外，还采用混龄教育。这些不同的教育组织形式既可以为幼儿提供与异龄同伴互动的机会，扩大他们的交往范围，又可以充分地整合利用幼儿园的人际资源，进行差异性互补，从而为幼儿营造一个良好的发展环境。然而，混龄教育对幼儿心理理论发展的影响到底如何？混龄教育是否比同龄教育体现出更多的优越性？什么类型的混龄教育组织形式更为符合我国幼教国情？混龄同伴交往中心理理论的呈现形式如何？我国常见的混龄教育组织形式有哪些？……这些问题都值得系统研究。

这本书关注心理理论与混龄教育之间的关系，尝试探讨两者之间可能存在的相互影响，这将有助于从社会交往经验的角度来理解儿童心理理论发生发展的机制和过程。本项目的研究结果可以给我国当前幼儿园的教育组织形式提供一些理论和实践上的指导,并对培养儿童的心理理论能力、发展其良好的社会交往技能具有重要的参考价值。

武建芬博士主要采用实验、观察、问卷和访谈等方法探讨了心理理论与混龄教育的关系,分析了心理理论视角下混龄班同伴之间教与学的行为特点,以同伴混龄中的冲突、合作及协商等为切入点,解读了大量隐藏在日常同伴混龄交往中的心理理论,提出了"儿童是个心理学家,教师应该成为解读儿童的心理学家"的命题,并结合我国幼教实践,总结出我国五类常见的混龄教育组织模式:全园性混龄编班模式、同龄编班和混龄编班共存模式、蒙氏混龄模式、间断性混龄编班模式及间断性混龄活动模式。最后,作者观点鲜明地提倡幼儿园可以进行混龄教育,尤其是间断性混龄教育,为我国幼教实践提供了可供借鉴的重要参考。

这本书是浙江省哲学社会科学规划课题成果。多年来,武建芬博士带领她的研究生一直专注于探讨儿童心理理论与同伴交往的关系、儿童心理理论与混龄教育的关系,常常深入上海、杭州等地的幼儿园进行实践研究,努力把理论研究和我国的幼教实践相互结合,这种"接地气"式的研究得到了一线园长和教师的大力欢迎。

我特别赞赏武建芬博士的不懈追求的精神和勤奋高效的研究态度。儿童心理学与学前教育学领域中的实证研究,是永无休止地逼近真理的认识过程。也许,我们可以发现有些研究还可以改进,有些观点还可以商榷,但这本书作为一个项目的成果,体现的是一种夸父追日的决心和努力。武建芬获得博士学位和高级职称后,依然奔波在高校课堂与幼儿园实践的路途上,没有满足,没有懈怠,没有轻浮,而是脚踏实地地不断努力。这在当今的大学氛围中,确实是难能可贵的。写到这里,我耳旁响起了纪伯伦的诗句:"用墨水书写与用心血书写大不相同。"谨以此诗句,表达我对这本书问世的祝贺,也与武建芬博士共勉!

王振宇

2017 年 3 月

目　录

第一章 心理理论与混龄教育问题相关研究

本章主要阐述心理理论的模型及研究范式、混龄教育及研究现状、国内外有关儿童早期心理理论与混龄教育问题的相关研究现状等,并在综述已有研究的基础上,提出本研究的基本思路与框架。

第一节 心理理论及其研究范式

一、心理理论的由来

儿童从出生之日起,就处在一定的社会关系之中,他们的生存和发展离不开对社会关系中他人的认知和理解,并能够借助对他人的认知和理解进行有效的人际互动。随着对儿童人际交往研究的深入,发展心理学家越来越关注"儿童是如何理解自己和理解别人的",于是,产生了一个新的研究热点:心理理论。从学术渊源上看,有关心理理论的研究起始于皮亚杰。皮亚杰运用临床法向儿童提出的大量问题都涉及儿童对愿望、信念和意图的理解。皮亚杰关于儿童认知发展研究的最大成就是揭示了儿童的认知不同于成人,是自我中心的。儿童思维的自我中心,不仅顽强地表现在儿童对物理世界的认识中,也同样表现在对社会世界的认识中。儿童总是按自己的主观体验认识环境和认识他人。

网上一篇题目为"动物有思想吗?"的文章,就提到了有关心理理论的内容。

· 小信息 ·

动物有思想吗？

（黄森 编译 杨璐 校译）

自我意识中最常用的测试方法是对识别镜子中自己的能力的测试，这意味着你将自己看成一个单独的个体，与其他生物区别开来。这一测试是由美国心理学家戈登·盖洛普（Gordon Gallup）博士于 1970 年正式提出的。盖洛普将一种无味的标记涂在受试对象的脸上，并观察他们看到镜中自己时的反应。如果他们触摸脸上的标记，这似乎表明他们意识到镜中的形象是自己而非其他动物。大部分人类在 1～2 岁就表现出了这种能力。盖洛普发现黑猩猩也拥有这种能力。自那以后，红毛猩猩、大猩猩、大象、喜鹊、海豚都通过测试，表现出了这种能力。猴子和狗没有表现出这种能力，也许是因为狗通过嗅觉来辨认他者，而这一测试并未向它们提供有效的信息。

辨识自己是一回事，那么辨识他者呢？这里不仅指将他者看作个体，而且是看作与自己一样的但具有不同意图及愿望的生物。一些动物也通过了这个测试。

Santino 是瑞典富鲁维克动物园的黑猩猩。21 世纪初，管理员发现它收集小石头藏在自己的笼子里，甚至用东西遮盖住石子，这样它以后就有东西砸那些惹恼它的游客。瑞典隆德大学的马提亚斯·奥斯瓦特（Mathias Osvath）认为这种行为表现出了不同类型的复杂心理：Santino 可能还记得过去的某个事件（被游客惹恼），从而为今后做准备（向惹恼它的人投掷石头），并在内心构建新的局势（驱赶游客离开）。

哲学家将这种能够识别他者拥有与自己不同的意图和愿望的能力称为"心智理论"。显然，黑猩猩拥有这种能力。Santino 似乎已经明白，饲养员会在可能的情况下阻止它扔石头。因此它学会了隐藏武器并抑制其攻击性：它在收集石头的时候显得十分平静，但在扔石头的时候却非常激动。这种理解他者能力和利益的能力，也体现于生活在佛罗里达猩猩避难中心的雄性黑猩猩身上。这些黑猩猩并不强求与其一同生活的、患有脑麻痹症的 16 岁黑猩猩 Knuckles 服从它们平时的主导权威。此外，黑猩猩也明白，它们可以操控别人的信任，例如它们在争夺食物时经常互相欺骗。

（译自英国《经济学人》（The Economist）杂志（2015 年 12 月 19 日）"Animals think, therefore…"）

　　事实上,上文所说的"心智理论",在我国心理学领域常常被翻译为"心理理论"(theory of mind,TOM),这个概念最早由 Premack 和 Woodruff 于1978 年在《黑猩猩有心理理论吗?》一书中明确提出。他们想知道,黑猩猩是否具有和人一样的推测心理状态的能力。研究者通过给黑猩猩出示录像带的方式进行研究,结果发现:黑猩猩具有预测人类行为的能力,即黑猩猩知道他者的心理状态,能够根据具体的情境推知他者的心理活动。"所谓一个个体具有心理理论,我们指的是这一个体能将心理状态加于自己及他人。一个这样的推理系统完全可以被看作是一种理论,首先因为这种状态是无法直接观察到的;其次,因为这个系统需要预测能力,特别是对其他有机体行为预测能力的支持。"[1] 此后,随着研究的深入,心理理论的含义也更加丰富。

　　心理理论是当前学前教育领域和发展心理学中一个重要的研究热点和前沿课题,其基点着重关注幼儿的朴素理论对其发展和成长的作用和意义。朴素理论(naive theory)主要包括朴素心理学(即心理理论)、朴素物理学和朴素生物学三个核心领域,主要强调的是儿童的理论和科学的理论之间的区别,因此也有人称之为天真理论、似理论(theory-like)、直觉理论(intuitive theory)或前理论(pre-theory)等。本体集合、因果原则集合和内部一致的知识体系是朴素理论的三个重要成分。

　　所谓"心理理论",意指个体对自己和他人心理状态(如愿望、信念、需要、意图等)的认识,并由此对相应行为做出因果性的预测和解释。[2] 心理理论是一种重要的社会认知能力,在人与人相互交往中起着重要作用,是个体在社会中生存应具有的最基本的能力。个体若拥有心理理论,就可以解释人们已经做以及将要做的事情,人际交流,人们想要什么、相信什么、希望什么、意图是什么等。儿童若拥有发展良好的心理理论,就能适应日常的社会环境,较准确地预测他人和自己的认知和情感状态,协调相互间的关系;拥有较成熟的心理理论,还可促进儿童社会认知能力的发展,这些能力是他们与同伴、父母、兄弟姐妹及陌生人相处所需要的。儿童若具有相应的关于心理的知识,就可使他们初步地观察刺激和行为,进行行为倾向、心理状态或心理特质的正确归因,并预测将来的行为。儿童若提高了对相互矛盾的心理表征的认识水平,就可以理解看法、偏见、信念、欺骗、争执、印象、反语、讽刺、错误观念和解释等概念的含义,并且认识到,由于人们对同一事物可能持有不同的表征,因此每个人就可能持有错误信念,即自己关于某事的认识可能是错误的。他们在认识到外表与真实有差异后,就可把这种认识应用于对关系的认识上,比如意识到"他们表现得好像彼此喜欢,但是实际上他们并不喜欢对方……"

　　若拥有了心理理论,儿童就能把他们在婴儿期间对人们具有"可影响性"的认识提高到一个新的水平。例如,他们可能劝说对方,赞同或不赞同对方,同情对方，与对方合作、共建以及共享知识等。因此，自 20 世纪 80 年代起，心理学家之所以热衷于研究儿童心理理论的发展，就是因为他们看到了心理理论在儿童总体心理发展中的重要作用。心理理论是儿童有效的社会认知工具。拥有心理理论，儿童不仅能够更好地理解他人并与他人相处，从而更好地适应社会生活，同时还能帮助他们进行反思性思维的学习。[3] 随着研究的深入，学者们从最初对儿童心理理论能力发展的年龄特点及不同任务带来的结果差异等问题的关注，逐渐转向探讨心理理论发展影响因素的研究上。

二、心理理论的模型

研究者提出了五种不同的理论模型来解释儿童心理理论的发展，主要包括理论论、模拟论、模块论、匹配论和 RR 模型。[4]

（一）理论论

理论论（theory theory）认为，人们对于心理状态的认识，是一种有框架的或有基础的理论，然后个体根据这个框架体系去解释和预测自己或他人的行为。该理论的主要观点是：假设儿童起先并没有关于心理状态的知识，但慢慢地在与环境的相互作用下，逐渐发展出一套用以解释和预测他人的心理状态的理论。它强调了经验的重要性，认为经验为儿童不断地提供了一些关于理解心理状态的信息，才最终使儿童能够理解这种心理状态，修正和改进原来已有的心理理论。该理论的代表人物主要有 Wellman 和 Perner 等。

（二）模拟论

自 20 世纪 80 年代以来，理论论逐渐受到了模拟论（simulation theory）的挑战。模拟论反驳了个体理解和推测他人的心理状态是依据内心构建的理论。与此相反，模拟论提出，个体推测他人的心理状态其实是对别人的心理和行为的"模拟"。主要观点为：假设我们通过"设身处地"的方法来表征他人的心理状态，即我们先通过内省的方法来认识自己的心理，然后通过激活过程把这些相关的心理状态的知识迁移到他人身上。所谓激活过程就是指把自己放在他人的位置上，从他人的角度出发体验他人的心理活动状态。可见，模拟论主要强调在获取心理知识时心理模仿的重要性。

（三）模块论

与理论论和模拟论强调人的经验和后天学习不同，模块论（modularity theory）主要关注儿童心理理论的先天因素、心理理论的起源及内在机制，代表人物是 Leslie。通过多年对自闭症儿童的观察和研究，Leslie 认为，儿童的心理理论是一种内在的能力，而且大脑中存在一个"心智的模块"。个体出生时，个体的神经系统便存储了心理理论的模块。然后，随着这种模块在神经生理上达到成熟，个体便逐渐获得了对心理状态的认识，经验对心理理论的作用只起触发作用。该理论还提出了几个模块机制:意图觉察器、视觉方向觉察器、身体理论机制模块、心理理论机制模块,并以此来解释儿童的心理理论。模块论也得到了有关自闭症儿童心理理论研究的证实,在一定程度上能够对自闭症儿童的心理知识状况做出合理的解释。

(四) 匹配论

匹配论(matching theory)认为,心理理论发展的前提是儿童必须要能够意识到自己和他人在心理活动中处于等价的主体地位,即在心理活动情境中儿童能逐渐认识到自己与他人的心理活动之间的关系,认识到自己的心理活动与他人的心理活动是相似的。儿童通过对心理活动情境的不断观察和再认,对这种等价关系不断地认识之后才能获得心理理论的发展。该理论也强调了后天环境的作用,是对理论论的补充。

(五) RR 模型

RR 模型(representational redescription model)即"表征重述模型",是英国著名发展心理学家卡密洛夫-史密斯(Karmiloff-Smith)在《超越模块性——认知科学的发展观》中提出的一种解释人类认知发展的理论模型,说明了儿童随着时间不断获得知识的方式。[5]该理论认为,相同的知识可以多重水平和形式加以表征,并提出人类对知识的表征有四个不同的水平,分别为内隐(I)、外显 1(E1)、外显 2(E2)和外显 3(E3)。在第一个水平即水平 I 上,表征是对外在环境中的刺激材料进行分析和反应的程序。这种表征能产生正确的行为,帮助儿童达到行为的成功,即行为掌握。第二个水平是 E1,这时的表征已是外显的,它的组成成分已可用作材料进行操作,且变得灵活,但它还没有通达到用言语报告的意识。第三和第四水平是 E2 和 E3,这时表征已通达于意识,可用言语加以报告。从水平 I 到水平 E1 再到水平 E2 或 E3,是通过表征重述的机制来完成的。该模型应用于(却并不仅限于)儿童理解个体的思想和行动之间关系的发展能力的研究。卡密洛夫-史密斯提出,个体不断地重述当前拥有的信息,以便不断地将其与认知领域内和跨认知领域的其他知识"片断"整合起来。通过这一过程,内隐知识变得外显:起初未获得的信息可以被获取和用言辞表达了。与 TOM 相关的能力很有可能是基于先天特性的,而社会背景的影响对这些能力的表现是关键的。在诸如错误信念等心理理论任务中,要求儿童在他人错误信念基础上进行成功的推理时,能用言语报告加以论证,这只有在儿童 4 岁左右,当 E2 或 E3 形式的表征出现时才能完成。以假装游戏为例,学步儿童对假装游戏结构中的三项要求(动因——常常是儿童自己;初始表征——游戏用的实际物体;去结合表征——与所有的实际物体去结合后的二级表征,即所假装的物体表征)必定已有了 E1 水平的表征,但命题态度和命题内容的区别还没能以 E2 或 E3 水平的形式表示,因此不能通达意识。4 岁以后的儿童能成功地用语言对在他人错误信念基础上进行的推理加以论证,说明此时命题态度和命题内容的区分就外显地以 E2 或 E3 的形式表现出来了,儿童开始获得在心理表征的王国里自由驰骋的能力。

以上理论各有所长,但也都存在一些难以解决的问题。对于儿童心理理论的发生和发展的解释,至今还没有一个公认的理论普遍适用。然而这些理论并非相互排斥,而是相互补充、相互统一的。研究者从不同角度丰富了心理理论的解释。可以乐观地期待,随着今后研究的深入,学界一定会构建出更全面、科学而精致的理论解释。

三、儿童心理理论的研究范式

虽然研究者都比较一致地认为,心理理论的发展包括对信念、愿望、意图、感知、知识、情绪、需要等多种概念的理解,但是,与意图、愿望、情绪等心理状态相比,信念要更为复杂一些,因为它包含对世界的表征或解释,信念可以具有和世界的实际状态相分离的内容,这一点尤其体现在对错误信念的理解中。对他人与现实相符的真实信念的预测能通过直接评估外部世界而获得,在逻辑上并非必然涉及此人的心理表征,而要对错误信念进行推测必须认识到这个人心理的表征性质。鉴于信念在我们日常心理学中所具有的核心地位,信念尤其是儿童对错误信念(false belief)理解能力的发展在当前的儿童社会认知研究中仍最受关注,成为测试儿童心理理论的主要标志。错误信念即他人或自己的一些与现实不一致的信念,了解他人对同一事物的信念可能与自己的不一致是儿童理解错误信念的前提。

· 小信息 ·

信 念

心理学所说的信念指人对自己和对外界的主观认识。信念是通过以下三种方式产生的:第一,直接经验。例如自信来自成功的体验,对甜味的感知来自对糖的品尝。第二,间接经验,即来自第二手材料的经验,比如书本知识、报刊、广播、电视、他人的谈话等。第三,推论,即以直接经验和间接经验为依据,做出各种推论。比如,与某人的一次接触中,对其产生了良好印象,因而在多方面都信任他。

另外,信念具有强度(有的信念易变,有的不易变)、可错性(信念可能是正确的,也可能是错误的)和对行为的指导性(根据信念做出相应的行为)等特性。(鄢超云)

(一)经典实验任务

研究儿童心理理论的方法很多,但研究者广泛采用的主要是两个经典实验任务:意外地点任务(unexpected-location task)和意外内容任务(unexpected-content task)。

1. 意外地点任务

意外地点任务的设计:让儿童观察成人演示玩偶的故事,然后回答相应的问题。具体的故事:男孩 Maxi 把巧克力放在了厨房的柜子里,然后他就出去玩了。等他离开后,Maxi 的妈妈偷偷地把巧克力从柜子里拿出来放到了抽屉里。然后 Maxi 回来了,他想吃巧克力。问题:Maxi 会去哪里找巧克力?在厨房的柜子里还是抽屉里?倘若儿童回答"去厨房的柜子找"即表明儿童通过了此任务;若回答为"去抽屉里找",则表示没通过此任务。之后,Baron Cohen 等于1995 年设计了 Sally-Ann 错误信念任务,这也是意外地点任务的另一经典范式,任务程序如图 1-1 所示。

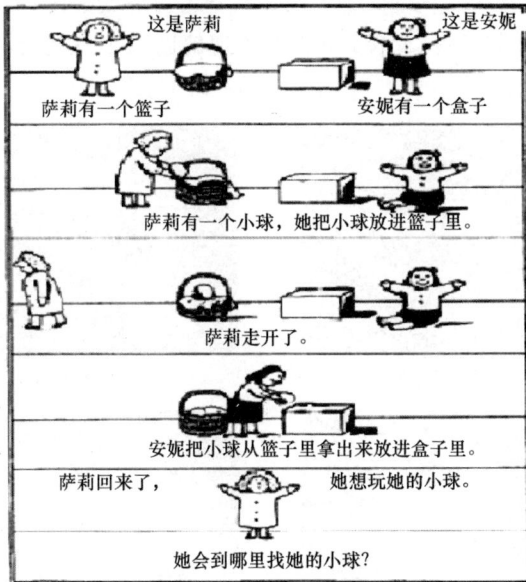

图 1-1　Sally-Ann 错误信念任务

图片摘自:王元的博士论文《3～5 岁儿童自我调节各成分与其心理理论发展水平的关系》[6]

2. 意外内容任务

意外内容任务的经典范式是 Perner 等设计的糖果盒任务。Smarties 糖果盒是英国儿童所熟悉的一种糖果盒子,但里面的糖果事先被主试换成了蜡笔。任务程序:主试向儿童呈现 Smarties 糖果盒,问儿童"你知道这个盒子里装的是什么吗?"当儿童回答"糖果"后,主试打开糖果盒,让儿童看到了蜡笔,这时主试再问儿童"那么其他孩子在打开这个盒子之前,会认为这个盒子里面装的是什么?"当儿童回答为"糖果"即儿童通过了此任务;当回答为"蜡笔"则儿童没有通过此任务。

(二)经典实验任务的变式

以后诸多测试任务是经典实验任务的变式,包括外表-真实任务、情绪认知任务、心理理论故事书等。

1. 外表-真实任务

外表-真实任务(appearance-reality distinction)用来考察个体对知觉信息的理解程度。弗拉维尔(Flavell)等认为,儿童对于错误信念的理解同他们对于外表-真实的区分有着惊人的类似。他们在研究中运用了这个任务:主试呈现给儿童一块由海绵制成的岩石道具(或玩具雪人),把道具海绵(或玩具雪人)放在儿童面前,先让儿童观察,然后让儿童触摸道具。最后主试问儿童:"它像什么?(指着海绵或雪人)它实际上是什么?(指着海绵或雪人)"一般来讲,儿童在4岁以后才能通过该任务,此前,他们无法理解同一个事物可以有多种表征形式,如图 1-2 所示。

看上去是石头	实际上是海绵
看上去是雪人	实际上是本书

图 1-2　外表-真实任务

图片摘自:王元的博士论文《3～5 岁儿童自我调节各成分与其心理理论发展水平的关系》[6]

2. 情绪认知任务

情绪认知任务（emotion recognition task）可以通过对情绪状态的理解测试儿童心理理论发展水平。随着研究的深入，研究者发展出很多研究情绪心理状态的范式，包括对表情的识别、对情绪原因的理解、对信念和愿望的情绪理解等。

表情识别范式主要采用面部表情的图片，一般包括高兴、生气、伤心和害怕这四种简单的情绪，让被试对这些表情进行识别和再认。较常用的是 Denham 的幼儿"表情命名-再认任务"：首先让儿童对这些表情图片进行命名，如高兴或生气，然后将这些表情图片随机呈现给儿童，主试说出某个表情（如高兴），儿童则要选择相对应的表情图片（高兴的表情图片）。

情绪原因理解的研究范式与表情识别的研究范式类似，但不是对表情进行识别，而是对产生某种情绪的原因进行推测。具体来说，设置一些故事情境，问儿童诸如"为什么故事主人公会产生这种情绪"等问题。基于信念和愿望的情绪理解范式，与意外内容任务的范式类似，只不过是把意外内容任务的认知性理解的提问变成情绪理解的提问。

3. 心理理论故事书

目前，关于心理理论的研究大多是采用单一任务进行的（如错误信念任务），这些研究可能只提供了关于心理理论的某个成分的信息，但我们知道心理理论的内容是很宽泛的，包括意图、愿望、信念、情绪等。因此，有的研究者开始主张采用一些综合的测试来研究心理理论。目前用综合的测试研究心理理论的还很少，Blijd-Hoogewys 等研究了一个新测试即心理理论故事书（theory of mind story）[7]。此测试有 34 个任务，可分为 5 组，包括愿望、信念、情绪认知、物体实体和心理实体的区分、知觉知识。研究也发现 TOM 故事书不仅适用于 2～4 岁的幼儿，也适用于 4.5～6.5 岁的儿童。它的内部一致性是好的（Cronbach's $a=0.90$），也具有良好的信度，并具有良好的心理测量指标。具体任务如下：

（1）情绪认知任务

情绪认知任务有 5 个：高兴、害怕、生气、伤心和吃惊。给幼儿呈现五种情境描述，让幼儿选择恰当的面孔和正确的情绪标签。为了防止反应偏倚，面孔呈现的顺序是不同的。示例任务（见图 1-3）：Sam 赢了弹球比赛，他有最漂亮的弹球。问题：a. 他可能是右边的哪个面孔？（情绪认知）b. 他看起来心情是怎样的？（情绪命名）c. Sam 为什么感到高兴？（情绪原因理解）

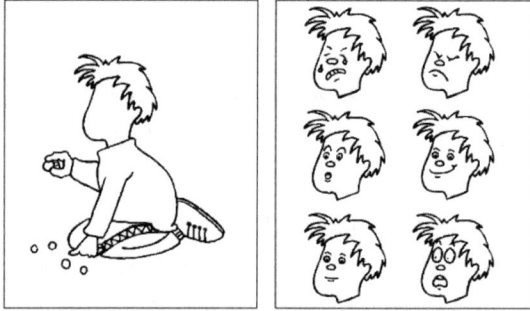

图 1-3 情绪认知任务

(2) 心理-物理区分任务

采用成对的现实-心理对照,让孩子来比较哪些是客观现实,哪些是主观经验。孩子要对真实情境和假装情境、想象情境等进行比较。问题和条目的顺序是随机的。示例任务(见图 1-4):Sam、妈妈和 Sparky 准备去公园。首先,他们先去池塘。Sam 给鸭子喂了一些面包。然后妈妈也给鸭子喂了一些面包。而 Sam 的朋友 John 今天不能去公园。John 生病了,躺在家里。John 假装给鸭子喂面包。问题:a. 谁能用眼睛真正看到面包? John 还是 Sam?(心理-物理感觉)b. Sam/John 怎样才能真正看见面包? c. 现在谁能真正给鸭子喂面包呢? John 还是 Sam? d. John 假装给鸭子喂面包,John 的妈妈也能真正给鸭子喂面包吗?(心理-物理他人)e. 现在谁能省下一些面包,然后明天喂鸭子呢? John 还是 Sam?(心理-物理将来)

图 1-4 心理-物理区分

(3) 真实-想象区分任务

该任务是关于真实和想象的问题。具体的故事:John 和 Sam 在吃三明治,Sam 说:"John,我知道一个很好玩的游戏,我将要问你一些奇怪的问题。"

问题:a.存在黄色香蕉吗? b.存在跳着舞的香蕉吗? c.你能想到黄色的香蕉吗? d.你能想到跳着舞的香蕉吗?

（4）知觉知识任务

这是关于看见或没看见及知道或不知道之间的联系的问题。示例任务（见图1-5）：今天是Sam五岁生日。房间的桌子上有两个礼物,一个小包和一个大盒子。Lisa是他的妹妹,允许Lisa看到盒子里面,而Sam只能摸摸盒子。问题:a.谁知道盒子里面是什么? Sam还是Lisa? b.为什么Lisa/Sam知道盒子里面是什么?

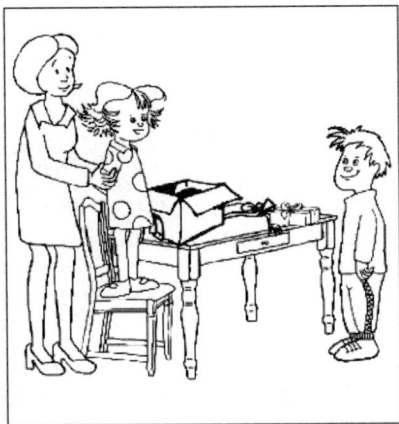

图1-5　知觉知识任务

（5）愿望或信念任务

愿望任务就是让个体预测他人的情绪和行为,包括愿望-情绪任务和愿望-行为任务。信念任务就是关于满足或没满足信念的问题,如同愿望任务,也被用于预测情绪和行为。

愿望-情绪任务。示例任务:Sam和Sparky一起在回家的路上走着,Sam看见了卖冰淇淋的人,他想吃冰淇淋。他问妈妈自己可以吃一个冰淇淋吗? 妈妈说:"当然可以。"然后Sam得到了一个很大的冰淇淋。问题:a.选择与Sam当下相符的表情。（愿望情绪认知）b.他看起来心情是怎样的?（愿望情绪命名）c.Sam现在是怎样的情绪?

愿望-行为任务。示例任务:John和Sam在John的房子玩,但是John藏起来了。Sam想去游泳,必须让John陪他去游泳池。他去地下室找John,他打开门,发现John原来就在这里。问题:a.Sam现在要做什么? b.他为什么去做?（重复以前的答案）

信念-情绪任务。示例任务:Sam认为他的游泳裤在椅子上。Sam去椅子那儿找,但是他找到一个小鸡! 问题:a.选择与之对应的表情。（信念情绪

11

认知)b. 他看起来心情是怎样的？（信念情绪命名）

信念-行为任务。示例任务（见图 1-6）：爷爷和奶奶来看 Sam。Sam 从爷爷和奶奶那里得到了溜冰鞋，他非常开心。Sam 把溜冰鞋放在玩具箱里。然后，他上楼了。当 Sam 离开时，他的妹妹想戏弄一下 Sam，于是把溜冰鞋藏在盒子里。然后，她也出去了。之后，Sam 又回来了，想玩溜冰鞋。问题：a. Sam 会在哪儿找他的溜冰鞋？b. Sam 为什么在那儿找？c. Sam 认为他的溜冰鞋在哪儿呢？d. 溜冰鞋其实在哪儿呢？

图 1-6 错误信念任务

研究发现，3 岁儿童通常不能完成错误信念任务，他们认为主人公会根据实际状况采取行动，而不理解主人公会根据其所持的与当前状况不同的错误信念来行动。4 岁以后的儿童开始能够认识到自己或他人可能持有错误信念，且他人也可以拥有与自己不同的信念，并据此而不是依据现实世界的实际状况采取行动。Perner 对此的解释是，4 岁前的孩子还没有形成"信念"的概念，而 Wellman 则把原因归于 3 岁儿童还不具备"错误信念"的概念。

那么，儿童对错误信念的理解是一种简单的随机猜测还是自信而策略地选择呢？为了回答这个问题，Lohmann 等[8]通过对 3～4 岁的儿童心理理论发展水平的研究发现，在错误信念任务中，儿童似乎就是在进行有意的选择，而不是简单的猜测。无论主人公获得的关于物体的信息是视觉的还是言语的，儿童在心理理论理解任务上的表现都一样好。这表明，儿童不是基于看见才使用简单的规则来预测故事主人公的行为。诸多研究都证实了这一结论的普遍性。

也有学者对此研究范式提出质疑。例如有的学者认为,由于在心理理论测试的对话过程中,儿童与成人往往在指导语理解上不一致(儿童可能没理解到实验者提问的真正意思或意图),从而其能力可能被低估。因此,实验者的提问具有某种科学目的,而儿童对此则做出了某种一般的对话式的解释。但这并不意味着该儿童一定存在某种心理理论上的缺陷。儿童在测试中的表现还可能受那些突出的但与问题解决无关信息的影响。然而,儿童如何加工测试过程中所涉及的相关信息,可能影响到他们对错误信念的推测。如果让儿童在回答测试问题前,对某个错误信念故事中的成分加以复述,就会极大地促进儿童的正确判断。这似乎表明,确保所有的相关信息存储于儿童的记忆,可促进儿童对错误信念的推测。当故事为儿童所熟知时,儿童则往往不愿承认故事中的人物会持有错误信念。因为对故事太熟悉,儿童假定人人都已知道实情,甚至故事中的人物也是如此。

总之,关于儿童心理理论能力的界定和评估还是该研究领域颇具争议和需要进行更深入探讨的问题。有学者认为,标准错误信念任务设计中的任务变量,特别是语言要求可能过于复杂和不够清晰,从而在一定程度上遮蔽了儿童在心理理论发展早期能力方面的表现,3~5岁儿童在心理理论能力上表现出的"飞跃"现象也可能是评估方法本身的特点所造成的。不过 Wellman 等对该领域内相关的 178 个研究(均为对言语性错误信念任务的研究)[9],涉及超过 4000 名儿童的实验数据进行了元分析发现,即使是在考虑了所有相关因素而建构的理想实验条件下,3 岁半儿童在任务中的表现虽然有所改善,却不能超过机会水平,儿童心理理论能力与年龄相关的基本发展轨迹并未发生变化。因此,经典的心理理论实验任务并没有错误地反映儿童的心理理论能力,错误信念任务仍然是当前儿童是否拥有心理理论的"石蕊试剂"。

第二节 混龄教育及相关研究

一、混龄教育的由来

所谓"混龄教育"(mixed-age education),是指将不同年龄(年龄跨度 12个月及以上)和不同发展水平的儿童按照一定模式加以组合,以促进儿童认知和社会性的发展的一种教育组织模式。20 世纪初,意大利著名教育家玛利亚·蒙台梭利(Maria Montessori)创建了世界上第一所"儿童之家",提出了混龄教育。随着"儿童之家"的成功,混龄教育也逐渐得到了世界各国教育工作者的广泛认同。比如美国、德国、日本、丹麦、英国等国家的学前教育普遍采用混龄编班的形式,并且其研究者对此已展开系统研究。国外学者认为,混龄教育形式主要是针对同龄编班无视个别差异等问题而提出的。皮亚杰的认知冲突理论和维果茨基的"最近发展区"理论是实施混龄编班的重要理论依据。

在我国，绝大多数幼儿园都采用同龄编班的教育组织形式，严格依据年龄把幼儿划分成小班、中班和大班。这种同龄编班的形式便于实施集体教学，是与我国长期以来大一统的学校课程体系相一致的。然而，同龄编班也存在一定的问题，比如因较少考虑儿童的个别差异而导致"一刀切"的教学方式。我国绝大多数幼儿因缺乏兄弟姐妹而导致其异龄交往不足或缺失，而同龄编班不能弥补这种缺失和不足，从而会对幼儿的社会化发展造成某些潜在的不利影响。应该说，同龄伙伴和异龄伙伴对幼儿的成长都是不可或缺的。作为同龄教育的一种有益补充，混龄教育可以为幼儿提供与异龄同伴交往的机会。同时，在幼儿园实际的教育组织中，同龄交往和异龄交往也应该是共生共存的，两者可以共同促进幼儿的全面发展。因此，当我国独生子女社会化问题成为一种普遍的社会现象时，部分幼儿园开始了各种形式的混龄教育尝试，如部分混龄、完全混龄、间断性混龄、连续性混龄等，试图补偿独生子女社会化方面的某种缺憾。即便我国放开"二孩"政策，幼儿园依然有进行混龄教育的必要。《幼儿园教育指导纲要（试行）》指出，"环境是重要的教育资源，应通过环境的创设和利用，有效地促进幼儿的发展"，"同伴群体及幼儿园教师集体是幼儿园宝贵的教育资源，应该充分发挥这一资源的作用"。正是基于这种理念，很多幼儿园在实践中采用不同的教育组织形式，这样既可以为幼儿提供与异龄同伴交往的机会，扩大他们的交往范围，又可以较充分地整合利用幼儿园的人际资源，进行差异性互补，从而为幼儿营造良好的发展环境。

在我国的幼儿园教育中，随着教育工作者对混龄教育认识和相关研究的逐步深入，越来越多的幼儿园已经加入混龄教育的实践中来。

二、有关混龄教育的研究现状

近 20 年来，国内外有关混龄教育的研究主要集中在以下方面。

（一）国内混龄教育的相关研究

从搜集到的国内文献来看，2005 年以前，国内对混龄教育的研究相对较少，且研究内容相对单一，集中在混龄教育的组织、课程研究方面。2005 年以后，混龄教育受到越来越多的关注，同时引起教育、心理、社会等多个领域研究者的重视，研究的内容也呈现出不断细化、丰富的趋势。

1. 对混龄教育起因的研究

首先，现实条件的限制是我国混龄教育兴起的一个客观因素。相关研究发现，我国混龄教育模式的诞生主要是由客观条件所迫，比如生源不足、师资紧缺、物质条件有限等。目前我国一些经济落后、适龄儿童分散的地区依然采用这种混龄教育模式。这种形式的"混龄班"即所谓的"混合班",其组织形式、教学内容与现今普遍意义上的混龄班教学还是有一定差别的。如丁艳芬的研究发现,农村幼儿园开展的混龄教育,有 56.5％ 的老师表示其会为不同年龄段的幼儿选择同样的内容。[10]其次,混龄教育兴起主要是基于教育实践的需要,即为了解决我国在计划生育政策下的独生子女教育问题。幼儿园混龄教育一般是以"大带小"的形式在部分时间或局部领域里进行一些混龄活动,试图补偿独生子女社会化方面的某种缺憾,其根本的成效还有待论证。[11]后来,为了解决独生子女交往缺失的现实问题,一些城市的幼儿园开始探索性地开设混龄班。幼儿教育家柯蒂斯女士访问中国时曾提出建议:"如果能够把不同年龄段的孩子混合在一起开展活动,孩子们就能够互相帮助,使孩子在情感上和社会交往上得到充分的发展。"[12]

2. 对混龄教育实施的研究

对混龄教育模式的探索,当前我国混龄教育通常采用连续性混龄和间断性混龄两种形式,更多的幼儿园采用的是间断性混龄教育模式。间断性混龄教育模式即每天有一个固定的时间段或每周有一两个固定的时间段,让不同年龄(一般相差 12 个月以上)的幼儿在一起活动。而连续性混龄则是每天都进行混龄教育活动。武建芬和陈冰美从幼儿发展的需要、家长的要求、教师承受的压力、幼小衔接以及当前学前教育改革理念五个方面论证了间断性混龄是适合我国国情的学前教育组织形式。[13]程彩玲则指出了间断性混龄中异龄伙伴之间的熟悉度不高、混龄内容难以周全等局限性,并从班组人员配备、环境创设等方面详细介绍了连续性混龄教育的实施方法。[14]

对混龄教育课程的研究多是由幼儿园的一线教师根据自身的实践经验进行探索。从现有的研究成果来看,目前还没有形成一套统一、系统的混龄教育课程。各个研究者多是根据自己所在园区的特点研究园本课程。福建省厦门市第九幼儿园的葛晓英园长和她的团队根据多年的实践探索经验,为混龄教育课程确定了三个原则:主体性与发展性原则、全面性与差异性原则、兴趣性与整合性原则。此外,也对混龄课程的目标和内容做了相关介绍。[15]此外,也有学者对混龄教育的园本课程进行了探索,提出在混龄课程开发中的系列问题与对策:如何制定混龄课程目标,如何选择混龄课程内容,如何兼顾差异,等等。

混龄一日活动既有独立的混龄活动,也有平行的同龄活动、小组活动、个别活动等多种教育组织形态。上海童的梦艺术幼儿园混龄课题研究组发现,在混龄教育中,年长幼儿与年幼幼儿之间的异龄互动、同龄幼儿之间的平行互动常常会交替出现,在一日活动中扩大了不同年龄幼儿之间的合作、模仿等相互影响的时间和空间。[16]

3. 对混龄教育价值的研究

混龄教育对幼儿多方面的发展都有促进作用。一方面,混龄教育可以促进幼儿社交技能和亲社会行为的发展,帮助幼儿学会与人共处,增强幼儿的自信心;另一方面,混龄教育还能有效地促进幼儿认知能力及情感发展。混龄教育能为幼儿提供更多的情感体验的机会,有效促进幼儿情感交流能力的发展,扩大幼儿的情感体验与交流范围。

4. 混龄教育的问题与挑战

钱秀华指出了混龄教育中所面临的问题与挑战:观念上的障碍与理论上的不足,评价标准与经费方面的问题,师资问题。[17]李玉峰在介绍了国外的混龄教育发展状况以后,结合我国的现状,从评价体系、资源设备、试点研究、师幼比和师资队伍建设五个方面提出了实施混龄教育的具体策略。[12]

5. 对混龄教育中同伴交往的研究

随着混龄教育研究的不断深入,研究的内容不断得到扩展,研究的重心由混龄教育的组织形式、价值等扩大到了混龄教育的对象——幼儿。归根到底,在混龄教育中,幼儿与同龄伙伴和异龄伙伴的互动更为丰富,更符合幼儿的天性。越来越多的研究者将幼儿的同伴交往作为研究的焦点,主要可以分为以下几类。[18]

(1)混龄中幼儿行为特点的研究。同龄伙伴之间的分享、冲突、告状等行为在幼儿园常见。在混龄教育背景下,这些行为是否会呈现出一些独有的特点,这个问题引起了研究者的兴趣。相关研究发现,混龄教育幼儿的分享行为成绩显著高于同龄教育的幼儿。也有研究者对幼儿的问题解决、冲突行为进行了研究,发现了有趣的结果。

(2)混龄中同伴交往价值的研究。从已有的混龄同伴交往研究看,更多的研究集中于幼儿的社会性发展研究。这些研究主要是将同伴看作一种资源,幼儿在混龄交往过程中可以更好地学会合作、关心他人等,以弥补独生子女的交往缺乏。研究表明,"大带小活动"这一形式在培养大班孩子的责任感方面,取得了较明显的效果。在混龄角色游戏中幼儿之间的积极互动和影响,会促进幼儿自主选择与创造能力的提高,同时还能丰富幼儿的经验,提高其社会性水平,有助于培养幼儿良好的意志品质,增强其规则意识、责任意识。

(3)异龄互动的研究。在国内,较早对混龄教育中幼儿异龄互动开展研究的是王滨和张更立,他们主要采用观察法对幼儿同伴交往进行研究。王滨对幼儿在认知活动、角色游戏及使用不同材料时的异龄交往进行研究,提出了影响幼儿异龄交往的影响因素。[19]张更立的研究发现,有异龄同伴交往经验的幼儿主动交往的意识明显增强,在交往过程中运用交往技能与策略的能力以及建立与协调人际关系的能力得到明显提高。在交往文明习惯方面虽然两类班级幼儿没有明显差异,但在具体交往过程中混龄班的幼儿则表现出更强的耐心、责任心和更多的友好行为。[20]吴育红在其"混龄区域活动中幼儿异龄交往研究"中对幼儿的异龄互动进行量与质的综合研究,分析了其交往特点,并从活动材料、活动类别等角度分析了异龄交往行为的影响因素。[21]王小英对蒙台梭利混龄教育中的幼儿异龄互动进行了研究。除了上述几个研究者之外,其他研究者也从不同角度对混龄教育中幼儿的异龄交往特点及影响因素进行了研究。

(二)国外混龄教育的相关研究

在国外,混龄教育是一种十分普遍的幼儿教育组织形式,关于混龄教育很少有涉及组织形式、课程等方面的研究,而对混龄教育中同伴交往的研究则十分丰富。意大利教育家玛利亚·蒙台梭利创建的"儿童之家",尤为注重混龄教育。随着"儿童之家"的成功,混龄教育也得到了很多国家的认同。美国、德国、日本、丹麦、英国等国家的学前教育普遍采用混龄编班的形式。[22]国外对异龄同伴交往的研究主要分为以下几个方面。

1.对异龄交往价值的研究

一是对幼儿社会性发展的研究。Katz等的研究表明,在混合年龄小组中一旦年长的学生发起一个活动,就算这个活动或多或少地超过了年幼小孩的现有能力水平,但年幼的小孩还是会积极参与。[23]在混合年龄小组,年长的学生会自然地促进其他学生的行为;另外,其他社会性行为,如帮助、给予和分享,在混合年龄小组中更为频繁。同时,混龄班的学生对其他成员的责任感和敏感度比在单一年龄小组中表现得更强烈。分享、互惠等合作能力在混龄交往背景中会提高。二是对幼儿认知发展的研究。众多研究表明,异龄同伴交往可促进幼儿认知的发展,混龄班中幼儿的认知水平与同龄班相比相对高一些。幼儿的认知发展水平取决于他如何在别人的帮助下,与成人、其他幼儿以及环境互动,这对其智能发展大有益处。混合班的幼儿的自我概念、自我调节和社会适应能力均优于同龄班的幼儿。而且,混龄班幼儿的学业表现并不差,甚至还优于同龄班幼儿,并且混龄班幼儿对学校、自己和别人明显地持比较正面的看法。一项研究托儿所建构复杂积木的实验显示,当盖积木的新手幼儿与专家幼儿配成一对时,他们不仅进步显著,而且这种进步会过渡到今后的工作中。三是影响幼儿异龄交往因素的研究。幼儿不同的行为特点会影响其与同伴之间的交往。受欢迎的幼儿是通过观看或亲近其他幼儿来发动社交的,当其他同伴发出社交信号时,他会做出积极的反应;而不受欢迎的幼儿则会表现得比较专断或更具攻击性,当同伴发出社交信号时,其对此也是予以忽视或以不恰当的方式做出反应。后来的一些研究也证实幼儿亲社会行为与同伴接纳相关,攻击或破坏行为与同伴拒绝相关。外貌也会影响幼儿同伴之间的交往。一般幼儿更喜欢漂亮的同伴，认为不漂亮者不容易接近，这一点在女孩子当中表现得尤为突出。幼儿与成人建立的依恋关系将成为幼儿与其他个体建立关系的"内部工作模式"，并决定幼儿与其他个体之间的特质。

2. 对幼儿异龄交往特点的研究

从混龄交往对象的年龄特点来看，幼儿与年长、年幼或同龄同伴交往的偏好决定于交往的目的。在幼儿社会化过程中，存在两种不同性质的人际交往。一是垂直关系，指那些比幼儿拥有更多知识和更大权力的成人（主要包括父母和教师）与幼儿之间形成的一种关系。其性质具有互补性，即成人控制，幼儿服从；幼儿寻求帮助，成人提供帮助。二是水平关系，指幼儿与那些和他（她）具有相同社会权利的同伴之间形成的一种关系，其性质是自由、平等的。

以上这些混龄研究为我们提供了丰富的参考资料。随着研究的深入，关于混龄教育的研究内容会越来越丰富。

第三节　有关儿童早期心理理论与混龄教育问题的相关研究

建构理论认为，儿童早期与他人的社会交往有助于儿童心理理论能力的发展，即社会交往能促进儿童心理理论的发展。作为儿童发展过程中的重要他人，同伴对儿童发展的意义重大而特殊。关于混龄教育与儿童心理理论关系的研究，我们可以从国内外近年来的相关研究中获得一些启发。

一、国外研究现状

从目前掌握的资料看，国外相关研究主要侧重于对幼儿社会行为（如亲社会行为、攻击行为等）及混龄教育对教师开展工作的影响等方面，而对于混龄教育如何促进儿童的认知，特别是社会认知，则关注相对较少。国外研究主要集中在家庭因素和同伴因素对儿童心理理论的影响上，重点研究诸如家庭背景和家庭规模对儿童心理理论发展的影响，包括有无同胞及同胞数量对儿童心理理论发展的影响；同胞类型及儿童与同胞之间的相互关系对儿童心理理论发展的影响；兄弟姐妹之间的性别差异对儿童心理理论发展的影响；兄弟姐妹之间的交往质量对儿童心理理论发展的影响；等等。此外，国外研究还关注家庭言语交流方式、假装游戏对儿童心理理论发展的影响。研究表明，独生的儿童比那些有兄弟姐妹的儿童在心理理论任务上的表现要差，这表明兄弟姐妹对儿童的心理理论发展有促进作用。混龄交往应该有利于促进儿童心理理论的发展，具有不同的心理阅读（mind reading）能力的幼儿在一起，会以不同的方式进行相互交往。这些研究为研究中国幼儿园背景下混龄教育如何促进儿童的心理理论发展提供了有益启示。[4]

二、国内研究现状

国内关于心理理论的研究是在借鉴国外研究的基础上进行的,而对混龄如何促进儿童心理理论发展的关注则是最近几年的事情。综合现有资料看,国内关于混龄对儿童心理理论发展影响的研究相对较少。文献主要有两类:一是文献综述类,如赵红梅和苏彦捷的《心理理论与同伴接纳》[24]等;另一类是相关实证研究,如张玉萍和苏彦捷的《混龄编班对四岁儿童心理理论发展的影响》[25],刘文等的《混龄教育中幼儿心理理论与创造性人格的关系》[26],李琳的《心理理论视角下4～6岁幼儿同伴间的教的水平及特点研究》[27],武建芬的《幼儿同伴交往对其心理理论发展的影响》[28]等。

以上文献资料为我们了解和研究儿童心理理论问题提供了大量丰富而宝贵的资料,有的还为我们进一步开展深入研究提供了富有启发性的帮助。这些研究中,有的是对西方的结论进行了某种验证性的研究,有的则进行了某种开创性研究的尝试。尽管关于心理理论与混龄教育的研究目前在国内还不多见,但从发展前景和态势来看,会有越来越多的研究者关注并加入这个研究者队伍中来。

三、已有研究中存在的问题

已有研究中存在的问题主要有三个。

第一,在研究数量上,关于心理理论与混龄教育的研究仍然比较少。

第二,在研究方法上,目前已有的相关研究大多仅仅囿于实验研究,而缺乏在幼儿园自然情境下的生态化研究,缺乏同伴混龄交往中心理理论运用的真实案例。我们只能从国外有关儿童和兄弟姐妹之间交往的研究中获得一些启发。

第三,在研究深度上,已有的绝大部分研究仅仅停留在混龄教育对儿童社会行为(如攻击行为、亲社会行为)等方面的研究,缺乏从社会认知的角度探索混龄教育如何促进儿童的心理理论发展,缺乏大量丰富生动的案例。

从目前已有文献资料来看,促进儿童心理理论能力发展的方法有很多,然而,这些方法大多限于实验者和被试(儿童)之间一对一的形式,在推广价值上具有一定限制。如果我们不是在真实家庭、真实学校和真实环境中对真实被试成长进行研究,那么我们的知识还有什么价值呢? 特别是在学前教育领域,自然的研究方法更为适合。生态学的研究方法为儿童心理发展与教育提供了在自然环境中研究儿童的思想和方法,并得到了广大学者的认可。生态学理论强调对自然情境中个体行为的观察,认为对行为的研究要以发生在个体日常生活中的行为为基础,而不是以实验室、人为环境中的行为为基础,只有在自然环境中观察行为才能更好地理解行为。生态学的这一思想从观念上为发展心理学提供了认识人类行为发展的新视角。考虑到实验室实验可能缺乏生态效度,为了防止实验室实验产生"在尽可能短暂的时间内由陌生的成人在陌生的情境中研究儿童陌生的行为"[4],本研究试图在儿童熟悉的幼儿园混龄环境中进行,旨在通过真实的混龄过程来促进儿童心理理论这个重要的社会认知能力的发展。在幼儿园混龄教育的一日活动中进行富有生态化意义的研究,以探讨适合我国幼儿教育、提高幼儿心理理论能力的实践模式,是很有意义的尝试。

四、本研究的意义及创新之处

(一)本研究的意义

本研究主要采用实验、调查以及录像观察等方法,探讨同龄交往和混龄交往对幼儿心理理论发展的影响,重点考察在幼儿园,混龄交往是否会更有利于促进幼儿心理理论的发展,什么类型的混龄教育组织形式更有助于促进幼儿心理理论的发展;立足幼儿园实践,主要采用录像观察、案例分析,从定量和质性等维度进行同龄交往和混龄交往的特点之比较;站在心理理论的视角,尝试进行"混龄班中同伴之间'教'与'学'行为特点之研究";尝试通过混龄交往中丰富的混龄实践案例,解读日常同伴混龄交往中的心理理论;最后根据幼儿实践,总结出基于幼儿"心理理论"发展的几种幼儿园混龄教育模式。总之,我们假设混龄教育更有利于幼儿心理理论的发展。开展本研究,将有助于从社会交往经验的角度来理解幼儿心理理论发生发展的机制和过程。本研究结果还可能会对我国当前幼儿园的教育组织形式提供一些理论和实践上的指导,并对培养幼儿的心理理论能力,发展其良好的社会交往技能具有重要的理论价值和实践意义。

(二)本研究的创新之处

本研究尝试从社会认知的角度探讨混龄教育对幼儿心理理论发展的影响,丰富混龄教育的研究内容,为混龄教育提供更多的理论依据和数据支持;运用录像观察和现场观察等多元方法,收集幼儿园混龄教育中的大量实践案例,从心理理论的视角进行分析。这种注重把研究搬进幼儿园实践中的生态化取向,是符合当前幼儿教育的实际需求的,所得出的结果对实践的指导更具针对性。在幼儿园混龄教育的一日活动中进行富有生态化意义的研究,以探讨适合我国幼儿教育、提高幼儿心理理论能力的实践模式,是很有意义的尝试。

第四节　本书的基本框架

根据本研究中所涉及的内容,本书分为六章。

第一章,心理理论与混龄教育问题相关研究。本章主要在综述心理理论与混龄教育问题相关研究的基础上,提出本研究的主要问题。

第二章,同龄交往和混龄交往对幼儿心理理论发展的影响。本章重点从实验和实践两个角度,探讨同龄交往和混龄交往对儿童心理理论发展的可能影响。

第三章,混龄班与同龄班幼儿同伴交往特点的比较。本章主要结合当前幼儿园混龄编班和同龄编班的实际,重点对混龄班与同龄班幼儿同伴交往行为特点进行比较,以期探求混龄交往促进儿童心理理论发展可能的社会因素。

第四章,混龄班同伴之间教与学的行为特点研究——心理理论的视角。本章主要以幼儿园中常见的"小老师"现象为切入点,立足心理理论视角,进行混龄班同伴之间教与学的行为特点研究,尝试探寻混龄同伴交往中幼儿之间的教与学的行为隐藏的心理理论运用之奥妙。

第五章,解读日常同伴混龄交往中的心理理论。本章主要通过大量幼儿园案例,分析解读日常同伴混龄交往中隐含的心理理论,主要从日常同伴混龄冲突中的心理理论、同伴混龄合作中的心理理论、同伴混龄协商中的心理理论及其他日常同伴混龄交往中心理理论的运用入手,得出"儿童是个心理学家"的命题。一般而言,在同龄编班中,儿童会彼此揣摩对方、察言观色,而在混龄交往中,这种相互揣人心意的案例更是丰富和多样,不仅发生在同龄之间,更发生在异龄之间、混龄之间,这些有趣的案例,证明了混龄教育对儿童认知的发展价值和实践意义,从而启发我们成人应该成为解读儿童的心理学家。

第六章,基于幼儿心理理论发展的幼儿园混龄教育组织模式。本章先对幼儿园混龄教育模式现状进行了调查,并在此基础上,通过访谈、现场考察等方法,总结整理了当前幼儿园常见的几种教育组织模式。然后,详细介绍当前幼儿园常见的混龄教育组织模式案例,并结合各类混龄教育组织模式的独特价值,提出了提倡混龄教育的必要性,特别提出间断性混龄教育是适合我国国情的混龄教育组织形态,为我国幼教混龄教育的实践提供参考。

参考文献

[1] Premack D, Woodruff G. Does the chimpanzee have a theory of mind? [J]. Behavioral and Brain Sciences, 1978, 1(4): 515-526.

[2] Happé F, Winner E, Brownell H. The getting of wisdom: theory of mind in old age[J]. Developmental Psychology, 1998, 34(2): 358-362.

[3] 武建芬, 徐云. 帮助幼儿学会反思——来自心理理论的启示[J]. 幼儿教育(教育科学版), 2006(11): 31-33.

[4] 武建芬. 心理理论与同伴交往[M]. 北京: 光明日报出版社, 2009.

[5] 卡米洛夫-史密斯. 超越模块性——认知科学的发展观[M]. 缪小春, 译. 上海: 华东师范大学出版社, 2001.

[6] 王元. 3~5岁儿童自我调节各成分与其心理理论发展水平的关系[D]. 长春: 东北师范大学, 2010.

[7] Blijd-Hoogewys E M A, van Geert P L C, Serra M, et al. Measuring theory of mind in children. Psychometric properties of the ToM storybooks[J]. Autism Dev Disord, 2008, 38(10): 1907-1930.

[8] Lohmann H, Carpenter M, Call J. Guessing versus choosing—and seeing versus believing—in false belief tasks[J]. British Journal of Developmental Pschology, 2005, 23(3): 451-469.

[9] Wellman H M, Cross D, Watson J. Meta-analysis of theory-of-mind development: the truth about false belief[J]. Child Development, 2001, 72(3): 655-684.

[10] 丁艳芬. 农村幼儿园混龄教育现状调查与对策研究——以甘肃省高台县为例[D]. 甘肃: 西北师范大学, 2007.

[11] 华爱华. 幼儿园混龄教育与学前教育改革[J]. 学前教育研究, 2005(2): 5-8.

[12] 李玉峰. 国外儿童混龄教育及其对我国学前教育的启示[J]. 幼教金刊, 2010(10): 52-53.

[13] 武建芬, 陈冰美. 间断性混龄: 一种适合我国国情的学前教育组织形式[J]. 幼儿教育(教师版), 2006(2): 6-7.

[14] 程彩玲. 幼儿园3~6岁连续混龄教育的组织与实施[J]. 学前教育研究, 2010(11): 61-63.

[15] 葛晓英. 混龄幼儿教育活动实例[M]. 福建: 福建人民出版社, 2011.

[16] 童的梦艺术幼儿园混龄课题研究组. 混龄教育组织形态的研究[J]. 上海教育研究, 2005(2): 63-65, 70.

[17] 钱秀华.在我国幼儿园实践混龄教育的困难与建议[J].学前教育研究，2008(2):69-71.

[18] 许君迎.混龄班幼儿合作行为特点的研究[D].杭州:杭州师范大学,2016.

[19] 王滨.幼儿园混龄教育背景中的幼儿异龄互动的研究[D].上海:华东师范大学,2004.

[20] 张更立.幼儿异龄同伴交往研究[D].重庆:西南师范大学,2004.

[21] 吴育红.混龄背景中幼儿异龄同伴交往的实证研究[J].晋中学院学报，2013(1):90-93.

[22] 王晓芬.幼儿园混龄班教育研究[D].江苏:南京师范大学,2006.

[23] Katz L G,Evangelou D,Hartman J A. The case for mixed-age groupings in early Childhood Education Programs[J]. Congnitive Development,1987:87.

[24] 赵红梅,苏彦捷.心理理论与同伴接纳[J].应用心理学,2003(2):51-55.

[25] 张玉萍,苏彦捷.混龄编班对四岁儿童心理理论发展的影响[J].心理科学,2007,30(6):1397-1401.

[26] 刘文,魏玉芝.混龄班教育中幼儿心理理论与创造性人格的关系[J].学前教育研究,2010(8):33-38,46.

[27] 李琳.心理理论视角下4～6岁幼儿同伴间的教的水平及特点研究[D].长春:东北师范大学,2005.

[28] 武建芬.幼儿同伴交往对其心理理论发展的影响[J].学前教育研究，2007(4):9-13.

第二章 同龄交往和混龄交往对幼儿心理理论发展的影响

本研究主要采用实验和实践调查等方法,探讨同龄交往和混龄交往对幼儿心理理论发展的影响,重点考察在幼儿园,混龄交往是否比同龄交往更有利于促进幼儿心理理论的发展、什么类型的混龄教育组织形式更有助于幼儿心理理论的发展等问题,以期为混龄教育提供相关的理论依据和实践支持。

第一节 同龄交往和混龄交往对幼儿心理理论发展影响的实践调查

一、问题提出

建构理论认为,儿童早期与他人的社会交往有助于他们心理理论能力的发展,即社会交往能促进幼儿心理理论的发展。在幼儿早期成长过程中,家庭因素(如背景、规模、交流方式、假装游戏等)和同伴因素是两个重要的影响其心理理论发展的因素。家庭中的同胞兄弟姐妹之间的交往对幼儿心理理论发展具有一定的影响。我国很多家庭中难觅兄弟姐妹。然而,国外有关家庭中同胞类型及幼儿与同胞之间的相互关系等方面对其心理理论发展的影响研究,为我们研究类似情境下的同伴关系提供了大量证据支撑。

随着幼儿年龄的增长,他们与同伴交往的频率越来越高。作为幼儿发展过程中的重要他人,同伴对幼儿发展的意义重大而特殊。人类学家梅尔文·科恩特指出,幼儿有一种天生的与非同龄人交往的倾向。然而,我们的教育实践却往往由于过分强调年龄差别而使幼儿的这种先天倾向受到抑制,在一定程度上限制了幼儿与异龄同伴交往的机会,这是有悖于幼儿的天性的。应该说,同龄交往和异龄交往对幼儿的成长都是不可或缺的。著名教育家马卡连柯曾说:"独生子女没有兄弟姐妹,因而没有相互体贴、照顾的经历,没有互爱互助、相互模仿、共同努力的经历,这不利于发展儿童的集体意识,而会导致儿童个人主义的蔓延。"我们应该鼓励不同年龄的幼儿进行交往,并让他们从中受益。"在年龄混合的情况下,与自己年长或年幼者的友谊并不会取代同龄人间的友谊,反而是以一种有益的方式补充同龄人间的交往。"[1]因此,当我国独生子女社会化问题成为一种普遍的社会现象时,部分幼儿园开始了各种形式的混龄教育的尝试。然而,同龄交往和混龄交往对幼儿心理理论发展的影响是否有所差异?什么类型混龄组织形式更符合我国目前的实际?基于这样的思考,我们对上海和杭州三所采取不同教育组织形式的幼儿园进行了深入研究。本研究主要关注三类不同的教育组织形式:完全混龄、间断性混龄和完全同龄,试图比较三种不同的教育组织形式对幼儿心理理论发展影响的差异。

二、研究方法

(一)研究对象

1. 上海

取自上海市某区三所实行不同教育组织形式的幼儿园:一所"完全同龄"的幼儿园,一所"间断性混龄"的幼儿园和一所"完全混龄"的幼儿园。三所幼儿园相隔不远,生源相似,幼儿的家庭经济状况和家长文化水平相当。各个年龄幼儿群体内部各种同伴交往类型之间不存在显著的年龄差异(分别为小班、中班、大班以及总体的年龄差异:$F_{(2,63)} = 0.178$, $F_{(1,48)} = 0.070$, $F_{(2,60)} = 2.177$, $F_{(2,176)} = 0.900$, $ps > 0.05$)。幼儿基本情况如表2-1所示。

表 2-1　上海被试的基本情况

年龄段	交往类型	人数(女;男)/人	平均数/月	标准差/月
小班	完全同龄	26(15;11)	52	4
	间断性混龄	29(15;14)	51	4
	完全混龄	11(7;4)	52	4
	合计	66(37;29)	52	4
中班	完全同龄	20(9;11)	62	4
	间断性混龄	30(10;20)	62	4
	合计	50(19;31)	62	4
大班	完全同龄	19(8;11)	73	4
	间断性混龄	34(18;16)	74	4
	完全混龄	10(5;5)	72	6
	合计	63(31;32)	73	4

续表

年龄段	交往类型	人数（女；男）/人	平均数/月	标准差/月
总体	完全同龄	65(32;33)	61	10
	间断性混龄	93(43;50)	63	10
	完全混龄	21(12;9)	61	11

2. 杭州

为了尽可能使同龄交往和混龄交往儿童的抽样更具同质性，本研究特意选择了杭州一所具有一定办学规模的大型教育集团式的幼儿园作为研究对象。在该幼儿园内部，既有完全混龄的班级，也有完全同龄的班级，这样的样本选择，方便比较研究，提高了研究的效度和信度。该园在幼儿入园时就根据家长意愿把幼儿分到混龄班或同龄班。为了比较同龄交往和混龄交往对幼儿心理理论发展的不同影响，我们分别在幼儿入园一个月之后（幼儿相对熟悉新环境了）进行心理理论测验，挑选出具有同质性的同龄班和混龄班，半年之后进行心理理论的重测，以比较完全混龄交往和完全同龄交往对幼儿心理理论影响的差异。

为了获得同龄交往和混龄交往对幼儿心理理论发展影响的全面数据，我们进行了多年的数据收集，选取了 2008 年和 2016 年进行的数据。这两年的数据都来自同一所幼儿园的混龄班和同龄班。所用样本都是抽取了 3 个同龄班（小、中、大班各 1 个）和 3 个混龄班（混龄 1 班、2 班、3 班），这样的抽样主要为了尽可能保证样本的同质性和对等性。

表 2-2 是 2008 年的数据。鉴于 2008 年和 2016 年的样本基本情况相似，这里只介绍 2008 年的被试情况。

该幼儿园各个年龄幼儿群体内部各种同伴交往类型之间不存在显著的年龄差异（分别为小班、中班、大班以及总体的年龄差异：$F_{(1,48)}=3.259$，$F_{(1,80)}=0.031$，$F_{(1,54)}=3.267$，$F_{(1,186)}=0.035$，$ps>0.05$）。幼儿基本情况如表 2-2 所示。

表 2-2　杭州被试 2008 年的基本情况

年龄段	交往类型	人数（女；男）/人	平均数/月	标准差/月
小班	完全同龄	21(9;12)	46	2
	完全混龄	29(17;12)	48	4
	合计	50(26;24)	47	3

年龄段	交往类型	人数(女;男)/人	平均数/月	标准差/月
中班	完全同龄	49(26;23)	61	3
	完全混龄	33(14;19)	62	5
	合计	82(40;42)	61	4
大班	完全同龄	28(8;20)	72	3
	完全混龄	28(16;12)	73	3
	合计	56(24;32)	73	3
总体	完全同龄	98(43;55)	61	10
	完全混龄	90(47;43)	61	10
	合计	188(90;98)	61	10

(二) 心理理论的研究工具和实施过程

幼儿每次完成意外地点任务和意外内容(包含真实-外表)任务。

意外地点任务:在幼儿园的一间幼儿比较熟悉而安静的游戏室内,主试与被试隔着桌子面对面而坐(后面所有 TOM 实验中主试和被试的位置与此相同)。实验开始时,主试用两个玩偶娃娃及相应道具,向幼儿展示整个故事情节:

"这个男孩是哥哥(指着男娃娃),他有一个纸盒。这个女孩是妹妹(指着女娃娃),她有一只小包,里面有一只 Kitty 猫(主试把装在包里的 Kitty 猫玩具拿出来),她最喜欢玩这只 Kitty 猫了,你看,她在玩。玩了一会儿,妈妈在外面叫她,她要出去,看,她把 Kitty 猫藏在这个小包里,然后出去了(主试将玩偶妹妹藏起来)。现在妹妹不在这里了。当妹妹不在这里时,哥哥想和妹妹开个玩笑,把 Kitty 猫从小包里拿出来藏在自己的纸盒里(主试将 Kitty 猫藏在纸盒里,盖好)。现在 Kitty 猫被藏在了不同的地方,妹妹知道吗? 对,她不知道,妹妹没有看到,也没有听到。现在妹妹回来了,她想接着玩 Kitty 猫。"

"老师问你几个问题,请你认真回答。"

记忆控制问题:"妹妹刚才走的时候把 Kitty 猫藏在哪里了?"(若幼儿不知道,则提示"小包还是纸盒",有下划线的是正确答案,下同)。

事实检测问题:"Kitty 猫现在实际上在哪里?"(小包还是纸盒)。

(被试对上述问题做出正确回答后才继续下面的问题,否则向其重复——最多 3 遍——上述故事,以保证被试对原有位置和当前位置有正确的认识)

信念问题:"妹妹以为 Kitty 猫在哪里?"(小包还是纸盒)

行为预测问题:"妹妹会先到哪里找 Kitty 猫?"(小包还是纸盒)

被试用手指也可以。以上信念问题和行为预测问题答对各计 1 分,得分范围 0～2 分。

意外内容任务:首先,主试拿出牙膏盒,问被试:"你说说这里面装的是什么呀?"被试回答牙膏后(若被试表示不知道,则改用备用的薯片盒或饼干盒),主试打开盒子,拿出里面的一支铅笔给被试看,然后把铅笔放回,恢复到原状,继续提问。

请你回答这几个问题:

自我错误信念问题:"在老师没打开盒子前,你以为里面装的是什么?"(<u>牙膏</u>还是铅笔)

他人错误信念问题:"如果你的好朋友某某(该被试好朋友的名字)现在进来,让他(她)看这个盒子,不给他(她)看里面的东西,你猜猜看他(她)会以为里面装的是什么?"(<u>牙膏</u>还是铅笔)

检测问题:"现在你知道盒子里面装的是什么吗?"(牙膏还是<u>铅笔</u>)

外表问题:"这个盒子看上去是装什么的?"(<u>牙膏</u>还是铅笔)

真实问题:"盒子里实际上装的是什么?"(牙膏还是<u>铅笔</u>)

每个被试上述任务的测试时间在 10 分钟左右。

通过了检测问题的被试在自我错误信念问题和他人错误信念问题上各得 1 分,检测问题不记分。得分范围 0～2 分。

外表-真实任务:只有被试对外表问题和真实问题两个问题都答对才得 1 分,否则得 0 分,得分范围 0～1 分。

三个任务的得分范围共为 0～5 分。

三、研究结果

(一)上海结果

1. 混龄与否对幼儿心理理论发展影响的比较

以三个心理理论任务及心理理论系列总分作为因变量,进行 3(年龄段:小班、中班和大班)×2(性别:女孩、男孩)×2(混龄与否:混龄、同龄)的 MNOVA 分析发现(见图 2-1),混龄与否在各个任务上的主效应显著(在意外地点、意外内容、真实-外表和心理理论系列任务上分别为 $F_{(1,166)} = 9.171$, $F_{(1,166)} = 9.478$, $F_{(1,166)} = 10.206$, $F_{(1,166)} = 17.219$, $ps < 0.01$),这表明,从总体上看,参加混龄交往的幼儿比只是参加完全同龄交往的幼儿的心理理论得分要高。各个心理理论任务及心理理论系列总任务上的年龄段主效应显著($F_{(2,166)} = 6.636$, $F_{(2,166)} = 7.201$, $F_{(2,166)} = 1.105$, $F_{(2,166)} = 39.241$, $ps < 0.001$),而性别主效应、性别与年龄段之间、年龄段和混龄与否之间、性别和混龄与否之间以及性别、年龄段和混龄与否之间的交互作用均不显著。

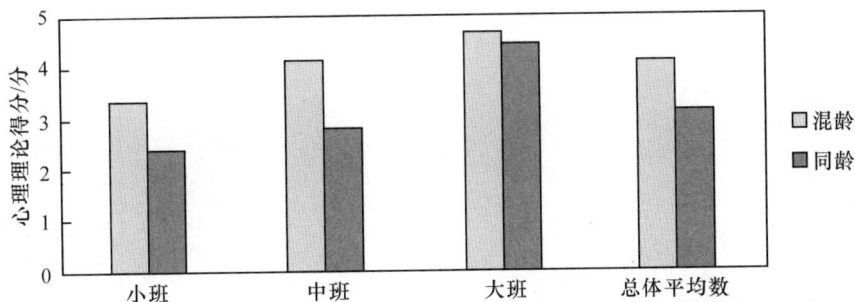

图 2-1　各年龄段幼儿同龄交往和混龄交往的心理理论得分

年龄段主效应显著表明，三个年龄段幼儿的心理理论得分随着年龄的增长而变化。进一步两两比较，Post Hoc 检验(LSD)表明，除了在意外地点和外表-真实任务上小班和中班幼儿之间不存在显著差异外，在这两个任务的其他组内及其他任务和总的心理理论任务上，小班和中班之间、中班和大班之间及小班和大班之间都存在显著的差异，并且表现出随着年龄的增长，心理理论得分越来越高的发展态势。

2. 三类同伴交往形式中的幼儿在心理理论上的表现

以三个心理理论任务及心理理论系列总分作为因变量，进行 3(年龄段：小班、中班和大班)×2(性别：女孩、男孩)×3(同伴交往形式：完全同龄、间断性混龄、完全混龄)的 MNOVA 分析发现(见图 2-2)，同伴交往形式在各个任务上的主效应显著(在意外地点、意外内容、真实-外表和心理理论系列任务上分别为：$F_{(2,162)} = 4.228$，$p < 0.05$；$F_{(2,162)} = 4.894$，$p < 0.01$；$F_{(2,162)} = 4.755$，$p < 0.05$；$F_{(2,162)} = 8.012$，$p < 0.001$)。进一步两两比较，Post Hoc 检验(LSD)表明：

在意外地点任务上，间断性混龄显著高于完全同龄(MD = 0.40，$p < 0.05$)；间断性混龄和完全混龄之间没有显著差异(MD = 4.55E−02，$p > 0.05$)；在意外内容任务上，间断性混龄和完全混龄均显著高于完全同龄(MD = 0.34，MD = 0.44，$ps < 0.05$)，而完全混龄和间断性混龄之间没有显著差异(MD = 9.89E−02，$p > 0.05$)；在真实-外表任务上，间断性混龄和完全混龄均显著高于完全同龄(MD = 0.20，MD = 0.21，$ps < 0.05$)，而完全混龄和间断性混龄之间没有显著差异(MD = 1.35E−02，$p > 0.05$)；在心理理论系列任务上，间断性混龄和完全混龄均显著高于完全同龄(MD = 0.94，MD = 1.00，$ps < 0.05$)，而完全混龄和间断性混龄之间没有显著差异(MD = 6.68E−02，$p > 0.05$)。从整体结果来看，间断性混龄的同伴交往和完全混龄的同伴交往对幼儿心理理论发展都优于完全同龄交往，而间断性混龄和完全混龄之间并无显著差异。

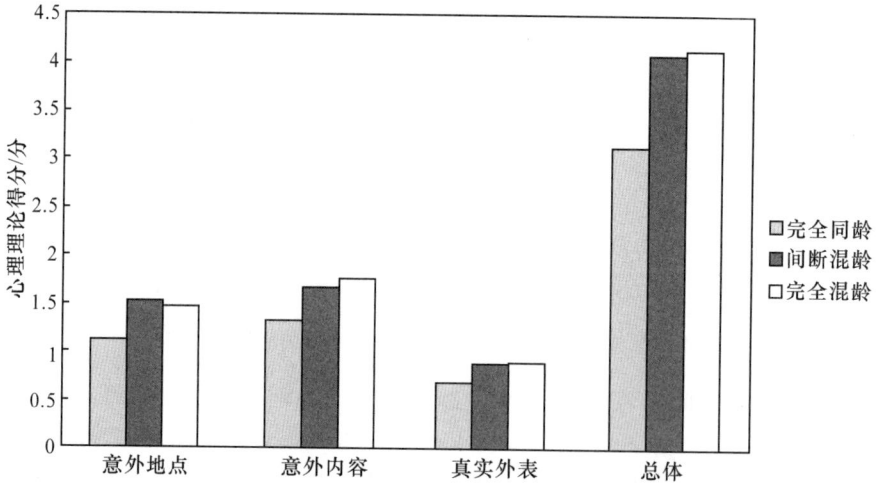

图 2-2　三类同伴交往形式中幼儿在后测中的心理理论得分

结果还发现,在各个任务上的年龄的主效应显著($F_{(2,162)}=12.679$,$F_{(2,162)}=11.397$,$F_{(2,162)}=6.143$,$F_{(2,162)}=18.915$,$ps<0.001$),而在各个任务上的性别主效应均不显著。此外,性别与年龄段之间、年龄段与同伴交往形式之间、性别与同伴交往形式之间以及性别、年龄段与同伴交往形式之间交互作用均不显著。

年龄段主效应显著表明,三个年龄段幼儿的心理理论随着年龄的增长而变化。进一步两两比较,Post Hoc 检验(LSD)发现,除了在意外地点和外表-真实任务上小班和中班幼儿之间不存在显著差异外,在这两个任务的其他组内及其他任务和总的心理理论任务上,小班和中班之间、中班和大班之间及小班和大班之间都存在显著的差异,并且表现出随着年龄的增长,心理理论得分越来越高的发展趋势。

(二)杭州结果

1. 2008 年的结果

本研究重点比较了混龄交往和同龄交往对幼儿心理理论发展的影响。以三个心理理论任务及心理理论系列总分作为因变量,进行 3(年龄段:小班、中班和大班)×2(性别:女孩、男孩)×2(混龄与否:混龄、同龄)的 MNOVA 分析发现(见图 2-3),除了意外地点之外,混龄与否在各个任务上的主效应均显著(在意外内容、真实-外表和心理理论系列任务上分别为 $F_{(1,187)}=6.632$,$F_{(1,187)}=27.341$,$F_{(1,187)}=9.650$,$ps<0.05$)。这表明,从总体上看,参加完全混龄交往的幼儿比参加完全同龄交往的幼儿的心理理论得分要高。各个心理理论任务及心理理论系列总任务上的年龄段主效应显著($ps<0.001$)。而性别主效应、性别与年龄段之间、年龄段和混龄与否之间、性别和混龄与否之间

及性别、年龄段和混龄与否之间的交互作用均不显著。

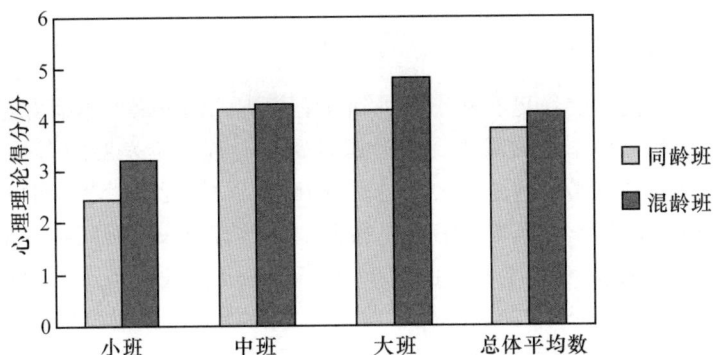

图 2-3　各年龄段幼儿同龄交往和混龄交往的心理理论得分

2. 2016 年的结果

以三个心理理论任务以及心理理论系列总分作为因变量，进行 3（年龄段：小班、中班和大班）×2（性别：女孩、男孩）×2（混龄与否：混龄、同龄）的 MNOVA 分析发现（见图 2-4），混龄与否在各个任务上的主效应显著（在意外地点、意外内容、真实-外表和心理理论系列任务上分别为（$ps < 0.01$），这表明，从总体看，参加混龄交往的幼儿比参加同龄交往的幼儿心理理论得分要高。各个心理理论任务及心理理论系列总任务上的年龄主效应显著（$ps < 0.01$），而性别主效应、性别和年龄段之间、年龄段和混龄与否之间、性别和混龄与否之间及性别、年龄段和混龄与否之间的相互作用均不明显。

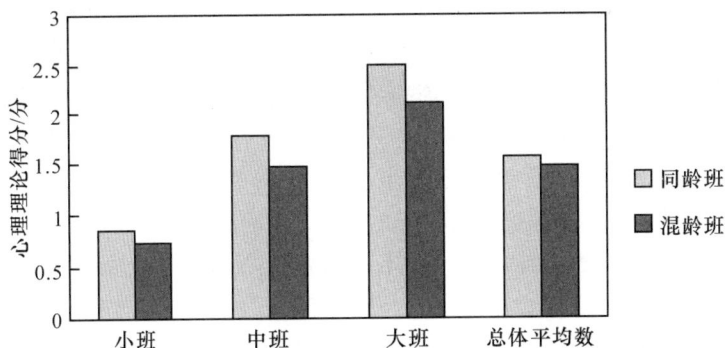

图 2-4　各年龄段幼儿同龄交往和混龄交往的心理理论得分

年龄段主效应显著说明，三个年龄段幼儿的心理理论随着年龄的增长而变化。进一步两两比较，Post Hoc 检验（LSD）表明，除了在各个任务上中班和大班不存在显著差异，大班和小班、中班和小班之间均存在显著差异。这表明，在本研究使用的心理理论任务中，中班和大班幼儿的心理理论能力都极其显著地高于小班幼儿。这个结论和上海的结论有些区别。

四、讨论分析

什么样的同伴交往更有利于促进幼儿心理理论的发展？本研究主要考察了上海和杭州三种不同的同伴交往形式对幼儿心理理论发展的影响。其中，混龄包括间断性混龄和完全混龄两种。"间断性混龄"是混龄教育的一种组织形态，它主要和"连续性混龄"相对，是按照混龄教育组织的时间维度来进行划分的。结果发现，从整体上看，混龄与否在各个心理理论任务及心理理论总任务上的主效应显著，即参加混龄交往的幼儿比参加完全同龄交往的幼儿的心理理论得分要高，而性别主效应、性别和年龄段之间、年龄段和混龄和否之间、性别和混龄与否之间及性别、年龄段和混龄与否之间的交互作用均不显著。对三种混龄形式进一步比较，发现了一致的结果：同伴交往形式在心理理论各个任务及心理理论系列总任务上的主效应显著，间断性混龄交往和完全混龄交往对幼儿心理理论的发展都优于完全同龄交往，而间断性混龄和完全混龄之间并无显著差异。这表明，幼儿与不同年龄同伴的交往有助于促进其心理理论的发展，即幼儿与心理理论能力强的幼儿交往能够促进其心理理论的发展。本研究的总体结论是内部自洽的。关于混龄活动对幼儿认知发展的促进作用更多来自国外相近领域的研究结论。

由于发展水平的差异，混龄教育可能引起认知冲突，也可能有助于去自我中心化。在某种意义上，如果幼儿能够在发展方面进行必要的转变，以便与年长或年幼的同伴交往，他们就可能在大致相同的认知领域内进行活动。也就是说，年长幼儿也许会为年幼幼儿提供必要的支持，使他们的行动超出自身认知功能的水平。根据维果茨基（Vygotsky）的理论构架，混龄环境里的幼儿会把彼此的"最近发展区"相互激活，尤其是在合作性的活动中。也有研究指出，混龄教室中的幼儿具有二维的发展轨道，而同龄教室中的幼儿表现出线形的发展轨道。在2～4岁，混龄教室中幼儿的认知发展速度高于同龄教室中的幼儿。人们还注意到，在混龄教室中，年长的处境不利的学生阅读分数更高；而在与同龄和年幼的伙伴交往时，他们则具有较低的社会认知和社会性游戏水平。以同伴交往为基础的混龄教室为幼儿提供了大量进行观察学习、模仿和相互教导的机会。年长幼儿有机会进一步提高已经学到的技巧，而年幼幼儿则可以向更有能力的年长同伴学习。

家庭规模是影响幼儿错误信念理解的一个重要变量，幼儿拥有兄弟姐妹的数量与其在错误信念任务上的得分存在显著相关，即学前幼儿所拥有的兄弟姐妹越多，就越有可能成功通过错误信念任务。然而，Ruffman等发现，拥有弟弟妹妹对幼儿心理理论的发展并无优势效应，而拥有哥哥姐姐的幼儿的心理理论得分则显著高于那些没有哥哥姐姐的幼儿。[2]为什么幼儿接触的年长幼儿与幼儿在错误信念上的得分有关？一种可能是：幼儿与年长幼儿之间经常发生的交往能够促使他们的社会交往能力（如交流、诡辩能力）增强，而增强的语言交往能力又恰恰与错误信念的理解能力呈正相关。主要有三个原因：第一，幼儿更愿意把关于心理状态的问题告诉其哥哥姐姐；第二，哥哥姐姐或许比幼儿自己拥有更高的元认知技能，这使幼儿能够更好地洞悉一个人在何时对某件事情的了解情况，以及自己何时该帮助对方或教给对方；第三，心理理论的理解和幼儿与年长幼儿之间的假装游戏有关。根据维果茨基的理论，幼儿更倾向于和哥哥姐姐而不是和更为年幼的弟弟妹妹交往，尤其是假装游戏，这会更有利于促进年幼幼儿而不是年长幼儿心理理解能力的发展。因为年长者（如专家）将会在某种方面特别占优势。比如，年长幼儿可以帮助年幼幼儿在"最近发展区"内解决问题。哥哥姐姐的确比弟弟妹妹更可能促进幼儿对信念的理解。另一种可能是：幼儿特别想去了解其哥哥、姐姐，并对他们做出正确预测。无论何种情况下，父母对幼儿的照顾都是无微不至的，而要让哥哥姐姐去做自己想要他们做的事，是需要更多技巧的。弟弟妹妹可能会使用我们人类通常用的生存策略：以智取胜。实际上，另有证据证明，如果少一些野心和跋扈的话，弟弟妹妹比哥哥姐姐更具有社会技能。从这个意义上，我们可以理解混龄交往的小班和中班幼儿比完全同龄的小班和中班幼儿心理理论能力高的理由了。一些研究报告则主张，哥哥姐姐和弟弟妹妹对于幼儿心理理解的发展都具有积极的作用，即哥哥姐姐和弟弟妹妹都有助于促进幼儿对心理理论的理解。理由是，根据皮亚杰的观点，年幼和年长的个体都能促进幼儿认知的变化。因为变化是由对问题的讨论和反思驱动而产生的，其结果是，弟弟妹妹和哥哥姐姐一样，也能潜移默化地促进幼儿认知能力的发展。因为如果幼儿之间发生冲突后，父母使用指向心理状态的术语来进行调节的话，弟弟妹妹的在场对于哥哥姐姐的心理理解同样也能起到一定的帮助作用，因而可以推测，弟弟妹妹同样有利于促进哥哥姐姐的认知发展。或者可以这样说，要么只是哥哥姐姐促进了幼儿对错误信念的理解，要么是弟弟妹妹和哥哥姐姐都能提高幼儿对错误信念的理解能力。兄弟姐妹之间相互关系的性质也会影响幼儿心理理论的发展；幼儿和兄弟姐妹之间的合作关系和后来的心理理论任务的得分相关，而冲突、竞争和控制的关系与幼儿后来的心理理论任务的得分之间不存在显著相关。本结果又可以为本实验中混龄交往中的大班和中班幼儿的心理理论得分高于完全同龄交往的大班和中班幼儿提供证据支持。

　　本实验中幼儿与同伴之间的混龄交往关系虽然不完全等同于家庭中的兄弟姐妹关系，但两者之间存在很大相似性，因而很多理论上的解释和推测是相通的。实际上，本实验中的混龄交往涵盖了两种交往形式：同龄交往和异龄交往。因此,我们既可以用皮亚杰的理论来解释同伴交往对于幼儿认知发展的促进源自同伴之间的认知冲突,当然这既包括同龄之间的认知冲突,又包括异龄之间的认知冲突,同时还可以用维果茨基的"最近发展区"理论来阐释混龄交往中的幼儿与比自己知识水平高的人的交往可以激发并引导幼儿达到其所能够发展的水平。虽然维果茨基并没有提出同伴共同学习的过程中一个知识水平较低的幼儿可能帮助另一个幼儿在较高的水平上去理解一个概念,但是目前对幼儿认知发展的认识已从个体建构走向了社会建构。有些社会建构主义学者认为,在一起学习的混龄幼儿可以互相激发起认知冲突。之所以混龄交往对于幼儿的心理理论发展优于完全同龄交往,主要原因在于,在混龄的环境中,既容易出现同龄之间的认知冲突与合作,又很容易出现异龄之间的认知冲突和合作,从这个意义上,皮亚杰和维果茨基的理论是相通的,共同解释和支持了本实验的研究结果。

本实验没有发现完全混龄交往和间断性混龄交往两种形式对幼儿心理理论发展影响上的差异。这可能有以下两个原因:第一个原因是两者之间的确不存在差异。无论完全混龄,还是间断性混龄,对幼儿心理理论发展的影响差异不大。第二个原因可能是本实验样本上的问题。由于本实验的初衷是为实验情境下的结果提供实践证据上的支持,所进行的只是一个探索性的研究。虽然在调查之前,我们对三所幼儿园的生源情况进行了基本的了解,选择的三所幼儿园在同一个区,地理位置比较接近,在最大程度上减少了幼儿园之间的差异对实验结果带来的影响,但是,由于本研究样本的限制,尤其是完全同龄的样本较少,研究结论的推广还需慎重。未来研究还需要进一步扩大样本以获得更多的证据支持。

混龄编班可以为幼儿提供更多的与不同年龄同伴交往的机会。张玉萍和苏彦捷的研究[3]也发现,混龄编班对4岁幼儿的错误信念和情绪理解有显著的影响,提示了混龄同伴交往经验对独生子女心理理论发展具有较大的意义。一个有意义的发现就是,杭州的数据在某种程度上支持了上海的结论,即混龄交往在一定程度上更能够促进幼儿心理理论的发展。这为混龄教育提供了一定的理论支撑。当然,这个结论尚需更多数据的支持和验证。

五、研究结论

在本实验条件下的研究结论如下:

同伴交往形式(同龄和混龄)在幼儿心理理论发展上具有显著主效应。具体而言,间断性混龄交往和完全混龄交往对幼儿心理理论的发展都优于完全同龄交往,而间断性混龄和完全混龄之间并无显著差异。这表明,幼儿与不同年龄同伴的交往有助于促进其心理理论的发展。

第二节　同龄交往和混龄交往对幼儿心理理论发展影响的实验证据

一、问题提出

近年来,有关幼儿心理理论与同伴交往关系的研究引起了研究者的广泛关注。研究发现,幼儿与同伴间的正性交往与其心理理论能力呈正相关,受欢迎幼儿比受拒绝幼儿能更好地理解他人的心理状态。幼儿心理理论的发展与幼儿游戏情境中的同伴交往具有显著的正相关。然而,心理理论与幼儿同伴交往之间并不是简单的一一对应关系,而是复杂的多元化的相互作用关系。以往研究主要关注心理理论与同伴交往之间相关关系的研究,缺乏对两者因果机制的纵深探讨。武建芬通过研究发现了一个不争的事实:心理理论与同伴交往关系密切,也就是说,那些在日常生活中善于察言观色、心理理论水平高的幼儿在同伴中成为交际能手的可能性也大,因此,从同伴交往的角度考察幼儿心理理论发生发展的机制和过程具有重要的理论意义和现实意义。为了提升幼儿心理理论发展水平,Watson 等通过实验发现,可以对幼儿的现有的心理理论"进行适当的干预和训练"[4],通过这样的办法,可以提高幼儿的心理理论水平。当然,本实验中,训练者是成人。那么,如果不通过成人训练,而是训练时,让幼儿的同伴(同龄或者异龄)在身边扮演"训练者"的角色,是否也可以提升幼儿的心理理论水平? 本研究试图借鉴以往相关研究中"心理理论具有可训练性"的成果,试图利用幼儿的同伴(能力不同的伙伴、同龄同伴和异龄同伴)对那些心理理论水平低或者尚未通过任务的幼儿进行心理理论训练,考察其影响和效果,从而为幼儿混龄教育实践提供指导。

二、研究方法

(一)研究对象

被试来自上海市一所一级一类幼儿园,最初有170名小班和中班的幼儿(其中,小班77人,中班93人;男孩80人,女孩90人)。经过前测,筛选出64名幼儿参加本研究(男女各半、各年龄组对半)。1名幼儿因没能完成全部实验而中止参加,最后获得63名有效被试。这63名幼儿被随机分配到训练组和控制组。训练组一共48人,小班和中班各半,男女各半;控制组一共15人(女孩7人,男孩8人)。两个年龄组内训练组和控制组之间以及总体的训练组和控制组之间都不存在显著的年龄差异($F_{(3,28)} = 1.648, F_{(3,28)} = 0.798, F_{(3,59)} = 0.345, ps > 0.05$);所有被试均来自独生子女家庭。具体情况如表 2-3 所示。

表 2-3　被试的基本情况

年龄段	组别	人数(女;男)/人	平均数/月	标准差/月
小班	与能力一般组	6(3;3)	41	3
	与能力强组	12(6;6)42	3	3
	与异龄组	6(3;3)	44	3
	未训练组	8(4;4)	40	3
	合计	32(16;16)	42	3
中班	与能力一般组	6(3;3)	51	3
	与能力强组	12(6;6)	55	4
	与异龄组	6(3;3)	54	3
	未训练组	7(3;4)	54	3
	合计	31(15;16)	54	3
总体	与能力一般组	12(6;6)	46	6
	与能力强组	24(12;12)48	7	7
	与异龄组	12(6;6)	48	6
	未训练组	15(7;8)	46	7
	合计	63(31;32)	47	7

　　鉴于本实验是我们在以往经典的心理理论任务的基础上进行改编的,下面对本实验的几个特殊做法进行介绍。

1. 本实验中同伴"交往"情境的划分依据

　　我们之所以在"交往"上加上引号,主要因为本实验条件下的"交往"更多地限于幼儿之间的谈论,而真正的交往应该富有更多的内涵。

　　本实验中同伴"交往"情境划分的依据,主要是根据幼儿与其同伴的年龄(同龄、异龄)、心理理论能力(能力差、能力一般和能力强)及幼儿对同伴的喜爱程度(喜欢组、一般组)等进行划分的。①年龄的角度。主要分为同龄"交往"和异龄"交往"两类,包括小班和中班、小班和大班、大班和中班共三类。②心理理论能力的角度。在本章第一节中,3个心理理论的总分为5分。根据本实验要求,我们把总分在平均分以下(0分、1分、2分)的幼儿划分为未通过组(能力差组);总分在3～4分的幼儿划为部分通过组,即能力一般组;总分为5分的幼儿归为全部通过组,即能力强组。这主要是基于幼儿心理理论水平高低来划分的。其他类型(如"部分通过组与通过组"或者"部分通过组与部分通过组"的匹配)不是本研究的重点,因此略去。③同伴关系的角度。在真实自然的同伴交往情境中,幼儿既有自己喜欢交往的同伴,又有和自己关系一般甚至是自己不喜欢的同伴,本研究只是选择两类,即幼儿喜欢的同伴和与幼儿关系一般的同伴进行配对,从而在最大程度上符合幼儿交往的生态化情境。这里,我们在匹配幼儿时,一方面根据幼儿自己对同伴的提名,另一方面询问带班老师孩子的提名是否符合平时的表现,尽可能使得实验条件下的同伴交往情境接近现实。

我们在实验中给幼儿搭配同伴时,还考虑到他们与同伴的熟悉程度和同伴的性别因素。玩伴的熟悉程度对于实验的成功非常重要。因为"玩伴关系是否熟悉也将对游戏产生影响。研究表明,社会性装扮游戏较多地发生在熟悉的玩伴之间,不熟悉的玩伴之间更多开展平行的机能性游戏,而且熟悉的玩伴间的游戏水平更高,更趋于复杂。这是由于熟悉的玩伴之间对游戏的情境具有同样的感觉,同样的体验,相互之间比较了解,容易理解对方,这样就导致合作的可能性,因此,在游戏中较少有被动观望和独自活动的现象"[5]。鉴于此,我们在匹配幼儿时,都是选择幼儿比较熟悉的同伴。同伴的性别也很重要。之所以选择同性别配对,是因为幼儿的社会性易于被同性玩伴所引发。所以,我们在幼儿的匹配过程中,基本都是按照同性别进行匹配分组的。

另外,年龄分组中其实也隐含了能力的差异。这几种分类是相对而不是绝对的。在幼儿的实际生活中,除了要接触大量的同龄同伴以外,还要接触到很多异龄同伴。据此,我们匹配幼儿时,把小班、中班和大班的孩子进行分组,构成了既有同龄同伴又有异龄同伴,既有心理理论能力强的同伴又有心理理论能力一般的同伴,既有幼儿喜欢的同伴又有和幼儿关系一般的同伴这样丰富多彩、接近生活实际的七种同伴交往实验情境,如图 2-5 所示。

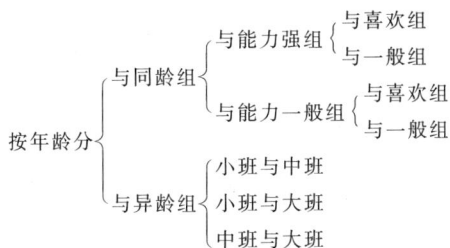

图 2-5　本实验条件下未通过心理理论任务的幼儿与同伴交往的情境分类

2. 本实验的同伴"交往"情境

本实验的同伴"交往"情境和经典实验情境的区别主要表现在被试人数的变化上。

经典实验情境和本实验情境的对照如图 2-6 所示。经典实验一般只有一个被试。为了创造有同伴的"交往"情境,本实验改变了被试人数:也是在经典的心理理论任务中,让幼儿回答问题,只是目标幼儿的身边多了一个同伴。借鉴心理理论具有的"可训练性"模式,通过幼儿同伴在场和他们一起回答经典心理理论任务中的问题,以此来"训练"和影响目标幼儿的心理理论,试图达到和成人实验者同样的训练效果。此外,本实验中的"训练",不是指实验者对没有通过任务的幼儿进行训练,而是通过不同类型的幼儿同伴与他们在经典实验情境下讨论相关问题来训练目标幼儿的心理理论能力。

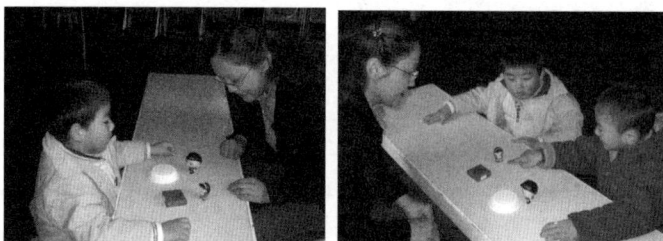

图 2-6　经典实验情境和本实验情境的对照

3. 选择小班和中班幼儿为被试的原因

以通过心理理论任务的幼儿比率为依据(低于平均分 3 分为"未通过",3～4 分为"部分通过",5 分为"全部通过"),画出 3～6 岁幼儿在心理理论任务上的通过情况,如图 2-7 所示。随着年龄的增长,3～6 岁幼儿在心理理论任务上的"部分通过"和"全部通过"比率越来越高,而"未通过"的比率则呈现递减趋势。比如,在"未通过"的比率上,5 岁幼儿只有 3.4% 没有通过,6 岁幼儿基本没有不通过的,出现了"天花板效应";而 3 岁幼儿中的 73.7% 和 4 岁幼儿中的 42.5% 都没有通过心理理论任务。可见,没有通过心理理论任务的幼儿主要集中于小班和中班,这为我们选择这两个年龄段的幼儿进行训练提供了现实依据和必要前提。

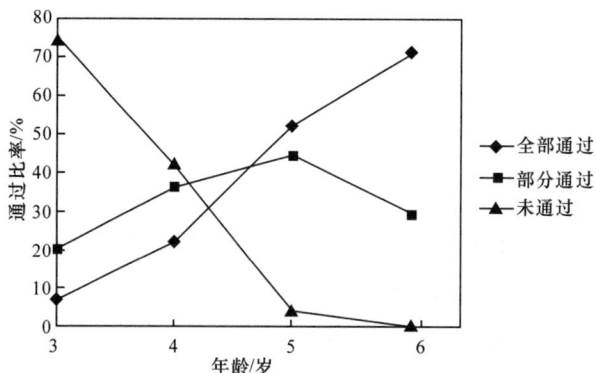

图 2-7　3～6 岁幼儿通过心理理论任务的比率

（二）研究工具和程序

1. 前测

心理理论任务:意外地点任务和意外内容(包含真实-外表)任务。程序和过程同第一节,此处略。

2. 训练

（1）训练内容

两个意外地点任务;两个意外内容(包含真实-外表)任务。

（2）指导语的确定

我们认为,在同伴训练过程中,指导语非常重要,因为这是激发幼儿在实验情境下进行"交流"的一个至关重要的因素。根据预实验发现,有的幼儿在回答问题之后,根本不和在场的同伴交流。这可能与幼儿尚处于自我中心阶段和言语表达能力有限有关。为了引发实验情境下幼儿之间的谈论,本实验在实验指导语上进行了细致的加工,以在最大程度上促进实验的进程。

（3）训练过程

训练过程是以两种方式告诉幼儿的:一种是告诉幼儿老师要给他们讲故事(两个意外地点训练任务),然后请他们回答问题;另一种则是通过"游戏"的方式进行。告诉幼儿我们要进行一个游戏(两个意外内容训练任务),然后再请他们回答问题。

①两个意外地点任务的训练:一个是 Kitty 猫转移任务(材料 1),要用到两个玩偶娃娃(一个哥哥和一个弟弟)、一个白盒子、一个绿盒子、一个 Kitty 猫玩具;另一个是糖果转移任务(材料 2),要用到一个红色的阿尔卑斯糖纸盒、一个黑色的纸盒、一块糖、一个男玩偶娃娃(小南)和一个女玩偶娃娃(小红)(玩偶娃娃的高度都明显高于两个纸盒)。由于两个任务在程序和结构上都一样,因此这里只介绍"Kitty 猫转移任务"的详细训练过程。

在幼儿园一间比较安静的房间里,主试与两个被试隔着一张桌子面对面而坐,主试叫着两个小朋友的名字说:"你们好,今天,老师要给你们讲个故事。在讲故事的过程中,请你们俩都仔细听。听的时候,老师要提问你们几个问题。如果你们俩都会,就一块儿回答;如果都不会,你们俩可以互相商量,好不好?"得到幼儿的回应后,主试指着幼儿 B 对幼儿 A 说:"如果他(她)不会,请你教给他(她),并告诉(他)她原因。"然后指着幼儿 A 对幼儿 B 说:"如果他(她)不会,也请你教给他(她),并告诉他(她)原因。好不好?"得到幼儿回应后,主试把一个白盒子和一个绿盒子、一只 Kitty 猫及一个大玩偶娃娃(哥哥)和一个小玩偶娃娃(弟弟)放在桌子上,给幼儿演示整个故事情节:"这个小朋友是哥哥(呈现大玩偶),他有一个白盒子;这个小朋友是弟弟(呈现小玩偶),他有一个绿盒子,里面有一只 Kitty 猫。弟弟可喜欢这只 Kitty 猫了,可是他现在不能玩了,因为他想先出去小便,回来再接着玩。看,他就把 Kitty 猫藏在自己的这个绿盒子里了。然后,他就出去玩了。啊,弟弟出去了(用玩偶演示)。这时,哥哥过来了(呈现大玩偶)。哥哥很调皮,他要跟弟弟开个玩笑。看,他正把 Kitty 猫从绿盒子里拿出来放到自己的白盒子里(主试操纵和演示着)。"主试提问幼儿,弟弟能看到哥哥藏他的 Kitty 猫吗?得到幼儿回答后,主试说:"对,他看不到,也听不到。现在老师要问你们几个问题。"

记忆控制问题:弟弟刚才走的时候把 Kitty 猫放在哪个盒子里了?(绿盒子还是白盒子)

事实检测问题:Kitty 猫现在实际上在哪里?(绿盒子还是白盒子)

(被试对上述问题做出正确回答后才继续下面问题,否则向被试重复——最多三遍——上述故事,以保证被试对原有位置和当前位置有正确的认识)

信念问题:弟弟一会儿回来想接着玩 Kitty 猫,他以为 Kitty 猫在哪个盒子里(绿盒子还是白盒子)

行为预测问题:弟弟会先到哪里找他的 Kitty 猫?(绿盒子还是白盒子)

②两个意外内容(包括真实-外表)任务的训练:一个是意外玩具狗任务(材料 1),要用到一个蛋黄派的盒子、一个小狗玩具、一个玩偶小红(备用一支铅笔盒和一只绿色小球);另一个是意外玩具熊任务(材料 2),要用到一个"乐事"薯片盒子、一个玩具熊、一个玩偶小红(备用一块绿箭口香糖和一只绿色小球)。由于两个任务在程序和结构上都一样,因此这里只介绍"意外玩具狗任务"的详细训练过程。

在幼儿园一间比较安静的房间里,主试与两个被试隔着一张桌子面对面而坐,主试叫着两个小朋友名字说:"你们好,今天,老师要和你们做个游戏。在做游戏的过程中,请你们俩都仔细看。做完以后,老师要提问你们几个问题。如果你们俩都会,就一块儿回答;如果都不会,你们俩可以互相商量,好不好?"得到幼儿的回应后,主试指着幼儿 B 对幼儿 A 说:"如果他(她)不会,请你教给他(她),并告诉他(她)原因。"然后指着幼儿 A 对幼儿 B 说:"如果他(她)不会,也请你教给他(她),并告诉他(她)原因。好不好?"得到幼儿回应后,主试拿出里面装有一个小狗玩具的蛋黄派盒子、一个玩偶小红开始给他们演示整个游戏的情节。首先,主试拿出蛋黄派盒子,问被试:"你们说说这里面装的是什么?"幼儿回答"蛋糕"后(若幼儿表示不知道,改用备用的铅笔盒和一只绿色小球),主试打开盒子,拿出内装的一只玩具狗给幼儿看,然后把玩具狗放回,恢复到原状,继续提问。

自我错误信念问题:在老师没打开盒子前,你们以为里面装的是什么?(蛋糕还是玩具狗?)

他人错误信念问题:如果小红现在进来,让她看这个盒子,不给她看里面的东西,她第一次看到这个盒子时,会以为里面装的是什么?(蛋糕还是玩具狗?)

　　<u>检测问题</u>:现在你们知道盒子里面装的是什么吗?(蛋糕还是玩具狗?)

　　<u>外表问题</u>:这个盒子看上去盛(装)的是什么?(蛋糕还是玩具狗?)

　　<u>真实问题</u>:盒子里实际上真正装的是什么?(蛋糕还是玩具狗?)

　　控制任务(真实内容任务):一个薯片盒子,真实的薯片(备用绿箭口香糖瓶子和一块绿箭口香糖),防止幼儿总是随意猜测。

　　在进行上述每个意外内容任务的训练前,我们先对幼儿施测控制任务。目的是防止幼儿因前面的测验经验产生对于物体外表的怀疑从而随意猜测结果。比如,当幼儿在前面的实验中看到牙膏盒子时,主试问他(她)“你以为里面装的是什么”这个问题时,他(她)回答是牙膏,但打开一看,不是牙膏,而是其他东西。有的幼儿在有了这一次经历后,会对事物外表的欺骗性问题产生兴趣,并很感兴趣地随意猜测,觉得“很好玩”或者“你又在骗我了,我知道里面不是牙膏,因为牙膏用光了,可以装其他的东西了,我敢肯定里面一定不是牙膏,而是其他东西”(幼儿语)。因此,为了防止这类情况的发生,我们在给幼儿训练意外内容任务前,都先做一个控制任务,以防止幼儿把所有的东西都看成是欺骗性的而影响实验的进程。

　　录音:用录音笔对同伴交往实验情境下每个目标幼儿与同伴之间交谈的全过程进行录音。

　　实验次数:两周内平均分配,任务和问题在被试间随机分配。每个被试一共训练 2 次,每次 10 分钟左右,每个幼儿总计训练 20 分钟左右。

3. 后测

　　心理理论任务:意外地点任务(巧克力哪里去了),要用到两个玩偶(妈妈和小明)、一个白盒子、一个花盒子、一块巧克力(两个玩偶的高度都明显高于两个盒子的高度)。意外内容任务(意外维尼熊任务,包含真实-外表任务),要用到阿尔卑斯糖果盒和一只维尼熊(或备用一个蛋黄派的盒子和一只维尼熊)、一只玩偶小宁。

　　说明:在对幼儿进行后测之前,先对他们进行一个真实内容任务,作为控制任务,要用到一个口香糖盒子和一块口香糖(备用牙膏盒子和一支牙膏)。

三、研究结果

(一)从总体上看训练组和控制组在后测中的心理理论得分

　　以心理理论总分为因变量,进行 2(年龄段:小班、中班)×2(性别:女孩、男孩)×2(训练与否:训练、未训练)的 ANOVA 分析发现(见图 2-8),训练与否的主效应极其显著($F_{(1,55)} = 64.964, p < 0.001$),年龄段主效应显著

$(F_{(1,55)}=6.344, p<0.05)$，而性别主效应不显著$(F_{(1,55)}=0.777, p>0.05)$；此外，年龄段与性别之间、年龄段和训练与否之间、性别和训练与否之间及年龄段、性别和训练与否之间的交互作用均不显著。这表明，总体上看，在同伴"交往"情境下的训练对小班和中班幼儿心理理论的发展是有促进效果的。

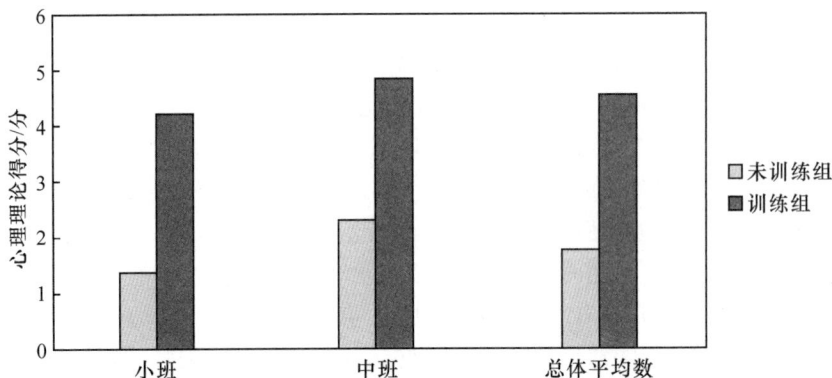

图 2-8　训练组和未训练组幼儿在后测中心理理论得分

(二)不同类型同伴"交往"对幼儿心理理论发展影响的比较

为了区别哪种同伴"交往"情境对于幼儿心理理论训练更为有效，我们再对各种同伴交往情境下训练的结果进行对比。各种情境下训练后的幼儿在后测中的心理理论得分如表 2-4 所示。

表 2-4　四种同伴"交往"情境下幼儿在后测中的心理理论得分

年龄段	组别	平均数/分	标准差/分	人数/人
小班	与能力一般组	4.50	0.84	6
	与能力强组	4.08	1.51	12
	与异龄组	4.33	1.21	6
	未训练组	1.38	1.77	8
	合计	3.53	1.87	32
中班	与能力一般组	4.50	0.84	6
	与能力强组	5.00	0.00	12
	与异龄组	5.00	0.00	6
	未训练组	2.29	1.38	7
	合计	4.29	1.32	31

年龄段	组别	平均数/分	标准差/分	人数/人
	与能力一般组	4.50	0.80	12
	与能力强组	4.54	1.14	24
总体	与异龄组	4.67	0.89	12
	未训练组	1.80	1.61	15
	合计	3.90	1.65	63

以心理理论总分为因变量,进行 2(年龄段:小班、中班)×2(性别:女孩、男孩)×4(同伴交往情境:与能力一般组、与能力强组、与异龄组和未训练组)的 ANOVA 分析发现,同伴"交往"情境的主效应极其显著($F_{(3,47)}=19.835$,$p<0.001$),年龄段主效应显著($F_{(1,47)}=4.613$,$p<0.05$),而性别主效应不显著($F_{(1,47)}=0.029$,$p>0.05$);年龄段与性别之间、年龄段与同伴交往情境之间、性别与同伴交往情境之间,以及年龄段、性别与同伴交往情境之间的交互作用均不显著。这表明,上述三类同伴"交往"情境对于小班和中班幼儿的心理理论的发展都有一定的促进作用。

进一步两两比较,Post Hoc 检验(LSD)发现,三种同伴"交往"情境(与能力一般组、与能力强组和与异龄组)中的幼儿,其心理理论得分都显著高于未训练组($MD=2.70$,$MD=2.74$,$MD=2.87$,$ps<0.05$),并且这三者两两之间均不存在显著的差异。这表明,无论幼儿和哪种类型的同伴交往,对于他们的心理理论发展都是有促进效果的。

(三)七种类型的同伴"交往"对幼儿心理理论发展影响的比较

为了进一步比较七种类型的同伴"交往"对于幼儿心理理论发展的影响,以获得更为细致的信息,我们把幼儿在后测中的心理理论得分列表,如表 2-5 所示。

表 2-5　小班和中班幼儿经过七种"同伴交往"训练后在后测中的心理理论得分

年龄段	组别	平均数/分	标准差/分	人数/人
	与能力强且喜欢组	3.83	1.83	6
	与能力强且关系一般组	4.33	1.21	6
	与能力一般且喜欢组	5.00	0.00	3
小班	与能力一般且关系一般组	4.00	1.00	3
	与中班混龄组	4.00	1.73	3
	与大班混龄组	4.67	0.58	3
	未训练组	1.38	1.77	8
	合计	3.53	1.87	32

续表

年龄段	组别	平均数/分	标准差/分	人数/人
中班	与能力强且喜欢组	5.00	0.00	6
	与能力强且关系一般组	5.00	0.00	6
	与能力一般且喜欢组	4.67	0.58	3
	与能力一般且关系一般组	4.33	1.15	3
	与大班混龄组	5.00	0.00	6
	未训练组	2.29	1.38	7
	合计	4.29	1.32	31
总体	与能力强且喜欢组	4.42	1.38	12
	与能力强且关系一般组	4.67	0.89	12
	与能力一般且喜欢组	4.83	0.41	6
	与能力一般且关系一般组	4.17	0.98	6
	与中班混龄组	4.00	1.73	3
	与大班混龄组	4.89	0.33	9
	未训练组	1.80	1.61	15
	合计	3.90	1.65	63

以心理理论总分为因变量,进行 2(年龄段:小班、中班)×2(性别:女孩、男孩)×7(七种同伴"交往"情境:与能力强且喜欢组、与能力强且关系一般组、与能力一般且喜欢组、与能力一般且关系一般组、与中班混龄组、与大班混龄组和未训练组)的 ANOVA 分析发现,同伴"交往"情境的主效应极其显著($F_{(3,47)} = 19.835, p < 0.001$),年龄段的主效应和性别主效应均不显著($F_{(1,37)} = 2.594, F_{(1,37)} = 0.115, ps > 0.05$);年龄段与性别之间、年龄段与七种同伴"交往"情境之间、性别与七种同伴"交往"情境之间及年龄、性别与七种同伴"交往"情境之间的交互作用均不显著。这表明,幼儿与各种类型的同伴"交往"对于小班和中班幼儿心理理论的发展都是有促进作用的。

进一步两两比较,Post Hoc 检验(LSD)发现,六种同伴"交往"情境(与能力强且喜欢组、与能力强且关系一般组、与能力一般且喜欢组、与能力一般且关系一般组、与中班混龄组和与大班混龄组)中的幼儿,其心理理论得分都显著高于未训练组(MD = 2.6,MD = 2.87,MD = 3.03,MD = 2.37,MD = 2.20,MD = 3.09,$ps < 0.05$),而这六者两两之间均不存在显著的差异,尤其是幼儿"与能力强且关系一般组"和"与能力强且喜欢组"的成绩之间、"与能力一般且喜欢组"和"与能力一般且关系一般组"之间均没有显著性差异(MD = 0.25,$p > 0.05$;MD = 0.67,$ps > 0.05$)。

本研究的实验设计中,小班幼儿既有与中班幼儿的异龄交往情境,又有与大班幼儿的异龄交往情境,比较两组幼儿之间的同伴"交往"对他们心理理论发展的影响发现,幼儿"与大班混龄组"和"与中班混龄组"之间的"交往"在心理理论上得分之间也没有显著差异(MD＝0.67,p＞0.05)。

四、讨论分析

从总体上看,训练与否的主效应极其显著,即经过同伴"交往"情境训练的幼儿,其心理理论得分显著高于未训练组。这说明,同伴"交往"情境下的训练对3～4岁幼儿的心理理论发展是有促进效果的。这与国外相关研究结果一致,即幼儿与同伴间积极交往的频次高、时间多有利于幼儿心理理论能力的获得和进一步发展。也有学者认为,为幼儿积极提供丰富的社会交往环境可能是训练幼儿去尝试理解他人心理的一个好办法。本实验中为那些没有通过心理理论任务的幼儿提供了与其他同伴进行交流的机会,尤其是进行有关心理状态方面谈论的机会。幼儿对内部心理状态的理解来自他们的社会交往经验。学龄前儿童与朋友的交往也能增进其对心理状态的了解。幼儿和朋友谈话交流越多,他们在"错误信念"游戏中就做得越好。心理状态的谈话有助于促进幼儿心理理论能力的发展,已经被国外相关研究所证实。

进一步比较发现,"与能力一般组""与能力强组"和"与异龄组"这三组幼儿的心理理论得分都分别显著高于"未训练组",而这三者两两之间的心理理论得分不存在显著性差异。再进一步分析发现,"与能力强且喜欢组""与能力强且关系一般组""与能力一般且喜欢组""与能力一般组""与中班混龄组"和"与大班混龄组"这六组的心理理论得分都分别与"未训练组"之间存在显著差异,即这六组幼儿的心理理论得分都分别高于"未训练组",而这六组两两之间均不存在显著差异。这表明,本实验条件下,幼儿与心理理论能力强的同伴"交往"和与心理理论能力一般的同伴"交往"对其心理理论发展的影响之间并没有显著差异;幼儿与年长同伴"交往"和与同龄同伴"交往"对其心理理论发展的影响没有显著差异;幼儿与喜欢的同伴"交往"和与关系一般的同伴"交往"对其心理理论发展的影响亦没有显著差异。由此可见,同伴"交往"能够促进幼儿心理理论的发展,而同伴"交往"的类型对其心理理论发展的影响并未显示出明显的差异。

本实验结果发现,同伴交往能够促进幼儿心理理论的发展,即无论什么类型的同伴交往都有助于促进幼儿心理理论的发展。根据皮亚杰的观点,同伴交往是影响幼儿社会认知发展的一个重要因素,其机制在于这种社会性互动为幼儿提供了认识不同观点的机会。幼儿在同伴交往或游戏中,通过扮演不同的角色,逐步认识到对于同一件事,同伴可能会有不同的观点(看法、情绪、意图等)。尤其是当幼儿在游戏中发生冲突时,为了使游戏能够继续进行下去,幼儿还必须学习协调各种不同的意见。因此,与同伴交往中处于孤立地位的幼儿相比,与同伴有更多互动经验的幼儿就会有更多认识同伴的不同观点、扮演不同角色以及对各种观点进行整合与协调的机会和经验,他们的心理理论能力也因此会得到更快的发展。关于交往对认知发展促进作用的结论也得到国内相关研究的证据支持。比如,符明弘和左梦兰曾经对 5~11.5 岁儿童进行研究并发现,相互交往可以促进认知水平的提高,其主要原因在于儿童在相互作用时,动作或观点不同引起争论,造成认知冲突,从而导致认知结构的改变。[6]

具有相似性或者相互认可的伙伴之间的交往能够对幼儿彼此发展产生积极的影响,正如著名心理学家班杜拉所认为的那样,"儿童倾向于选择与自己具有类似兴趣和价值观的同伴,选择性的同伴关系将促进共同兴趣方面的自我效能的发展"[7]。本研究发现,幼儿与自己提名喜欢的同伴交往和与自己关系一般的同伴交往对其心理理论发展的影响并未发现显著差异。一个原因可能是幼儿提名的随机性、随意性比较大,尤其是 3~4 岁幼儿的同伴提名情境性强,不稳定。另外一个可能的原因是,同伴接纳程度只对幼儿心理理论能力某些方面的发展有影响,对于幼儿心理理论发展更为重要的因素可能是"不同心理"的出现,即同伴关系可能并不是影响幼儿心理理论发展最为重要的直接因素,更为直接的因素是来自于同伴之间心理的差异性上,即"不同心理"出现。仅仅与自己喜欢的同伴交往未必就比和自己关系一般的同伴交往更能促进幼儿心理理论的发展,幼儿和其同伴在观点上的不一致或者不匹配可能才是真正促发其心理理论发展的重要因素。我们在给幼儿匹配同伴时,选择的都是幼儿比较熟悉的玩伴,涉及小班和中班、小班和大班、中班和大班幼儿之间的交往。相关研究发现,有熟悉的同伴在场时,比单独一个人玩时,幼儿有更大可能去探究物体的独立性能。人际熟悉性是一个重要因素,因为幼儿之间太陌生或者经常更换同伴,不利于他们相互探讨、彼此交流思想、分享态度。

那么,幼儿与心理理论能力强的同伴交往比与能力一般的同伴交往是否更有助于促进他们的心理理论发展,与年长同伴交往比与同龄同伴交往是否更可能有助于促进幼儿心理理论的发展,本实验并未获得这方面的证据。可能的原因有两个:一个是被试的样本较少;另一个原因是,在本实验中,给幼儿匹配的同伴特征都暗含了能力的差异,而恰恰正是这种能力的差异混淆了不同能力、不同年龄同伴对幼儿心理理论发展所可能具有的不同作用。因为在前面的同伴分组中,一方面,我们根据幼儿在前测中的心理理论能力来划分,把通过任务(5分)划为"能力强组",把部分通过(3~4分)划为"能力一般组",这里能力的强弱是相对而并非绝对的;另一方面,我们根据幼儿的年龄,把 3 岁与 4 岁、3 岁与 5 岁及 4 岁与 5 岁幼儿之间的异龄交往划为"与年长同伴交往",而与幼儿交往的同龄同伴也是选择了那些心理理论能力强的同伴。总之,这两类划分方法都隐含了与不同能力同伴交往的事实。这里的"能力强""能力一般""年长同伴"以及"同龄同伴"都是指那些在心理理论能力上比这些目标幼儿强的儿童。所以,上述结果没有差异的主要原因可能就是,与幼儿交往的这四种类型的同伴都比他们心理理论能力强,而心理理论能力的强弱以及是否年长或同龄对于幼儿的心理理论发展的影响并不重要。从这个意义上,这个结果似乎更加支持维果茨基关于"儿童是一个学徒"的观点,即儿童是在与周围一些知识更渊博的人的社会交往中获得有关心理方面的知识。

五、研究结论

同伴交往有助于促进幼儿心理理论的发展。幼儿与不同心理理论能力的同伴之间的交往对其心理理论发展的影响差异不显著;幼儿与年长同伴交往和他们与同龄同伴交往对其心理理论发展的影响差异不显著;幼儿与自己喜欢的同伴交往和他们与关系一般的同伴交往对其心理理论发展的影响亦不存在显著差异。

第三节 综合讨论

一、混龄交往对幼儿心理理论发展的影响

(一)为什么要探讨混龄交往对幼儿心理理论发展的影响

在学前教育中,探讨什么类型的同伴交往有助于促进幼儿心理理论的发展,以及同伴交往如何促进幼儿心理理论的发展等问题具有非常重要的现实意义。

在本章中,我们首先将那些没有通过心理理论任务的幼儿,按照同伴的不同类型进行分组。同时,借鉴心理理论具有的"可训练性"模式,利用同伴对幼儿的心理理论能力进行"训练"。为了在实验条件下创造出有同伴交往的情境,我们以经典的心理理论任务为蓝本,对被试人数稍做改变,由传统单一被试改变为两个被试,通过不同类型的同伴对目标幼儿进行交往"训练",试图达到和成人训练相同的效果。与实验前的假设不完全一致的是,在本实验条件下,我们并没有发现与年长同伴交往比与同龄同伴交往更有助于促进幼儿心理理论能力的发展,也没有发现,与心理理论能力强的同伴交往比与心理理论能力一般的同伴交往更有助于促进幼儿心理理论能力的发展。

"儿童的社会化水平,不可避免地受到认知发展的制约","社会交往可以明显地提高认知发展的水平"。[8]同样,社会交往也可以明显提高幼儿的心理

理论发展水平。从总体结果看,不同类型的同伴交往都有助于促进幼儿心理理论的发展。幼儿与同伴间正性交往与其心理理论能力呈正相关。也就是说,幼儿与同伴间积极交往的频次高、时间多有利于幼儿心理理论能力的获得和进一步发展。本研究关于混龄交往和同龄交往对幼儿心理理论发展影响的结论也验证了最初的实验假设。我们通过对三所实行不同同伴交往形式的幼儿园所做的调查发现,混龄交往比同龄交往更有助于促进幼儿心理理论的发展。这个结果得到了国外相关研究的证据支持。国外研究发现,是哥哥姐姐而不是弟弟妹妹促进了幼儿对错误信念的理解。相关研究表明,兄弟姐妹的数量与幼儿心理理论发展水平之间有密切联系,家庭规模是影响幼儿错误信念理解的一个重要变量,幼儿拥有的兄弟姐妹越多,就越有可能成功通过错误信念任务。相关研究也发现,拥有哥哥姐姐的幼儿的心理理论得分显著高于那些没有哥哥姐姐的幼儿;哥哥姐姐比弟弟妹妹对幼儿认知发展的促进作用更为显著;与那些更有知识的成员交往比与有较少知识的成员交往对幼儿心理理论的发展更为有利。这些研究结果支持了"学徒假说"。维果茨基认为,人类的心理发展具有两个重要特点:第一,人类所特有的被中介的心理机能不是从内部自发产生,它们只能产生于人们的协同活动和人与人的交往之中;第二,新的心理结构最初必须在外部活动中形成,随后才可能转移至内部,成为内部心理结构。幼儿的心理发展水平存在两个水平:第一个水平是"实际发展水平",这是幼儿独立活动中表现出来的心理发展水平;第二个水平是"潜在发展水平",这是幼儿在他人的帮助下或与同伴合作的情况下表现出来的心理发展水平。幼儿的"实际发展水平"与"潜在发展水平"之间的区域被称为"最近发展区"。幼儿通过与比他更高水平的人的相互作用从而达到由"实际水平"向潜在的更高级水平的发展。幼儿心理理论的发展也正是在与一些比其水平高的人的交互作用中,从低级的愿望心理学向高水平的信念-愿望心理学发展。成人是幼儿社会网络中"更有能力的"的成员。在这个过程中,父母和兄弟姐妹为幼儿提供了充足的交往机会,使得幼儿能够更快、更好地理解他人的心理。这也许可以解释为什么幼儿在自然互动中比在实验测试情境中显示更好的能力。研究同时还表明,幼儿的同伴能扮演共同建构者的角色,因而与一个能力很强的"专家型"同伴配对,能够推动幼儿经过最近发展区的发展。在本实验中,正是这些不同类型的同伴给幼儿提供了这种理解他人心理的平台。维果茨基的理论在解释混龄交往中年长幼儿或能力强的幼儿有助于促进目标幼儿心理理论发展这个问题上非常有效,但是难以解释幼儿与同龄中心理理论能力一般幼儿交往也能促进其心理理论发展的事实。在这个问题上,认知冲突理论或许可以为我们提供一个更为有效的解释。可以理解,在混龄交往的情境中,既有同龄人之间的认知冲突,又有异龄同伴之间的认知冲突,这些认知冲突为幼儿发展提供了更为广泛的发展机会。皮亚杰认为,同伴交往过程中产生的认知冲突是促使幼儿认知发展的重要动因。在交往过程中,幼儿和同伴之间的交流和冲突迫使他们站在他人的角度看问题,产生于同伴关系中的合作与感情共鸣使幼儿获得了关于社会的更广阔的认知视野。

本实验虽然没有创设心理理论能力相同的同伴交往情境(如未通过-未通过组)的训练,我们却假设,相同能力的幼儿之间的交往也应该能够促进其心理理论的发展。幼儿在一起解决问题比单独解决问题更能够通过讨论拓展自己的知识库。由于不同的观点激发了足以令人不适的认知不平衡,从而促使幼儿寻找答案。每一次的交往活动势必会建构或重构对先前观念的协调,从而重新达到一种认知平衡。从这个观点看来,正是这种认知上的人际冲突激发人去寻求一种整合性的发展变化,但这并不意味着恶意的人际冲突的敌对能够带来认知上的进步。有些研究者认为,想法的不同和观点的差异能够促进伙伴之间的合作。如果伙伴之间相互喜欢,不同的观点会促使他们讨论存在的差异、谈判、做出让步,不仅在认知上而且在情感关系上寻找合作性的解决办法。近年来所强调的冲突在社会认知中所起的作用,就冲突现象的定义来看,不仅包括解释、询问、同意和妥协,还包括差异。融合皮亚杰和维果茨基的观点可以认为,个人内在的认知冲突激发幼儿努力重新获得新的认知平衡,但如果这种冲突是与对抗性的人际交流相伴随,出现的则可能是愤怒、恐惧或其他不良情绪而不是认知上的成长。相反,如果认知上的冲突有以理服人的对话相伴随,则可能出现合作性的共同建构,形成认知上更成熟的新的观点。总之,基于皮亚杰和维果茨基的建构主义观点的近期研究表明:如果幼儿能够就不同的问题合作性地交流和讨论他们观点的冲突,幼儿就能够取得认知上的进步。幼儿在一起工作能够解决很多各自单独工作所不能解决的问题。与一个知识水平高于自己的同伴讨论问题比与一个水平低于自己的同伴讨论问题更能激发内在的认知冲突和进步。

(二)混龄交往如何促进幼儿心理理论的发展

在本研究条件下,同龄交往和混龄交往对幼儿心理理论发展都具有重要影响。在幼儿园实践情境下,混龄交往更有助于促进幼儿心理理论的发展。其中,间断性混龄交往和完全混龄交往对幼儿心理理论的发展都优于完全同龄交往,而间断性混龄交往和完全混龄交往之间并无显著差异。这表明,幼儿与不同年龄同伴的交往更有助于促进其心理理论的发展。另外,通过实验我们也发现,幼儿无论是与能力强组、能力一般组、还是与年长组、同龄组,抑或是与喜欢的和关系一般的同伴交往,都促进了目标幼儿的心理理论发展。显然,这个结果是令人兴奋的。然而,混龄交往到底是如何促进幼儿心理理论发展的?为了找寻这个答案,我们对研究过程中各种同伴交往情境下的同伴对话和对幼儿的访谈资料进行了整理,获得了3万多字的原始资料。通过对这些资料中幼儿之间的对话内容进行详细的分析,我们发现,同伴混龄交往可能通过如下几种方式促进幼儿心理理论的发展。

1. 异龄同伴通过提供反例,促进幼儿理论和证据的协调

理论论认为,幼儿预先并没有关于自己和他人心理状态的知识,如同科学理论的形成过程一样,幼儿也是通过建构逐渐发展出一套用以解释和预测自己和他人心理状态的理论——心理理论。无论是愿望心理学、愿望-信念心理学,还是信念-愿望心理学,都是不同年龄幼儿用以解释和预测人的行为的一套理论。当经验反复提供给幼儿不能用当前心理理论解释的信息(如反例)时,幼儿最终被迫修正并改进了自己已有的心理理论。本研究中,那些没有通过心理理论任务的幼儿,尚不能根据一个人的信念而是根据当前的事实来解释和预测对方的行为,即他们还没有获得信念-愿望心理学。比如,在"Kitty猫转移任务"中,当询问幼儿"弟弟以为Kitty猫在哪个盒子里"时,有些没有通过心理理论任务的幼儿会固执地认为弟弟会以为在白盒子里(实际在绿盒子里)。显然,这类幼儿混淆了猫的实际位置和弟弟所持有的信念两者之间的关系,从而做出了错误的回答。在混龄同伴交往情境中,当幼儿和异龄的哥哥(姐姐)在一起回答这类问题时,那些比他(她)能力强的幼儿,总会抢着说,弟弟会在自己的绿盒子里找,"因为弟弟刚刚是放在绿盒子里了","因为他走的时候,它(猫)是放在这里(绿盒子)","因为他藏在这里边的"等。同样,在询问幼儿"弟弟会先到哪里找他的Kitty猫"时,也发生了类似的回答。又如,在"意外玩具狗任务"中,很多幼儿对"在老师没打开盒子前,你们(或小红)以为里面装的是什么"这个问题的回答依然是错误的,而能力强且年长的哥哥(姐姐)则会告诉他正确的答案,因为"我们没有看到里面的东西","因为她刚才没有看过里面","因为她(小红)不知道啊,因为她(玩偶小红)笨"(小班幼儿语),"因为这个盒子本身就是装蛋黄派的","因为她看到上面写着蛋黄派"等。

当这些不同的反证(或反例)不断出现在目标幼儿面前时,他们会重新思考自己的解释和同伴不同的原因。在心理理论的发展过程中,"反例"扮演着非常重要的作用。当目标幼儿面对大量反例时会如何应对呢?换句话说,当他们面对与他们当前的理论相矛盾的信息、知识、事例时,这些幼儿会改变自己的理论吗?这些幼儿也会像科学家一样,当反例积累到一定程度后,爆发"科学的革命"吗?答案是肯定的。虽然一开始,有些幼儿对年长的哥哥(姐姐)提供的与他(她)不一样的反例不以为然或感到不可思议,依然会固执地坚持自己的看法。然而,耐心的哥哥(姐姐)总是会用各种各样的理由不断"说服"他(她),尽管有些幼儿会对同伴不服气,但他们还是表现出对事实的"尊重"，如"我早就知道"（中班一男孩语），或"知道的"，"我知道里面是蛋黄派，我就不告诉你"，"他说的对，我说的也对"。由此，大量反例（反证）的出现，挑战了目标幼儿的原有理论，促使他们不得不接受新的证据和事实，从而最终对自己原有的心理理论进行修正和重构。

2. 混龄同伴讨论过程中的观点碰撞、交流，促进幼儿心理理论的发展

认知结构的可变性是皮亚杰认知发展理论的基础之一。皮亚杰认为，认知结构的产生源泉是主、客体相互作用的活动，认知结构处于不断地分化与整合的过程中（认知格式的不断协调），主体通过同化和顺化两种机能与周围环境相互作用，使认知结构不断发展。从这个意义上来说，心理理论同样具有可训练性。研究者都强调成功心理理论训练的一个重要前提就是训练过程中的反馈。积极反馈比消极反馈更为有效。对幼儿的反应进行言语反馈，可能会给他们后来对心理状态与行动之间关系的理解提供一个基础。这同样适合于本研究的同伴混龄交往中的情况。这种反馈是基于混龄中的幼儿和不同年龄的同伴之间的对话讨论而产生的。比如，在"Kitty 猫转移任务"中，当目标幼儿对"小弟弟以为 Kitty 猫在哪里"这个问题进行回答之后，立刻引来能力强的哥哥（姐姐）的强烈反应："不对！ 因为他（玩偶小弟弟）早晨出去的时候，就把猫咪放在这个盒子里（指小弟弟自己的绿盒子里），他以为它还在自己的绿盒子里。""你错的。他（指小弟弟）肯定以为在自己的绿盒子里。因为他在外面小便，看不见，他回来肯定想（自己的猫）还是在那儿（绿盒子）吧，就过去把这个盒子打开，哎，没了，就到小哥哥那儿啊。一看，那儿有……""你怎么指那边啊?!"（对对方的错误答案表示不满）或者"对了！ 就是先到绿盒子里找。"有时，两个幼儿会因各自的看法不同而争执起来，各执己见。又如，在"意外玩具狗任务"中，当被问到"小红第一次看到这个盒子时会以为里面装的是什么时"，年幼的弟弟（妹妹）脱口而出"小狗狗！"（错误），而年长的哥哥（姐姐）则立刻予以反驳："是蛋黄派！"而且哥哥（姐姐）还给弟弟（妹妹）解释道："因为她这里看到的是蛋黄派。"或者干脆什么也不解释："就是蛋黄派！"态度坚决，不容置疑！ 由此，发生在混龄活动中幼儿和同伴之间的讨论也可能是促进幼儿心理理论发展的重要因素。在讨论的过程中，幼儿和不同年龄的同伴之间可能会谈论到故事主人公的心理状态，比如"小红没有看见里面是小狗狗"，"因为她（指小红）本来就（把糖）藏在这里面（指红盒子）。她不知道又没有看见南南把她的糖藏在他的黑盒子里了"，"小弟弟一会儿想到这里（指自己的绿盒子），一会想到那里（哥哥的白盒子）找"，"因为他又不是火眼金睛，像孙悟空一样看见了"，"因为她早晨出去时把糖放在这里面，她回来还以为糖在这里面"，"不能，因为他不能看到"，"小红没有看到南南藏她的糖，她不知道南南拿走了"，"我知道，因为这里面有个口子，里面的蛋糕吃完了才能把一只小狗玩具放进去,然后再倒出来,也不知道这是一只蛋糕,也不知道这是一只小狗","看不见,因为他在外面玩,他又不是火眼金睛嘛!"……很显然,幼儿在和同伴讨论的过程中,提到了大量关于心理状态的术语。国外大量的研究表明,谈论心理状态有助于促进幼儿心理理论的发展。

关于3~4岁的幼儿常常接触到有关心理状态概念的社会讨论是否能促进幼儿心理理论理解的变化这一问题,已有研究认为,社会讨论对幼儿心理理论发展有影响。实际上,社会讨论本身就是一个不断反馈的过程,既有正反馈,也有负反馈,反馈促进了幼儿心理理论的进步。研究发现,3~4岁幼儿拥有兄弟姐妹的数量与其在错误信念任务上的得分存在显著相关。兄弟姐妹能够弥补错误信念理解中的低语言发展。兄弟姐妹能够促进幼儿心理理论发展的原因在于,兄弟姐妹能够为幼儿提供更多的交流机会,使他们能够接触到各种不同的观点,尤其是当幼儿与其兄弟姐妹的观点不一致时,会开始对自己和他人的愿望、信念进行思考,这实际上正是反馈作用的一种体现。社会互动中的学习在幼儿对心理状态和行为关系的发展理解中起着重要的作用。通过与他人谈论心理世界,幼儿"重述"自己对他人是否为有意图的理解,以便使内隐的社会知识变得外显。人是社会动物,社会互动和暴露在心理状态之中的谈话对幼儿的心理理论发展非常关键。显然,幼儿的语言技能对其心理理论的发展是重要的,不是对他们在错误信念任务情境中展示的理解而言,而是更基本的对理解本身的发展来说的。然而,也有学者提出,训练组与控制组在心理理论得分上的组间效应不能归因于言语反馈的缺乏。在错误训练背景下,只获得矫正反馈本身无助于提高幼儿对错误信念的理解,只有提供关于情境的新信息,才是有帮助的。只有幼儿明白了自己错误解释的原因所在,才会提高对错误信念的理解。因此,关键不在于是否给予幼儿以言语反馈,而在于反馈是否给幼儿提供了有关情境的一种新的解释。本研究中,目标幼儿不仅给幼儿以积极反馈和消极反馈,还给对方提供各种解释的理由,比如"因为她不知道(里面装的是小狗)","小弟弟不知道哥哥拿了他的Kitty猫","不对,本来他的Kitty猫在这里面(指绿盒子),但是哥哥就给他弄到这里了(指哥哥的白盒子)"等。或许,这正是研究中的同伴交往成功促进目标幼儿心理理论发展的原因。

3. 混龄同伴之间的观察学习和模仿,促进幼儿心理理论的发展

一个有趣的现象就是,每当我们提出一个问题时,那些能力强的幼儿总是抢先回答,而能力弱的目标幼儿总是充当跟随者的角色。这种现象几乎发生在每一对进行同伴交往的幼儿之间。而且,当目标幼儿回答不正确的时候,能力强的幼儿就会非常着急,表现出要给对方"纠错"的样子。比如,在"意外玩具狗任务"中,当主试问"这个盒子看起来装的是什么"这个问题时,能力强的幼儿 A 立刻回答"蛋糕"（正确）；与此同时，能力差的目标幼儿 B 则回答是"小狗"（错误）。这即刻引来幼儿 A 的反对："看起来是装蛋糕的！你看，因为它是蛋糕盒嘛！"并且，拿给幼儿 B 看，幼儿 B 也只好很听话似的看着。当提问"小红第一次看到这个盒子的时候，会以为里面装的是什么"这个问题时，还是幼儿 A 抢先回答"蛋糕"，而且他还想把这个答案告诉幼儿 B，这时的幼儿 B 则回答："我早就知道了。""我讲出来他也这样想了。"幼儿 A 有点不高兴地对主试说道。整个实验过程中，总是能力强的或者年长的幼儿抢先给出正确回答，表现得积极、主动、坚定而正确，然后是能力差的目标幼儿跟着说或者用手指出那个正确的答案。有时，后者比较犹豫，不知道该怎么回答，但一看到（或听到）能力强的幼儿的回答，也就跟着附和了，表现相对被动。最为精彩的是，能力强的幼儿总是主动承担起目标幼儿的"老师"，不厌其烦地教给对方正确的答案。这种情况表现在对故事情节的复述上，如当问及幼儿"小红会先到哪里找她的糖"这个问题时，能力强的幼儿会给能力差的幼儿耐心讲解："先到她自己的红盒子里面。""因为她在外面，不知道哥哥给她藏到他的黑盒子里了（她边说边用手给对方指了指黑盒子），然后就到自己的红盒子里（找了），她再问哥哥，哥哥不睬她了以后，她就到哥哥的黑盒子里找，然后找到了。"或者"因为她没有看见这个小男孩（哥哥）把这个糖放在他的黑盒子里。她不知道的。她出去玩了，没看见。她没有看到男孩拿她的糖。她以为她的糖在红盒子里"，"她出去玩了，她没有看见他从她的盒子里拿出去了，放在他那里了。因为她走得很远的地方，她看不见的。她走到很远的地方去。她不知道哥哥有没有把她的糖放在自己的黑盒子里"。这时，目标幼儿总是在一边认真地听着、看着，充当着"观众"或"听众"的角色。或许，正是通过这个过程中的观摩学习，目标幼儿获得了关于他人心理的新的知识和理解。

　　班杜拉的社会学习理论认为，幼儿通过观察学习和模仿来发展社会能力和个性。在本实验中，幼儿的心理理论能力或许也通过观察学习和模仿而习得。大多数学生喜欢受到别人的模仿。那些能力强的幼儿也是如此：当他们看到另一个幼儿在津津有味地听着他（她）的讲解时，似乎很有成就感，并且很乐意担当这种"小老师"的角色。研究发现，在幼儿能够对问题提供外显的言语回答之前，他们就已经能够用手势来表示对新概念的理解了。情况很可能是，那些目标幼儿对于错误信念的理解正处于"内隐"而不是"外显"的理解水平上。内隐知识的出现标志着存在"最近发展区"。在最近发展区之内，指导和有力的支持都是有效的。本实验中，被试之所以被成功训练，或许是被训练的幼儿对错误信念正好获得了一种内隐的理解，而同伴的训练也正好在他们的"最近发展区"内，从而促进了幼儿心理理论的发展。模拟论的代表 Harris 也认为，3 岁和 4 岁幼儿之间的明显差别，不是被看作心理概念的某种戏剧性转换,而是被看作一种精确的利用模拟的能力不断提高的结果;并提出,如果允许幼儿练习模拟错误信念,那么将会有效地提高他们模拟信念的能力。他认为,幼儿是很擅长模仿的。在本实验中,那些目标幼儿或许正是通过能力强的幼儿帮助他们一起模拟那些故事主人公的信念,提高了对心理理论的理解能力。

4. 混龄同伴之间的合作,促进幼儿心理理论的发展

幼儿之间的认知冲突是导致其认知进步的重要因素。本实验中虽然幼儿之间产生了冲突,如幼儿之间因观点不一致而产生争论,但更多是幼儿与同伴之间的合作。因为在实验中,我们非常强调幼儿之间的合作,"如果他(她)不会,你就帮助他(她),反之亦然"。在这个过程中,幼儿之间体现更多的是相互之间的帮助与合作。这和皮亚杰的观点并不矛盾。同伴合作要求儿童必须与持有不同观点的人进行交流,并检验自己的观点,最后产生一种比儿童个人想法更好的想法,达到"两人智慧胜一人"的目的。研究表明:双人操作的得分要高于单人操作的得分。当儿童在一起解决问题时,他们的理解能力比单独工作时提高了,而且促进了智力的发展。应该如何解释同伴合作有助于促进儿童智力的发展呢?对于这个问题存在两种相反的观点:一种是儿童的"社会认知冲突"机制导致了儿童的"心理重构",从而促进了儿童智力的发展。两个儿童在共同解决问题的过程中,彼此产生了观点的差异性。一个儿童如果反对另一个儿童的观点,那么认知冲突就产生了。这样,就需要这个儿童进行心理重构,协调自己和同伴的观点,进行整合,最终产生出比单个儿童解决问题更好的办法。这样,在社会互动中,儿童的社会认知能力便得到促进和发展。当然,这需要儿童双方都对对方的观点进行积极的协调才能获得。与此相反的另一种观点则不同意冲突是同伴互动效果的关键机制,而认为合作是影响同伴合作效果的关键因素。在同伴合作中,与对方观点不一致的儿童不可能取得进步,而接纳对方观点的儿童才更可能取得进步。实际上,以上两种观点都具有一定的片面性。对儿童在同伴合作情境中的对话内容进行的分析表明,合作伙伴之间的冲突并不只是表现在双方冲突的这种表面现象上,更主要的是,儿童通过某种深层次的讨论(可能以某种争论的方式)以获得彼此都满意的观点。还有研究者以一对 8 岁儿童对于一个道德两难问题的争论为例,探讨儿童之间观点一致与否对于儿童的社会认知能力的促进作用问题。对于这个道德两难问题,两个儿童在取得统一看法的过程中花费了大量时间。一方面,通过争论,他们向对方展示了自己对问题的真实想法,并提供自己这种看法的具体理由,等待同伴做出反应(拒绝或者同意);另一方面,他们也指出对方在这个问题的观点上存在的缺点或不足,同时提出自己认为比较合理的建议。在本实验过程中,幼儿与同伴之间在心理理论问题上的回答情况也产生了类似的结果。事实上,合作同伴对同一个问题可能会产生各种各样的看法,这需要合作双方共同探讨,甚至是争论,最后,在争论的基础上做出整合以取得共同的意见,达到观点上的真正统一。只有这样,才能有效地促进双方认知结构发生质的变化,从而推动智力(和心理理论)的发展。由此可见,"合作-整合"是起着关键建构作用的。而且无论何时,只要是两个儿童为共同得出一个崭新的、统一的结果而探讨彼此想法时,合作-整合建构就发生了。

5. 混龄同伴在场的情感支持,促进幼儿心理理论的发展

在本研究中,与目标幼儿在一起的同伴都来自幼儿所在的同龄班和混龄班。这种同伴之间的熟悉性或许为幼儿提供了一种情感上的支持,从而促使他们的表现比较真实、自然,接受同伴的训练也更加接近他们的"最近发展区"。而且,同伴之间的语言比较接近,幼儿理解起来更为容易,从而促进他们对他人心理的理解。如前所述,本研究给幼儿匹配同伴时,选择的都是幼儿比较熟悉的玩伴,包括 3 岁和 4 岁、3 岁和 5 岁、4 岁和 5 岁幼儿之间的交往。有熟悉的同伴在场时,比单独一个人玩时,幼儿有更大可能去探究物体的独立性能。

6. 混龄同伴之间充分的交往时间,促进幼儿心理理论的发展

关于哥哥姐姐对幼儿心理理论发展如何起作用这个问题,我们推断,如果哥哥姐姐的优势作用能够得到发挥,需要一些必要的前提,其中之一就是幼儿和他们的兄弟姐妹或者异龄同伴的交往要达到足够的程度,充分的同龄或者异龄互动,是保证幼儿认知发展的重要前提,即哥哥姐姐或者年长幼儿与年幼幼儿的交往必须充分,才可能促进幼儿的心理理论发展。

综上所述,很可能是:混龄同伴为幼儿提供的反例(反证)、讨论中的反馈、观察学习和模仿、混龄同伴之间的合作、混龄同伴在场的情感支持,以及与混龄同伴之间在时间上的充分交往促进了幼儿心理理论的发展。

(三)关于"混龄"实验对幼儿心理理论影响的讨论

有人推测,同龄交往和混龄交往对幼儿心理理论发展的影响可能没有差异或差异不会太大,因为同龄之间更可能激发出较多的认知冲突,而这种认知冲突正是幼儿认知发展最根本的原因。我们就该问题从两个方面提供了证据上的支持:一是从实验的角度发现,"幼儿-年长同伴"(包括小班和中班、小班和大班、中班和大班)和"幼儿-同龄同伴"这两类同伴交往对于目标幼儿心理理论的影响差异不大;二是从实践的角度考察了完全混龄、间断性混龄和完全同龄三种同伴交往形式对幼儿心理理论发展的影响,获得的总体结果是完全混龄交往和间断性混龄交往的幼儿在心理理论任务上的得分都显著高于完全同龄交往的幼儿,而完全混龄交往和间断性混龄交往对幼儿心理理论发展的影响不存在显著差异。我们认为,之所以在实验条件下没有发现"幼儿-年长同伴"与"幼儿-同龄同伴"这两类同伴交往情境下幼儿在心理理论理解能力上的差异,一个最为可能的原因就是,与幼儿交往的这两类同伴特征中都暗含了心理理论能力上的差异,即在本实验条件下,与幼儿交往的年长同伴和同龄同伴选择的都是那些在心理理论能力上比目标幼儿强的同伴。按照维果茨基的观点,幼儿与一个能力很强的"专家型"同伴配对,能够推动幼儿经过"最近发展区"的发展,正是这些心理理论能力强的同伴给目标幼儿提供了理解他人心理的平台,从而促进了他们心理理论的发展。这种对幼儿交往同伴的人为搭配可能抵消了现实生活中同龄交往和混龄交往对幼儿心理理论发展影响上存在的真实差异。因为来自实践的证据证明,混龄交往(完全混龄和间断性混龄)的幼儿在心理理论任务上的得分显著高于完全同龄交往的幼儿,这既可以用维果茨基关于"儿童是一个学徒"的观点来解释,又可以用皮亚杰关于冲突导致幼儿认知发展的理论来阐明,两者之间并不矛盾。

二、本研究的创新之处

为了利用同伴对幼儿心理理论能力进行干预和训练,我们对经典心理理论任务进行了被试人数上的改变,将传统实验情境中的单一被试变为两个被试。并且,在不同交往情境下运用同伴对目标幼儿心理理论进行训练时,完善并突出了指导语。比如在经典实验情境中对幼儿进行提问时用请"你"回答老师的问题,而在同伴交往情境下,为了突出"同伴交往",或强调同伴的在场,我们在指导语中将"你"改为"你们",即请"你们"一起回答,以提示和唤醒幼儿对同伴在场的知觉,引发幼儿与同伴之间"交往"或"互动"行为的产生。虽然,在本实验情境下的"同伴交往"主要涉及幼儿之间的对话,并不能全面包含真实生活中同伴之间更为丰富多彩的交往内容和交往方式,但是,作为一种尝试,本实验也获得了一些有意义的发现。如有关幼儿与同伴在实验情境下对话的录音内容,为我们进一步了解同伴在幼儿心理理论发展过程中所发挥的作用提供了较为丰富的资料支持。根据相关研究,我们在标准"意外地点任务"的行为预测问题中加上了表示先后顺序的副词(如"妹妹会先到哪里找 Kitty猫",通常意外地点任务中采用的是"妹妹会到哪里找 Kitty 猫"这种形式)。这种表示时间先后顺序的语言标志会提醒幼儿注意提问者的语用意图,从而有利于提高幼儿的表现。我们在本研究所有"意外地点任务"中均采用了这种形式。

应该说,本研究在研究方法上所做的"突破"只是一种初步尝试,未来研究仍需要进一步完善和更多证据上的支持。

参考文献

［1］罗宾.童年友谊［M］.李月琴,译.沈阳:辽海出版社,2000.

［2］Ruffman T,Perner J,Naito M,et al..Older(but not younger)siblings facilitate false belief understanding［J］.Developmental Psychology,1998 (34):161-174.

［3］张玉萍,苏彦捷.混龄编班对四岁儿童心理理论发展的影响［J］.心理科学,2007,30(6):1397-1401.

［4］Watson A C,Nixon C L,Wilson A,et al.Social interaction skills and theory of mind in young children［J］,Developmental Psychology,1999, 35(2),386-391.

［5］华爱华.幼儿游戏理论［M］.上海:上海教育出版社,1998.

［6］符明弘,左梦兰.交往在儿童认知发展中的作用［J］.心理科学,1992(5): 49-51.

［7］班杜拉.思想和行动的社会基础——社会认知论［M］.林颖,等译.上海: 华东师范大学出版社,2001.

［8］王振宇.儿童心理学［M］.南京:江苏教育出版社,2000.

第三章 混龄班与同龄班幼儿同伴交往特点的比较

了解同龄班和混龄班同伴交往的不同,有助于进一步发现混龄教育的价值。因此,本章运用录像观察和现场观察等方法,收集幼儿在自由游戏情境中同龄交往和混龄交往的数据,并在此基础上,对相关教师及部分小朋友进行追踪访谈,以期发现混龄班与同龄班幼儿同伴交往的特点及影响因素。

第一节 混龄班与同龄班幼儿同伴 交往特点的调查分析

一、研究问题

国内外 30 多年来关于同伴交往方面的研究虽然很多,但也存在一些问题与不足。比如,混龄教育的相关研究大多集中于幼儿某些典型行为的研究上,如合作行为、冲突行为等,还有对幼儿异龄交往的价值研究。在同伴交往的研究中,更多的是幼儿园一线教师的经验性总结与介绍,有少许关于混龄中幼儿的异龄互动研究。系统地将混龄班与同龄班中幼儿同伴交往特点进行对比的研究还是相对缺乏的。在研究对象上,存在一种割裂的现象,即研究者在混龄教育的研究中只以接受混龄教育的幼儿为研究对象;在同龄的同伴交往研究中,研究对象局限于接受同龄教育的幼儿,极少将两者结合进行综合对比研究。虽然也有相关研究进行了混龄教育与同龄教育的对比,但是这些研究只侧重幼儿的某些社会行为,如分享、攻击等,没有系统地对同龄和混龄教育中幼儿同伴交往进行系统研究。在研究方法上,定性研究多于定量研究,并且研究方法相对单一。

在同伴交往中,同龄交往和异龄交往对幼儿的成长都有特别的意义。我国目前大多数幼儿园都是采取同龄编班的教育组织形式,但是在同龄班中幼儿间的个体差异很容易被忽视。那么,如何在确保能力强的孩子得到发展的同时,让能力弱的孩子也有更多锻炼的机会,这是幼教实践教育工作者需要面对和解决的问题。既然幼儿有一种天生的与非同龄人交往的倾向,那么,混龄编班正好为幼儿的交往与发展提供了一个好的交往平台。在同龄与混龄两种编班形式并存,且同龄编班占大多数的情形下,如何有效地指导幼儿的同伴交往,使两种编班形式中幼儿同伴交往的优势得到最大化发挥,并且相互之间可以借鉴、取长补短,这些问题都值得思考。我们曾在幼儿园中收集数据,以非参与者的身份进入同龄班与混龄班,两个班的幼儿对于进入班级中的陌生者反映出来的态度具有较大差异。比如,同龄班的孩子相对敏感,对陌生者表现出好奇;而混龄班的孩子在见到陌生者进入班级后,没有对陌生者给予太多关注,他们表现出一副"见多识广"的模样。这个现象引起了我们的注意与兴趣,当进一步关注两个班幼儿与同伴之间的交往情况时,我们发现了更多的差异性。

本研究旨在通过对混龄班与同龄班中幼儿之间的交往行为进行观察,结合对教师的访谈调查,系统了解幼儿的同伴交往特点,分析同龄班与混龄班幼儿在同伴交往方面的异同点,同时探讨分析造成差异的可能因素,并根据研究结果,对同龄教育和混龄教育中幼儿同伴交往提出有针对性的指导建议。同伴,作为幼儿成长中的重要他人,在幼儿的成长中有着不可替代的地位。同伴交往对幼儿的认知、语言及社会性发展都有着极其重要的促进作用。游戏,特别是自由游戏情境,为幼儿的同伴交往提供了一个方便的情境,在自由游戏情境中,教师的参与少、控制性低,最容易使幼儿流露其真实的行为水平。因此,选择在自由游戏情境对幼儿的同伴交往特点进行研究,可以获得最真实的数据。通过对同龄班与混龄班的幼儿同伴交往特点的对比研究,不论是从理论上还是实践上都具有重大意义:一方面,系统研究同龄班与混龄班幼儿同伴交往特点,有利于了解目前幼儿同伴交往的水平与现状,丰富了混龄教育与同伴交往领域的研究;另一方面,对混龄班与同龄班幼儿交往特点差异的比较分析,揭示引起这些差异的原因,有助于为两类编班教育组织形式提供更为丰富且有价值的参考依据。

二、研究方法

(一)研究对象

本研究选取杭州市某幼儿园三个混龄班(分别有小、中、大班三个年龄段的幼儿)与三个同龄班(小、中、大班各一个)共 179 名幼儿作为主要的研究对象进行录像拍摄,最终获得 170 个有效视频数据,混龄班与同龄班各 85 个。其中混龄班幼儿的月龄为 58.99 ± 10.09 个月,同龄班幼儿的月龄为 57.74 ± 10.84 个月,幼儿基本情况如表 3-1 所示。

表 3-1　研究对象的基本概况

班级	年龄段	人数（男；女）/人	平均数/月	标准差/月
混龄班	小班	24(16;8)	46.33	3.84
	中班	28(17;11)	58.07	4.33
	大班	33(18;15)	68.97	4.18
	总体	85(51;34)	58.99	10.09
同龄班	小班	29(15;14)	45.86	3.00
	中班	29(14;15)	57.41	3.36
	大班	27(13;14)	70.85	4.63
	总体	85(42;43)	57.74	10.84

(二)研究方法

1. 观察法

（1）录像观察法

选取三个混龄班与三个同龄班，在自由游戏情境中对幼儿进行录像，采取时间取样和事件取样相结合的方法，对每个幼儿的同伴交往行为录像 10 分钟。在正式观察之前，研究者提前一周进入班级，采用"去陌生化情境技术"，先对幼儿进行两天的录像拍摄，去除幼儿对研究者的陌生感，待幼儿熟悉镜头后，开始正式录像，以确保数据的真实性和自然性。拍摄过程中尽量不干扰幼儿的正常交往活动。所有数据收集都在一个月时间内完成。录像拍摄完成后，我们用借鉴心理学家 Rubin 教授的《儿童游戏观察量表》[1]而编制的《幼儿同伴交往行为观察表》对每一段视频进行分析，该观察表主要包括五个维度：交往性别（同性/异性）、交往方式（语言/动作/表情）、交往主动性（主动/被动）、交往性质（积极/中性/消极）、交往控制性（支配/中性/顺从）。每个维度都有操作性定义。最后，所得数据用 SPSS 进行统计处理。

（2）现场观察法

在拍摄录像的同时或间隙，研究者也在留心观察幼儿与同伴交往的过程，并及时记录相关案例。拍摄任务完成后，研究者依然持续在各班内观察幼儿的行为表现及教师的教学管理方式，以保证对两种教育组织形式下幼儿的同伴交往做更加深入、全面的了解。观察期间，我们以非参与者的身份进入班级，在确保不干扰幼儿正常表现的情形下进行观察记录。

2. 访谈法

在本研究中，访谈法对整个研究起着辅助作用。访谈的对象为教师，旨在了解教师在班级管理过程中对幼儿同伴间交往的干预态度、方式等。同时，由于带班教师对自己班里幼儿的情况相对熟悉，通过教师访谈可以更加全面、准确地判定被观察幼儿的表现是否体现了其正常水平，以确保所收集数据的准确性和可靠性。同时,我们还对部分幼儿的同伴交往行为进行追踪访谈,以获得更加全面、准确的信息。

3. 同伴提名法

同伴提名法采用个别施测的方式。研究者以口头形式单独向每个孩子提问:"你最喜欢一起玩的三个小朋友是谁?""你最不喜欢一起玩的三个小朋友是谁?"测试地点选在教室安静的一角,保证被试幼儿不被其他幼儿干扰,同时又可以看到班里所有的小朋友。最后,我们把所有的提名结果进行标准分转换,确定每个幼儿的同伴社交地位,同时结合平时对他们的观察数据,全面地了解幼儿的同伴交往状况。

(三)研究假设

在已有文献研究及前期研究准备的基础上,我们对混龄班与同龄班幼儿同伴交往特点的比较结果做了以下预设:

(1)混龄班与同龄班幼儿在同伴交往上会呈现出一些共同的发展趋势。

(2)混龄班和同龄班幼儿在同伴交往上会呈现出一些差异。混龄班幼儿比同龄班幼儿交往时间更长、频次更高,并且在交往中会表现得更加积极主动。

(3)不同游戏情境下,混龄班与同龄班幼儿在同伴交往水平、同伴群体结构及交往策略、问题解决等方面存在差异。

(四)研究思路

本研究在实践的基础上查阅文献,梳理已有研究成果后提出研究问题。研究主要包括以下三个内容:第一,采用录像拍摄法。对混龄班与同龄班幼儿同伴交往的特点从交往的总时间、总次数、交往主动性、交往对象等方面进行量化比较。录像拍摄选择在 12 月,主要考虑到幼儿在入学 3 个月后已经对幼儿园生活比较适应,在 1 个月内完成全部拍摄工作,以减少成长等无关变量带来的干扰。第二,综合观察案例与访谈记录,对混龄班与同龄班幼儿在同伴群体结构、角色定位、交往策略、问题解决方式和交往互动过程等五个方面进行质性分析。第三,针对前面两部分的比较结果进行讨论,分析原因,得出结论,并提出相关建议。具体研究思路如图 3-1 所示。

三、研究结果

根据《幼儿同伴交往行为观察表》对视频进行逐一分析,并将所得的量化数据录入 SPSS 进行统计处理。主要从幼儿在自由游戏情境中与同伴交往的总次数和总时间、在不同游戏情境中交往的情况、交往对象、交往主动性、交往方式、交往性质、交往控制性等几个维度对混龄班和同龄班幼儿与同伴交往的特点进行分析与比较。

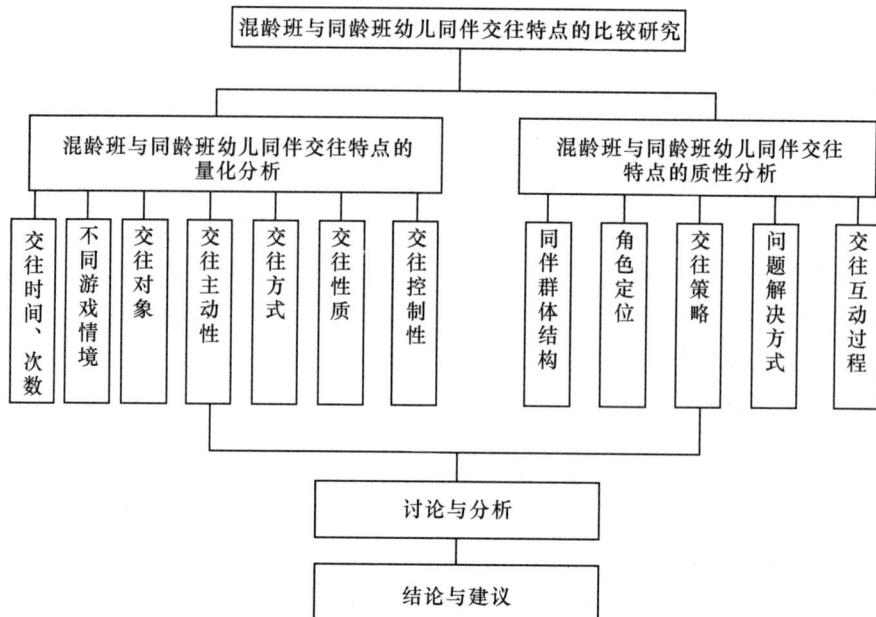

图 3-1　具体研究思路

（一）幼儿在自由游戏情境中与同伴交往总次数和总时间的比较

幼儿在一定时间内与同伴的交往次数、交往时间在很大程度上可以反映其交往质量和交往能力的强弱。我们将从总体差异、年龄差异、性别差异等三个角度,对混龄班、同龄班幼儿在 10 分钟自由游戏情境中与同伴交往的总次数、总时间进行详细比较与分析。

1. 混龄班与同龄班幼儿交往总次数的差异比较

（1）交往总次数的总体差异比较

混龄班与同龄班不同年龄段幼儿与同伴交往总次数的比较如表 3-2 所示。

表 3-2　混龄班与同龄班不同年龄段幼儿与同伴交往总次数的比较

单位:次

班级	年龄段	平均数	标准差	最小值	最大值
混龄班	小班	10.29	5.06	3	23
	中班	12.14	7.24	2	30
	大班	16.45	9.12	4	51
	总体	13.29	7.91	2	51
同龄班	小班	10.41	7.09	1	27
	中班	11.14	5.37	3	28
	大班	15.63	4.47	5	25
	总体	12.25	6.17	1	28

　　总体上看,混龄班幼儿(13.29 次)与同伴交往的总次数多于同龄班幼儿(12.25 次)。以班级为自变量,以交往的总次数为因变量,对混龄班与同龄班幼儿的交往总次数进行独立样本 T 检验,得到结果:$t=0.963, p=0.337$,说明虽然混龄班幼儿的交往总次数多于同龄班幼儿,但是两者的差异并不显著。

　　(2)交往总次数的年龄差异比较

　　如表 3-2 所示,在混龄班中幼儿从小班(10.29 次)到中班(12.14 次)、大班(16.45 次),其与同伴交往的总次数在不断增加。对混龄班小、中、大班三个年龄段的幼儿与同伴交往的总次数进行方差分析,发现小、中、大班三个年龄段的幼儿在 10 分钟的自由游戏情境中与同伴交往的总次数存在显著差异,$F_{(2,84)}=5.123, p=0.008$。同样同龄班中幼儿从小班(10.41 次)到中班(11.14 次)、大班(15.63 次),其与同伴交往的总次数也是在不断增加。对同龄班小、中、大班三个年龄段幼儿与同伴交往的总次数进行方差分析,得到结果 $F_{(2,84)}=6.825, p=0.002$,差异极其显著。

　　分别将混龄班的小、中、大班三个年龄段的幼儿与同伴交往的总次数与同龄班进行对比,从交往次数的平均数上看混龄班的中班和大班交往次数均多于同龄班的中班和大班,而同龄班的小班略高于混龄班。采用独立样本 T 检验,将两种编班形式中的三个年龄段幼儿的交往次数一一进行比较分析,得出的三组结果 p 均大于 0.05,即说明虽然两种编班形式中每个年龄段幼儿的交往次数都存在差异,但是差异并不显著。

　　(3)交往总次数的性别差异比较

　　混龄班与同龄班不同性别幼儿与同伴交往总次数的比较如表 3-3 所示。

表 3-3　混龄班与同龄班不同性别幼儿与同伴交往总次数的比较

单位:次

班级	性别	平均数	标准差	最大值	最小值
混龄班	男	11.90	6.32	29	3
	女	15.29	9.48	51	2
	总体	13.29	7.91	51	2
同龄班	男	10.88	5.26	28	2
	女	13.58	6.74	27	1
	总体	12.25	6.17	28	1

　　从性别角度对幼儿的交往次数进行分析,研究发现混龄班(男孩:11.90 次;女孩:15.29 次)和同龄班(男孩:10.88 次;女孩:13.58 次)中女孩子的交往次数均多于男孩子。对混龄班不同性别幼儿的交往次数进行独立样本 T

检验得到 $p>0.05$，即虽然从交往次数的平均数上看女孩与同伴交往的次数多于男孩，但是两者之间的差异并不显著。但是，采用独立样本 T 检验，发现同龄班中男孩和女孩与同伴交往总次数的差异显著（$t=2.061$, $p=0.043$）。将混龄班与同龄班中同性别的幼儿的交往次数进行比较，结果表明混龄班男孩和女孩的交往次数均多于同龄班男孩和女孩，但是差异不显著。

2. 混龄班与同龄班幼儿交往总时间的差异比较

（1）交往总时间的总体差异比较

混龄班与同龄班不同年龄段幼儿与同伴交往总时间的比较如表 3-4 所示。

表 3-4　混龄班与同龄班不同年龄段幼儿与同伴交往总时间的比较

单位：分钟

班级	年龄段	平均数	标准差	最小值	最大值
混龄班	小班	3.10	2.04	0.15	9.23
	中班	3.49	2.48	0.28	8.68
	大班	4.60	2.23	0.55	9.12
	总体	3.81	2.33	0.15	9.23
同龄班	小班	2.01	1.83	0.08	5.95
	中班	2.35	1.32	0.15	5.25
	大班	4.18	1.55	1.60	8.17
	总体	2.82	1.83	0.15	8.17

从表 3-4 可以看出，将混龄班与同龄班幼儿与同伴交往的总时间对比来看，在总体上混龄班幼儿（3.81 分钟）的交往时间长于同龄班幼儿（2.82 分钟）。对两种编班形式的总体平均交往时间进行独立样本 T 检验，结果表明两者之间差异显著（$t=3.103$, $p=0.002$），即混龄班幼儿的交往时间显著长于同龄班幼儿。

（2）交往总时间的年龄差异比较

如表 3-4 所示，对混龄班小、中、大班三个年龄段幼儿与同伴交往的总时间进行方差分析，结果表明：小、中、大班三个年龄段的幼儿与同伴交往时间存在显著差异，$F_{(2,84)}=3.483$, $p=0.035$，这也说明幼儿从小班（3.10 分钟）到中班（3.49 分钟）、大班（4.60 分钟），幼儿与同伴交往的总时间在不断延长。同时，对同龄班小、中、大班三个年龄段幼儿与同伴交往的总时间进行方差分析，得到结果 $F_{(2,84)}=14.974$, $p=0.000$，差异极其显著，即在同龄班中幼儿从小班（2.01 分钟）到中班（2.35 分钟）、大班（4.18 分钟），其与同伴交往的总时间也在不断延长。

从小、中、大班三个年龄段来看，每个年龄段的混龄班幼儿的交往时间都长于同龄班中对应年龄段的幼儿，具体如表 3-4 所示。对两种编班中每个年龄段幼儿的交往时间——对应地进行独立样本 T 检验，结果表明在混龄班中小班和中班幼儿的交往时间与同龄班中对应的小班和中班幼儿的对比差异都是显著的（小班：$t=2.035$，$p=0.028$；中班：$t=2.14$，$p=0.035$）；而大班幼儿之间的差异不显著（$t=0.872$，$p=0.387$）。

（3）交往总时间的性别差异比较

混龄班与同龄班不同性别幼儿与同伴交往总时间的比较如表 3-5 所示。

表 3-5　混龄班与同龄班不同性别幼儿与同伴交往总时间的比较

单位：分钟

班级	性别	平均数	标准差	最大值	最小值
混龄班	男	3.30	2.15	9.23	0.15
	女	4.54	2.42	9.12	0.37
	总体	3.81	2.33	9.23	0.15
同龄班	男	2.51	1.69	6.67	0.25
	女	3.11	1.93	8.17	0.08
	总体	2.82	1.83	8.17	0.08

从交往总时间的平均数上看，在混龄班和同龄班中，女孩与同伴的交往总时间都是比男孩长。采用独立样本 T 检验，分别比较混龄班和同龄班中男孩和女孩的交往时间差异，结果表明，在混龄班中男孩与女孩的交往总时间差异显著（$t=2.427$，$p=0.018$）；而在同龄班中，男孩与女孩之间的差异不显著（$t=1.522$，$p=0.132$）。将混龄班与同龄班中的幼儿交往总时间进行同性别之间的比较，结果表明两种编班形式中女孩之间的交往总时间差异十分显著（$t=2.837$，$p=0.006$），即混龄班中女孩的交往总时间显著长于同龄班女孩；男孩之间的差异达到了边缘显著（$t=1.976$，$p=0.051$）。

综上所述，从交往次数和交往时间来看，混龄班和同龄班幼儿都随着年龄增大而交往次数逐渐增多、交往时间逐渐延长，且小、中、大班三个年龄段之间的差异极其显著；与同龄班相比，混龄班幼儿的交往次数更多、交往时间更长。从性别角度看，与男孩子相比，在两种班级中都是女孩的交往次数更多、交往时间更长。

（二）幼儿在不同游戏情境中与同伴交往总时间和总次数的比较

在不同游戏情境中，环境、材料等因素会对幼儿的交往情况造成影响。因此,了解不同情境中幼儿的交往状况,有利于教师实施更有针对性的指导。下面将对幼儿在不同情境中与同伴交往的时间与次数进行比较分析。

1. 幼儿在不同游戏情境中幼儿交往次数的差异比较

研究表明,幼儿在不同的游戏情境中交往次数存在差异(见图 3-2)。在混龄班,幼儿与同伴交往次数由多到少的情境依次为午间活动(16.00 次)、区域活动(14.25 次)、户外活动(11.36 次)、晨间活动(10.26 次)。在同龄班中,幼儿与同伴交往次数由多到少的情境依次是晨间活动(12.76 次)、户外活动(12.72 次)、午间活动(12.00 次)、区域活动(11.86 次)。从上述数据可以看出,混龄班中幼儿交往频次最高的是午间活动,晨间活动是交往频次最少的;在同龄班中,交往频次最多的是晨间活动,最少的则是区域活动。但是,在混龄班和同龄班中,不同情境中幼儿与同伴交往次数的差异均不显著。

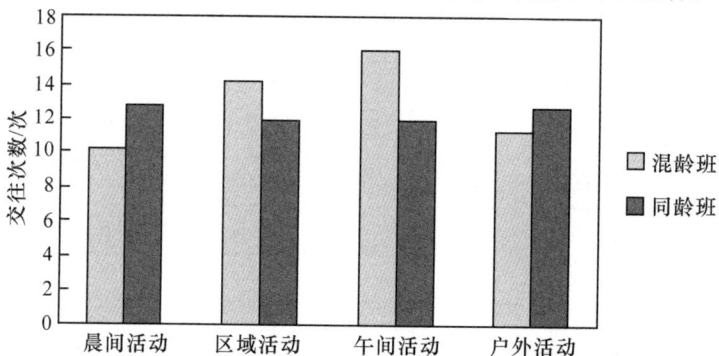

图 3-2 不同游戏情境中总交往次数的比较

2. 不同游戏情境中两组幼儿交往时间的差异比较

如图 3-3 所示,混龄班中幼儿与同伴交往的时间由长到短的游戏情境依次为午间活动(4.98 分钟)、区域活动(3.89 分钟)、晨间活动(3.26 分钟)、户外活动(2.73 分钟);同龄班中幼儿与同伴交往的时间由长到短的游戏情境依次为户外活动(3.70 分钟)、晨间活动(2.97 分钟)、区域活动(2.46 分钟)、午间活动(2.40 分钟)。混龄班中,午间活动交往时间最长,户外活动最短;同龄班中,户外活动交往时间最长,午间活动最短。经方差分析,在混龄班中不同游戏情境下幼儿与同伴交往的时间差异显著,$F_{(3,84)} = 3.294$,$p = 0.025$;而在同龄班中各情境间的差异不显著,$ps > 0.05$。

综上所述,研究结果表明,混龄班与同龄班幼儿在不同情境时与同伴交往的时间、次数都有明显的差异,表现为:混龄班幼儿在午间活动时与同伴交往的次数最多,交往时间最长,且在不同游戏情境下幼儿与同伴交往的时间差异显著;同龄班幼儿在晨间活动最多,但是交往时间在各情境间的差异并不显著。

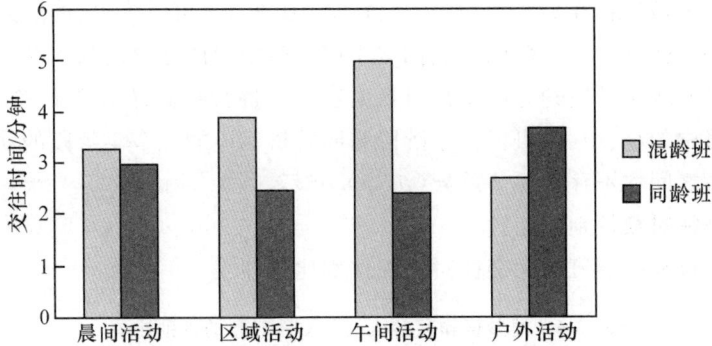

图 3-3　不同游戏情境中总交往时间的比较

(三)交往对象的比较

在本研究中,交往对象是指在 10 分钟的自由游戏情境中,与目标幼儿发生交往行为的幼儿。在这里,我们主要从交往对象的人数及交往对象的性别两个角度对幼儿的交往对象进行分析与对比。

1. 交往对象人数的差异比较

在混龄班和同龄班幼儿与同伴交往过程中,交往对象的人数都是随着年龄增大而增多(见图 3-4)。对混龄班小、中、大班三个年龄段幼儿交往对象的人数进行方差分析,结果表明三个年龄段幼儿在交往对象的人数上存在显著差异,$F_{(2,84)} = 5.295$,$p = 0.007$;对同龄班小、中、大班三个年龄段幼儿交往对象的人数进行分析,得出 $F_{(2,84)} = 9.617$,$p = 0.000$,说明三个年龄段幼儿其交往对象的人数差异极其显著。

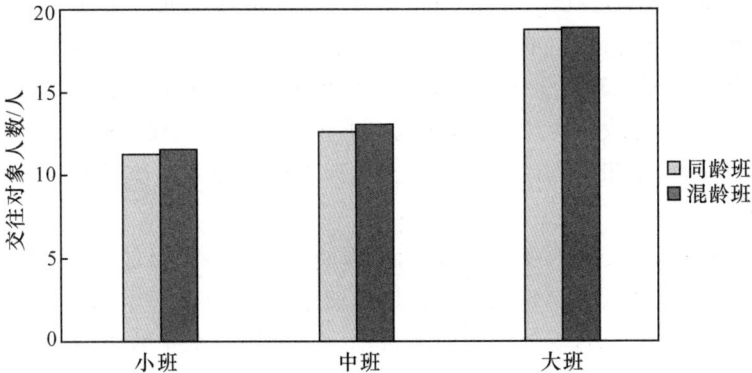

图 3-4　各年龄段幼儿交往对象人数的比较

研究结果显示,混龄班幼儿的平均交往对象人数(14.87 人)多于同龄班幼儿的平均交往对象人数(14.11 人)。以编班形式为自变量,以幼儿的交往对象人数为因变量进行独立样本 T 检验。结果发现,混龄班与同龄班幼儿的交往对象人数不存在显著差异（$p>0.05$）。从图 3-4 可以看出，混龄班中每个年龄段的幼儿其交往对象的人数都多于同龄班中对应年龄段的幼儿。对混龄班与同龄班各年龄段幼儿的交往对象人数一一进行独立样本 T 检验，结果发现混龄班中的小、中、大班三个年龄段与同龄班对应的三个年龄段的幼儿交往对象人数之间均不存在显著差异（$ps>0.05$）。

2. 交往对象性别的比较

混龄班和同龄班幼儿交往对象的性别比较如表 3-6 所示。

表 3-6　混龄班和同龄班幼儿交往对象的性别比较

班级	年龄段	性别	对象男/人次	对象女/人次	总人数/人次
混龄班	小班	女	5.7	8.0	13.7
	小班	男	5.8	4.3	10.1
	中班	女	6.4	8.3	14.6
	中班	男	7.0	4.7	11.7
	大班	女	8.6	11.6	20.2
	大班	男	11.8	5.3	17.2
同龄班	小班	女	4.6	9.4	14.0
	小班	男	4.3	4.1	8.4
	中班	女	5.9	7.1	13.0
	中班	男	8.2	4.6	12.8
	大班	女	2.6	17.9	20.5
	大班	男	14.2	2.8	17.0

如表 3-6 所示，混龄班中小、中、大班三个年龄段幼儿在交往对象的选择上都更倾向于选择同性同伴；同龄班中小、中、大班三个年龄段幼儿也是选择同性幼儿作为交往对象多于异性幼儿。以班级为自变量，以交往人数、交往对象男孩、交往对象女孩为因变量，分别对男孩与女孩进行独立样本 T 检验，结果表明：只有混龄班与同龄班的女孩在选择男孩作为其交往对象的时候存在差异（$p<0.05$）。

综上所述，在交往对象的人数方面，混龄班和同龄班幼儿在与同伴交往过程中，交往对象的人数都是随着年龄增大而增多，且年龄差异都十分显著；在交往对象的性别方面，混龄班和同龄班小、中、大班三个年龄段幼儿在交往对象的选择上都更倾向于选择同性同伴。

（四）交往主动性的比较

交往主动性包括主动交往和被动交往。主动交往是指目标幼儿主动发起的交往，如目标幼儿对另一个幼儿说："我们来搭一架飞机吧。"被动交往是指由其他幼儿发起指向目标幼儿的交往，如当一个幼儿在独自玩雪花片时，另一个幼儿过来问道:"你在做什么呢?"下面我们将从班级差异、年龄差异、性别差异三个角度分析与比较混龄班与同龄班幼儿同伴交往的主动性特点。

1. 交往主动性的总体差异比较

混龄班与同龄班中幼儿同伴交往主动性的总体情况如表3-7所示。

表 3-7　混龄班与同龄班中幼儿同伴交往主动性的总体情况

单位:次

年龄段	混龄班		同龄班	
	主动交往	被动交往	主动交往	被动交往
小班	5.79	4.46	5.55	4.55
中班	7.18	4.96	6.28	4.62
大班	9.94	6.52	9.04	6.74
总体平均数	7.72	5.56	6.91	5.27

研究结果表明,总体上,混龄班幼儿与同伴主动交往的平均频次(7.72次)多于同龄班幼儿的主动交往次数(6.91次)。以班级为自变量,以交往的主动发起与被动发起为因变量,对混龄班与同龄班幼儿的交往主动性进行独立样本 T 检验,结果表明,在总体上混龄班与同龄班幼儿与同伴交往的主动性不存在显著差异($p>0.05$)。

2. 交往主动性的年龄差异比较

混龄班与同龄班不同年龄幼儿交往主动性的比较如图3-5所示。

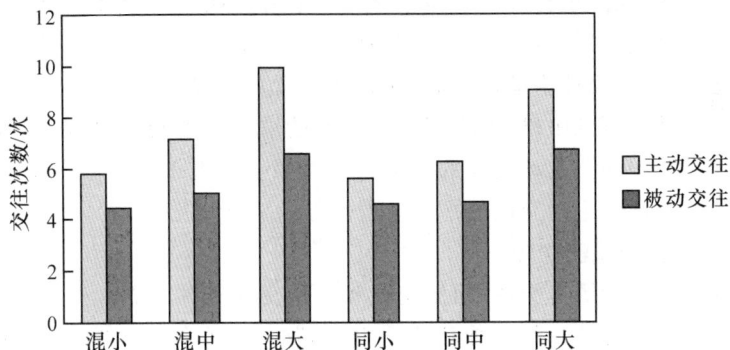

图 3-5　混龄班与同龄班不同年龄幼儿交往主动性的比较

以年龄段为自变量,以交往的主动发起与被动发起为因变量,分别对混龄班与同龄班幼儿的交往主动性进行单因素方差分析,结果发现混龄班、同龄班中三个年龄段的幼儿在主动交往上差异都很显著($ps<0.05$)。这表明在混龄班和同龄班中三个年龄段幼儿的主动交往次数都随着年龄的增大而不断增

加。从图 3-5 可以看出,在交往主动性上,混龄班每个年龄段的幼儿在与同伴交往中主动交往的次数都多于同龄班幼儿。方差分析结果表明,混龄班与同龄班中对应的年龄段间幼儿的交往主动性差异不显著($ps>0.05$)。

3. 交往主动性的性别差异比较

混龄班与同龄班不同性别幼儿交往主动性的比较如图 3-6 所示。

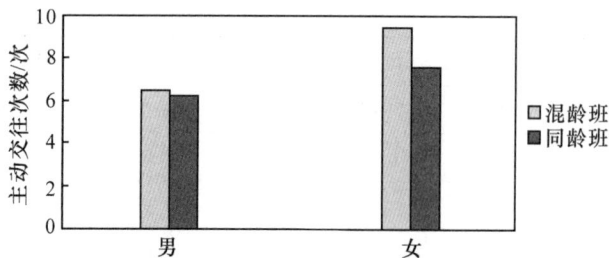

图 3-6　混龄班与同龄班不同性别幼儿交往主动性的比较

从图 3-6 可以看出,混龄班和同龄班中主动交往的次数都是女孩多于男孩。以性别为自变量,以主动交往的次数为因变量,分别对混龄班、同龄班幼儿主动与同伴交往的次数进行独立样本 T 检验,混龄班的结果是 $t=2.068$,$p=0.044$,说明混龄班中女孩的主动交往次数显著多于男孩;同龄班中女孩与男孩之间主动交往次数的差异并不显著($p>0.05$)。

从图 3-6 还可以看出,混龄班男孩和女孩主动交往的次数都多于同龄班男孩和女孩。以班级为自变量,以主动交往次数为因变量,分别对混龄班和同龄班中的男孩、女孩进行独立样本 T 检验,结果发现,两种班级中男孩、女孩与同伴的主动交往次数都不存在显著差异($ps>0.05$)。

综上所述,在交往主动性方面,从整体上看,混龄班和同龄班中幼儿主动交往的次数从小班到中班、大班都随着年龄的增大而不断增加;在性别上,混龄班和同龄班中幼儿主动交往的次数都是女孩多于男孩。两班相比较而言,混龄班幼儿与同伴主动交往的平均次数多与同龄班幼儿。

(五) 交往方式的比较

交往方式包括语言交往、动作交往和表情交往三种。语言交往是指目标幼儿在与同伴的交往过程中使用语言交往,如告诉交往对象"我帮你做吧"。动作交往指目标幼儿在与同伴交往时使用推、摸、打等动作与同伴进行交往,如在美工区,目标幼儿用手推了推同伴,并将自己的作品递过去向同伴展示。目标幼儿在被动交往时,会出现冲对方微笑或是长时间注视对方的情形,本研究将这类交往方式归为表情交往。为了了解混龄班与同龄班幼儿与同伴交往时所使用的方式,我们对数据做了以下分析。

1. 交往方式的总体差异比较

混龄班与同龄班幼儿与同伴交往方式的总体比较如图 3-7 所示。

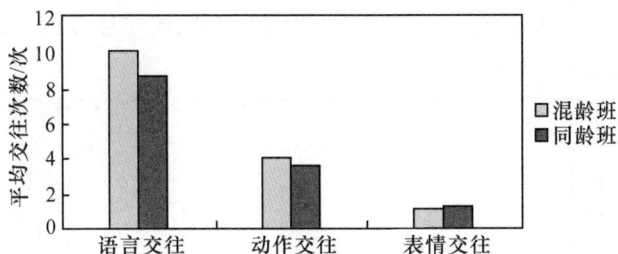

图 3-7　混龄班与同龄班幼儿与同伴交往方式的总体比较

研究结果表明,混龄班中幼儿与同伴交往的方式主要是运用语言,动作次之;同龄班中同样也是语言是幼儿的主要交往方式。以班级为自变量,分别以语言、动作、表情三种交往方式为因变量进行单因素方差分析,结果说明混龄班与同龄班之间在语言、动作、表情三种交往方式上不存在显著差异($ps>0.05$)。

2. 交往方式的年龄差异比较

混龄班与同龄班幼儿同伴交往方式的年龄差异比较如表 3-8 所示。

表 3-8　混龄班与同龄班幼儿同伴交往方式的年龄差异比较

单位:%

交往方式	年龄段	混龄班	同龄班
语言交往	小班	53.57	65.55
	中班	63.94	53.32
	大班	73.31	68.91
动作交往	小班	33.41	27.27
	中班	26.93	36.66
	大班	20.26	19.43
表情交往	小班	13.03	7.18
	中班	9.13	10.01
	大班	6.43	11.66

在混龄班中,幼儿语言交往方式的比例从小班到大班逐步上升,动作交往方式的比例从小班到大班随年龄增大而下降,表情交往方式的比例也是随年龄增长而下降。以年龄段为自变量,以交往方式为因变量进行单因素方差分析,结果表明不同年龄段的幼儿之间在语言交往方式上差异显著,$F_{(2,84)}=7.861,p=0.001$,而动作交往方式和表情交往方式均不存在显著差异。在同

龄班中,方差分析表明,不同年龄段幼儿之间语言和表情两种交往方式的差异极其显著($ps<0.01$),这表明幼儿从小班到大班,语言交往方式和表情交往方式比例显著增加。混龄班与同龄班不同性别幼儿与同伴交往方式的比较如图 3-8 所示。

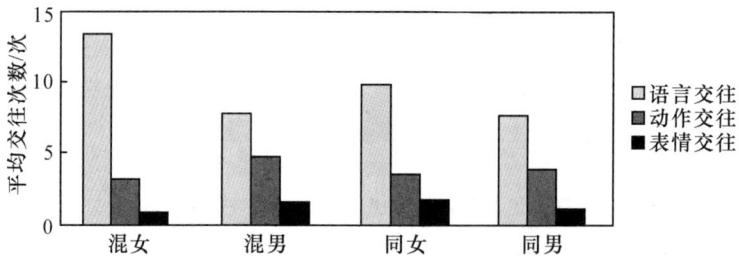

图 3-8　混龄班与同龄班不同性别幼儿与同伴交往方式的比较

以班级为自变量,以幼儿与同伴的交往方式为因变量,分别对小、中、大班三个年龄段幼儿的交往方式差异进行独立样本 T 检验,结果发现,混龄班和同龄班的小班幼儿之间在语言、动作、表情三种交往方式上均不存在显著差异($ps>0.05$);中班幼儿之间在语言交往方式上存在差异($p<0.05$),这表明在中班阶段,混龄班幼儿使用语言交往方式的比例显著高于同龄班;大班幼儿之间表情交往方式存在差异($p<0.05$),表明在大班阶段同龄班幼儿使用表情交往方式的比例显著高于混龄班幼儿。

3. 交往方式的性别差异比较

研究结果显示,混龄班中女孩使用语言方式与同伴交往的次数多于男孩,而男孩使用动作方式、表情方式与同伴交往的次数多于女孩。以性别为自变量,以交往方式为因变量进行独立样本 T 检验,结果表明混龄班中不同性别幼儿在语言、动作、表情三种交往方式上均存在差异($ps<0.05$)。同龄班中同样也是女孩使用语言方式、表情方式与同伴交往的次数多于男孩,男孩使用动作方式与同伴交往的次数多于女孩。以性别为自变量,以交往方式为因变量进行独立样本 T 检验,结果发现同龄班中不同性别幼儿在语言、动作、表情三种交往方式上均不存在差异($ps>0.05$)。

以班级为自变量,以交往方式为因变量,分别对幼儿交往方式的性别差异进行独立样本 T 检验,结果发现混龄班和同龄班的女孩之间在语言交往方式和表情交往方式上均存在差异($ps<0.05$),说明混龄班女孩使用语言交往方式的次数多于同龄班女孩,而同龄班女孩使用表情交往方式次数多于混龄班女孩。结果发现混龄班与同龄班的男孩之间在语言、动作、表情三种交往方式上都不存在显著差异($ps>0.05$)。

综上所述,在交往方式上,语言在混龄班和同龄班中都是幼儿所使用的主要交往方式,并且随着年龄增大,幼儿使用语言作为交往方式的比例也逐渐上升。

(六)交往性质的比较

交往性质分积极交往、中性交往和消极交往三类。积极交往是指无论交往的发起者是谁,在交往过程中含有表扬、赞许、肯定、鼓励、支持和合作性质的交往。消极交往是指无论交往的发起者是谁,在交往过程中含有抵触、批评、责备、否定、惩罚性质的交往。中性交往则是不带有明显的积极或消极的倾向性,在交往过程中不含有明显的肯定或否定意味的交往。[2]

1. 交往性质的总体差异比较

混龄班与同龄班幼儿交往性质的比较如图 3-9 所示。

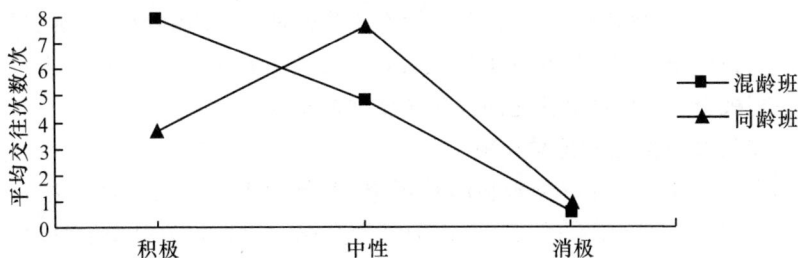

图 3-9　混龄班与同龄班幼儿交往性质的比较

对幼儿与同伴交往的性质进行分析,结果发现混龄班中幼儿与同伴积极交往的次数最多,其次为中性交往。而在同龄班中,幼儿的中性交往次数最多,积极交往次之。以班级为自变量,以幼儿的交往性质为因变量,对幼儿交往性质的班级之间的差异进行独立样本 T 检验,结果表明混龄班与同龄班之间幼儿的交往性质存在显著差异(积极交往:$t=5.571,p=0.000$;中性交往:$t=-3.878,p=0.000$;消极交往:$t=-2.415,p=0.017$),混龄班幼儿积极交往的次数显著多于同龄班幼儿。

2. 交往性质的年龄差异比较

混龄班与同龄班幼儿同伴交往性质的年龄差异比较如表 3-9 所示。

表 3-9　混龄班与同龄班幼儿同伴交往性质的年龄差异比较

单位:次

年龄段	混龄班			同龄班		
	积极	中性	消极	积极	中性	消极
小班	6.00	3.83	0.38	4.79	4.72	0.90
中班	7.57	4.18	0.39	3.45	6.66	0.76
大班	9.64	6.00	0.79	2.70	11.74	1.19
总体平均数	7.93	4.79	0.54	3.67	7.61	0.94

　　从表 3-9 可以看出,混龄班三个年龄段幼儿积极交往的次数随年龄增大而增多,同龄班三个年龄段幼儿积极交往的次数反而随年龄增大而减少。以年龄段为自变量,以交往性质为因变量,分别对混龄班与同龄班幼儿不同年龄段之间交往性质的差异进行方差检验,结果表明:混龄班中不同年龄段幼儿之间的交往性质不存在显著差异($p > 0.05$);同龄班中不同年龄段幼儿之间在积极交往和中性交往的次数上都存在显著差异($ps < 0.05$)。

　　混龄班三个年龄段幼儿积极交往的次数都多于同龄班中同一年龄段的幼儿,而混龄班每个年龄段的幼儿其消极交往的次数都低于同龄班对应年龄段的幼儿。为了研究混龄班与同龄班幼儿各个年龄段之间交往性质的差异,以班级、年龄段为自变量,以幼儿的交往性质为因变量进行多因素方差分析,结果表明:混龄班与同龄班比较,小班幼儿之间在交往性质上不存在显著差异;混龄班中班幼儿积极交往与中性交往的次数都显著多于同龄班($ps < 0.05$);大班幼儿之间在积极交往与中性交往之间都存在显著差异($ps < 0.05$)。

3. 交往性质的性别差异比较

　　如图 3-10 所示,在混龄班和同龄班中,女孩积极交往与中性交往的次数都是多于男孩,而男孩消极交往的次数多于女孩。以性别为自变量,以交往性质为因变量,分别对混龄班和同龄班不同性别幼儿交往性质的差异做独立样本 T 检验,结果表明:混龄班中不同性别幼儿之间交往性质不存在显著差异;同龄班中女孩积极交往的次数显著多于男孩子($p < 0.05$)。

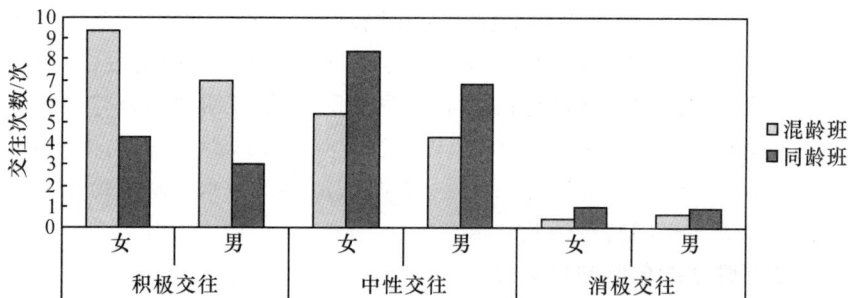

图 3-10　混龄班与同龄班不同性别幼儿交往性质比较

　　研究结果显示,混龄班中女孩的积极交往次数多于同龄班女孩,同样混龄班男孩积极交往次数也多于同龄班男孩;而消极交往的次数则是同龄班女孩多于混龄班女孩,同龄班男孩消极交往次数也是多于混龄班男孩。以班级和性别为自变量,以交往性质为因变量,对混龄班和同龄班幼儿交往性质的性别差异进一步分析,结果发现,混龄班女孩积极交往的次数显著多于同龄班女孩($p < 0.05$),而混龄班女孩消极交往的次数显著低于同龄班女孩($p < 0.05$);混龄班男孩积极交往的次数显著多于同龄班男孩($p < 0.05$)。

综上所述,从交往性质来看,在整体上混龄班幼儿积极交往的次数显著多于同龄班幼儿;从年龄上看,混龄班三个年龄段幼儿积极交往的次数随年龄增大而增多,同龄班幼儿积极交往的次数反而随年龄增大而减少;从性别角度分析,两种班级中都是女孩积极交往的次数多于男孩,而男孩消极交往的次数多于女孩。

(七)交往控制性的比较

交往控制性包括交往支配性、交往中性和交往顺从性。交往支配性是指目标幼儿在自由游戏中,总是以支配者、领导者的身份控制他人,能够指派角色或者指挥他人。交往顺从性指目标幼儿对他人的提议表示赞成或依顺,他人让干什么就干什么,基本不表示反对或发表反对意见。交往中性则表示目标幼儿对其他小朋友表现出既不服从也不反对的样子。[2]

1. 交往控制性的总体差异比较

混龄班幼儿交往控制性如图 3-11 所示,同龄班幼儿交往控制性如图 3-12 所示。

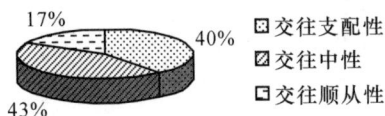

17% 40% ☒交往支配性 ☒交往中性 ☐交往顺从性
43%

图 3-11 混龄班幼儿交往控制性

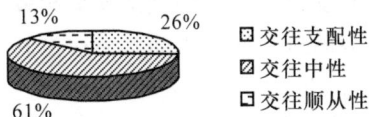

13% 26% ☒交往支配性 ☒交往中性 ☐交往顺从性
61%

图 3-12 同龄班幼儿交往控制性

从图 3-11 和图 3-12 可以看出,在混龄班和同龄班中,幼儿与同伴交往控制性的三个维度所占比例由高到低依次是交往中性、交往支配性、交往顺从性。将两个班比较来看,混龄班幼儿交往支配性的比例高于同龄班幼儿。经过进一步的独立样本 T 检验,结果发现:混龄班幼儿交往支配性显著高于同龄班幼儿,$t=3.213$,$p=0.002$;同龄班幼儿的中性交往显著高于混龄班幼儿,$t=-3.283$,$p=0.001$。

2. 交往控制性的年龄差异比较

混龄班与同龄班幼儿同伴交往控制性的年龄差异比较如表 3-10 所示。

表 3-10 混龄班与同龄班幼儿同伴交往控制性的年龄差异比较

单位:%

年龄段	混龄班			同龄班		
	支配性比例	中性比例	顺从性比例	支配性比例	中性比例	顺从性比例
小班	36	38	25	31	57	13
中班	31	50	19	22	65	13
大班	49	41	10	26	60	14
总体平均数	40	43	17	26	61	13

从表 3-10 可以看出,在混龄班中,大班幼儿与同伴交往支配性的比例最高,而随着年龄增长,幼儿同伴交往顺从性的比例逐渐降低。为了进一步了解小、中、大班三个年龄段幼儿同伴交往控制性的差异,以年龄段为自变量,以幼儿的交往控制性为因变量进行方差分析,结果发现:不同年龄段间幼儿的交往支配性存在显著差异,$F_{(2,84)} = 5.540$,$p = 0.006$。在同龄班中,不同年龄段间的幼儿在交往支配性和交往顺从性上均不存在显著差异。

从表 3-10 的数据可以看出,混龄班中三个年龄段幼儿与同伴交往的支配性比例都高于同龄班对应年龄段的幼儿。混龄班小、中班幼儿的交往顺从性比例高于同龄班,到了大班以后混龄班幼儿顺从性比例有所下降并低于同龄班大班幼儿。以班级为自变量,以交往控制性为因变量对两种班级每个年龄段幼儿交往控制性的差异进行独立样本 T 检验,结果表明:在小班阶段混龄班与同龄班幼儿交往控制性不存在显著差异($p > 0.05$);在中班、大班阶段,两种班级幼儿在交往支配性上存在显著差异($p < 0.05$),结合具体数据可以看出,从中班开始,混龄班幼儿的交往支配性高于同龄班幼儿。

3. 交往控制性的性别差异比较

混龄班与同龄班幼儿交往控制性比较如图 3-13 所示。

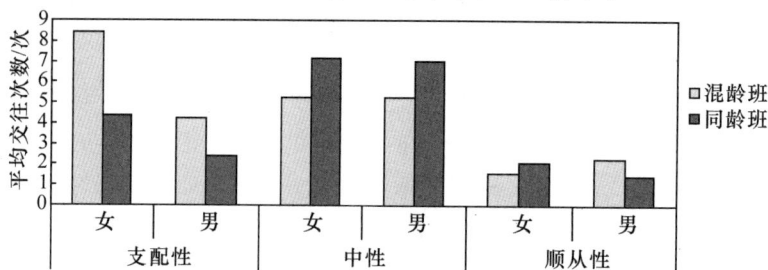

图 3-13　混龄班与同龄班幼儿交往控制性比较

从图 3-13 可以看出,在混龄班和同龄班中,女孩的交往支配性均高于男孩。在混龄班,男孩的交往顺从性高于女孩;而在同龄班,女孩的交往顺从性高于男孩。以性别为自变量,以交往控制性为因变量,分别对两种班级中不同性别幼儿交往控制性差异进行独立样本 T 检验,结果显示,在混龄班和同龄班中都是女孩的交往支配性显著高于男孩($ps < 0.05$),在交往中性和交往顺从性上不同性别幼儿都不存在显著差异。

混龄班男孩和女孩交往支配性均高于同龄班男孩和女孩,而交往中性的交往次数则低于同龄班。为了进一步分析两种班级间不同性别幼儿之间交往控制性的差异,以班级为自变量,以交往控制性为因变量,对数据进行独立样本 T 检验,结果表明混龄班和同龄班女孩之间在交往支配性上差异显著($p < 0.05$),即混龄班女孩交往支配性显著高于同龄班女孩;混龄班男孩与同龄

男孩在交往支配性和交往顺从性上均存在显著差异($ps<0.05$),这表明混龄班男孩的支配性与顺从性均高于同龄班男孩。

综上所述,在交往控制性上,混龄班幼儿交往支配性高于同龄班幼儿,差异从中班开始显著;从性别角度看,女孩的交往支配性均高于男孩。

第二节　混龄班与同龄班幼儿同伴交往特点的案例分析

除了对视频资料进行量化分析以外,在研究过程中,我们还对幼儿进行了现场观察并及时记录案例,并分别对三个混龄班和三个同龄班的带班教师及部分幼儿进行访谈。本部分内容将结合我们现场观察的案例、访谈结果及同伴提名的结果对混龄班和同龄班幼儿同伴交往的情况进行细致的分析,并在此基础上得出混龄班与同龄班幼儿同伴交往的异同点。

一、混龄班与同龄班幼儿同伴群体结构的比较

在幼儿自由游戏过程中,我们注意观察幼儿的同伴群体会发现:同龄班中幼儿的小团体数量很多,但是每个团体的人数不多,很有可能只有两三个人,一般不会超过四个人;在混龄班中,我们初看会发现每个群体中各年龄段的幼儿多是与自己那个年龄段的幼儿一起活动,以大-大,中-中,小-小的组合划分群体,但是,再深入观察群体中成员的组成,又会发现每个群体的大部分成员都是来自于一个年龄段的,其中会"混"入一两个其他年龄段的幼儿。而且在混龄班中每个小团体的人数相对同龄班都要多,五六个幼儿在一起活动的情境屡见不鲜(见图 3-14)。

(a) 同龄班幼儿交往群体　　　　　(b) 混龄班幼儿交往群体

图 3-14 同龄班与混龄班幼儿交往群体

针对这一现象,我们对该园的教师(该教师具有 20 多年的教龄,其中带混龄班 10 年)进行了访谈,她提到:"同龄班的孩子能力相近,谁都不愿意听谁

的,当分不出上下时,他们会自然分开形成新的小团体,在这些团体中,能力强的就成为领导者;在混龄班中,大班的能力强的孩子也会自然散开,但是在不同的群体中,除了有大班的幼儿,还会有小班和中班的孩子加入其中,这就导致了混龄班中的小团体数量没有同龄班中多,但是每个团体都很大。"

"以能力划分群体"与我们的观察也是相符合的。在混龄班能力强的大班幼儿群体中,会有个别能力较强的中班幼儿及小班幼儿,如甜甜(大班,能力很强)、好好(大班,能力较强)、垚垚(中班,能力强)、笑笑(小班,能力较强)四个女孩经常在一起游戏;中班能力中上的幼儿也会形成一个群体,其中会有能力弱的幼儿加入进来,如大班能力较弱的涵涵就加入了昊昊(中班,能力中上)、凯凯(中班,能力中上)、允儿(小班,能力较强)的群体中;能力强的小班幼儿也会自己组成一个小团体,中间会有能力弱的大班幼儿加入,如允儿(小班,能力较强)、杨杨(小班,能力较强)、奔奔(大班,能力较弱)三人会在一起玩耍。在同龄班中,通常是由一个能力较强的幼儿扮演领导者的身份,其他幼儿的能力会相对弱一些,如大班的晨晨能力很强,在游戏中其他同伴通常都"服从"他的领导。

总体来看,混龄班中幼儿的同伴群体较同龄班数量更少,而成员更多。在混龄班与同龄班中幼儿的能力多是同伴群体划分的依据,主要体现在两个方面:一是在群体内部,成员的能力有差别,通常会有一个能力较强者占领主导地位;二是体现在群体之间,在同龄班中群体通常会分成强、中、弱三个等级,而混龄班三个年龄段的幼儿也会根据自己的能力加入不同的群体,如能力强的小班幼儿会加入大班幼儿的群体中,能力弱的大班幼儿会加入小班群体中。

二、混龄班与同龄班幼儿同伴角色定位的比较

幼儿在游戏中离不开角色,角色的分配也是对幼儿的一种考验。我们在观察中也发现了混龄班与同龄班幼儿在角色定位上存在差异。下面两个案例是对混龄班与同龄班幼儿在同伴交往中角色定位的描述。

【案例 3-1】

我是大姐姐

童童(中班)、欣儿(大班)、杨杨(小班)、麦兜(小班)四个人在娃娃家中游戏,童童很快就将各位成员分配好了角色:童童(大姐姐)、欣儿(大中姐姐)、杨杨(小姐姐)、麦兜(小哥哥)。事后,我们对她们的称呼很好奇,于是问童童:

"大姐姐和大中姐姐谁大?"

"大中姐姐大"。

"为什么你是大姐姐,欣儿是大中姐姐?"

"因为欣儿比我大,她是太阳组(该园混龄班中分别将小、中、大班三个年

龄段的幼儿命名为星星组、月亮组、太阳组)的;杨杨和麦兜是我定的。"

分析与解读:童童是一个交往能力较强的中班女孩,她根据每个人在现实中的大小为游戏中的角色进行定位,虽然在一些决策能力上她超越了欣儿,但是没有因此而将自己定位为最大的大中姐姐,而是依托现实做稍小的大姐姐,并将小班的杨杨和麦兜定为小姐姐、小哥哥。从她的措辞上看出,其可以根据现实中的年龄大小在游戏中进行角色定位,而其他成员也是毫无异议地欣然接受了童童的决定,这也可以看出年龄的概念对混龄班的幼儿来说具有十分重要的地位。

【案例 3-2】

你们黑白配吧

大班的莉莉、飞飞、月月和小雨四个女孩在表演区准备开始表演《白雪公主》,在角色分配的时候,占有主导地位的小雨先确定了自己的"白雪公主"角色,其他同伴都表示同意。当剩下三个女孩无法确定谁来演皇后的时候,小雨提出:"你们谁想当的请举手。"结果三个女孩都举起了手,小雨见状思考了片刻又说道:"你们黑白配吧,谁赢就谁来当皇后。"

分析与解读:案例 3-2 中的小雨,我们在近一个月的观察中发现她是一个十分能干的女孩,在交往中经常处于主导的地位。在这个场景中,她最先选择角色,当同伴们在为角色分配产生分歧时,她立刻想出了"举手示意""黑白配"的办法来解决问题。从这个案例中,我们不难发现"领导权"在同龄班群体中的体现是十分明显的,同时对于角色的分配也会采取一种相对公平的方式来解决。

通过比较上述两个案例,我们可以看出混龄班与同龄班的幼儿在与同伴交往过程中对角色的定位有一定的共性,也存在差异。共性是在两种编班形式中,能力的强弱对于幼儿的角色认识与定位都起着重要作用。如在混龄班的案例中,能力较强的童童提出了角色的分配方式,在同龄班中,同伴也是听从能力最强的小雨提出的建议进行角色分配。但是,在一般角色的定位上,两种班级存在差异,混龄班中以年龄界限来分配角色,在同龄班中则采用"黑白配"等公平竞争的方式来分配。

三、混龄班与同龄班幼儿同伴交往策略的比较

刘焱指出,儿童在与同伴交往的过程中,经常使用一些交往策略,这些策略往往带有一定的连续性或倾向性。有的儿童经常采取"抢"的策略;有的儿童经常使用"协商"的策略;有的儿童则善于利用教师的规则或威胁来保护自己,例如,某幼儿开始总是去抢人家的玩具,遇到小朋友反抗并"要告诉老师"

时,就会赶快说"对不起"。[3]下面将结合几个案例,对混龄班与同龄班幼儿同伴交往策略的运用进行比较分析。

【案例 3-3】

你看,我的假耳环

区域活动开始以后,素素(大班)在教室内走了一圈,似乎没有找到自己想玩的。最后她在悦悦(中班)、木木(中班)、涵涵(大班)这组的边上停下。看了一会儿,她对涵涵说:"我和你们一起玩吧。"涵涵有些不愿意,说:"坐不下了。"素素就指着涵涵边上的空位说:"这不是还有一个空位吗?"于是涵涵往边上靠了靠,接受素素的加入。但是素素手头上没有玩具,见素素加入,悦悦立马收起自己的玩具,用双臂护好,担心被抢。素素用商量的口气对悦悦说:"给我一点好吗?"悦悦不情愿地一块一块拿出,给了三四块就停了。不一会儿素素站起来走开了,过了一会儿她回来了,拿着一对耳环对悦悦说:"你看,我的假耳环!"于是,悦悦一下子有了兴趣,两人就开始融洽地玩了起来。

分析与解读:这里需要强调的是素素平时很少与这几个孩子一起玩耍,当她想加入时,涵涵先是采取了拒绝的态度,但他的拒绝方式比较委婉,试图以"坐不下了"让素素知难而退,可见涵涵的拒绝方式是很有技巧的,而素素则通过观察直接指出边上还有空位,于是涵涵不得不勉强地同意让其加入游戏;悦悦在给了素素一点玩具后马上保护好剩下的玩具,此时素素似乎十分理解悦悦的心理,没有继续向悦悦要玩具或是进行抢夺,而是马上离开并拿来新颖的耳环来"讨好"悦悦,从而得到了同伴的接纳,完成了一次很成功的交往。

【案例 3-4】

我想和你们一起玩

大班的宝怡与几个小朋友在建构区玩。琦琦在教室内游走了很久,一直没找到想玩的区域,第一次她过来说:"我想和你们一起玩。"其他小朋友都没有理会,她离开后又几次到门口张望建构区,每次她都是过来看看便走开,没有说过一句话。建构区的宝怡似乎看懂了她的心思,告知:"这里人满了,你不能进来玩了。"听到宝怡的话语后,琦琦就转头离开了。过了一会儿,琦琦又走到门口来看了。反复走了几次,琦琦始终没有加入同伴的游戏当中。

分析与解读:案例3-4中的琦琦非常想加入建构区与同伴们一起玩耍,她一遍一遍走到门口来看。在这个过程中,她除了观望没有向同伴发出任何请求,在得到同伴的拒绝以后她也不再做出努力,最终导致自己没有成功加入游戏。

【案例 3-5】

我要生气了

欣儿(大班)与童童(中班)在玩"蛋糕店"的游戏,欣儿是顾客,童童是蛋糕店老板。欣儿趴在柜台上喊着"我要吃蛋糕",童童在店内忙着摆弄物品。等了一会儿没有得到回应,欣儿嘟着嘴说了一句:"我要生气了,好了,我不买了。"接着她就扭头走到边上的小椅子上坐下。此时,童童急忙热情地说:"给你,给你。"欣儿答道:"不买了,太晚了。"此时,欣儿是笑着说的。说完,她又回到了蛋糕店继续游戏。

分析与解读:在案例3-5中,欣儿提出要吃蛋糕时,没有得到"店主"童童的及时回应,从后面她笑着回答"不买了,太晚了"可以看出,她前面生气是假装的。欣儿是一个很能干的女孩,她与童童也是好朋友,经常在一起玩耍。因此,欣儿非常了解童童,她"略施小计",童童就可以很快过来招呼她了。欣儿的举动使得游戏顺利地进行了下去,这也足以反映出她对同伴心理的猜测能力较强,掌握了较好的交往技能。

【案例 3-6】

我不和你做朋友了

区域活动时,中班的萱萱与萌萌在"医院"扮演医生的角色,其他小朋友都在各自玩耍,"医院"显得很冷清,没有病患光顾。此时,萱萱对萌萌说:"我没有病人了,你给我当病人好不好?"萌萌答:"你找晨晨(坐在边上的一个男孩)吧!"萱萱:"我不要他,我就要你,你不玩我就不和你做朋友了。"接着萱萱就起身走到另一个男孩——嘉嘉身边,并说:"萌萌不和我玩,我不和她做朋友了,你也不要跟她好了。"回到位置上,她告诉萌萌:"我已经和嘉嘉说了,不理你了。"

分析与解读:萱萱和萌萌两个人在游戏中都扮演医生的角色,在这个区域只有她们两个女孩和一个在边上独自玩耍的晨晨,在没有患者光顾的情形下,萱萱主动提出要萌萌扮演患者。在遭到拒绝以后,萱萱采取了拉拢其他同伴、疏远萌萌的策略来威胁萌萌。

从这四个案例可以看出,混龄班和同龄班的孩子在与同伴交往的过程中都会试图去猜测同伴的心理,能够运用一定的交往策略。前两个案例同样都是有小朋友希望加入同伴的游戏,但是他们所采取的策略差别很大。混龄班的素素在得到最初的拒绝以后,立即找到了"还有空位"的理由来反驳,此外为了能够与悦悦一起玩她的积木,素素又拿来了自己的"耳环"进行交换。可见素素非常能把握他人的心理,有较高的交往技能。而同龄班的琦琦,在被拒绝以后始终没有采取任何措施试图去加入同伴的游戏。相比之下,混龄班的幼儿在交往策略的运用上略胜同龄班幼儿一筹,并且表现出了更多的亲社会性。

后两个案例中,混龄班和同龄班的幼儿在游戏中都运用了交往策略。刘焱曾提出儿童的交往策略(不管是儿童自己想出来的还是成人或教师教给儿童的规则和策略),都要经过伙伴交往与相互作用的过程,才能真正使儿童建构对于交往策略或规则"意义"的理解,才能内化为支配儿童行动的原则。[2]由此可见这两个幼儿对自己的同伴非常了解,并且她们的这种策略之前已经取得过一定的成效,但是在策略的性质上有所不同。同龄班的萱萱试图以拉拢他人与自己一起不理萌萌,其亲社会性不及混龄班幼儿。

四、混龄班与同龄班幼儿问题解决方式的比较

幼儿之间发生矛盾是难免的,特别是由玩具引发的争执更是常见。不同的幼儿往往会使用不同的策略试图得到自己想要的玩具,而拥有玩具的伙伴的行为(包括退让、拒绝、反抗等)都构成了对于同伴行为的反馈或强化的因素。[2]下面将分别选取混龄班和同龄班中幼儿因玩具等物品而引发冲突的案例分析讨论其问题解决方式的异同。

【案例 3-7】

我要去告诉老师了

皮皮(大班)在搭积木,允儿(小班)凑过去直接在他搭好的成品上扯了一块。皮皮没有直接去抢夺,他反复问允儿:"你拿了哪里的?"允儿没有搭理,皮皮就拿着另一块积木递给允儿,并告诉她:"我给你这块,你把那块还给我好吗?"允儿还是没有理他,皮皮只好自己坐下继续玩。过了一会儿,小屹把之前借用的积木还给皮皮,允儿顺手就又拿了一块过去,皮皮喊了一句"是我的",并伸手去拿,允儿连忙闪开。皮皮转

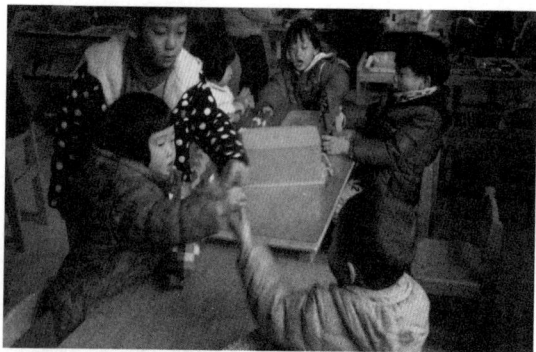

身放好小椅子,并说道:"我要去告诉老师了。"说完,他又回头看看允儿,允儿没有打算将积木还给他,皮皮又重新坐回了座位。

分析与解读:案例3-7中的矛盾主要由中间介质——积木引起,允儿第一次拿走皮皮的积木时,皮皮并没有与允儿发生争夺,而是要求与允儿换一块积木,在索要无果后就放弃了。当允儿第二次夺走皮皮的积木时,皮皮假装要去向老师告状,当他起身观察到允儿并没有因他的这个举动感到害怕而归还积木,他又坐了下来。从中可以看出皮皮在玩具被抢走的情形下,他首先想到的是换一块给她,第二次是想通过假装要告老师的策略来要回,而没有强行地要回。

【案例 3-8】

是谁的椅子

中班的乐怡吃完午饭后搬起小椅子在活动室外的过道上玩,过了一会儿凡凡也搬来了小椅子放在乐怡边上,两人一起趴在椅子上玩玩具。之后两人都走开了,当他们回到自己位置时,有一个男孩在乐怡的椅子上,凡凡找到了自己的椅子。此时,乐怡认定凡凡的椅子是她的,凡凡解释道:"边上这张才是你的。"两人争吵无果后,乐怡手指着凡凡的椅子向老师告状:"老师,这是我的椅子,上面的玩具水果也是我的。"

分析与解读:这是一起由椅子引起的冲突,乐怡与凡凡因椅子的混淆而发生了争执。在这个案例中,乐怡在回到椅子边上后发现自己的椅子被人"占领"了,她的第一反应是指认凡凡那张椅子是她的,在这个过程中她甚至都没有听凡凡的解释。在争吵没有结果后,她选择以告诉老师的方式来解决这个问题。

两个案例同样都是关于因物品争夺而引发的矛盾冲突,但是混龄班与同龄班的孩子在处理方式上还是表现出了一定的不同。从皮皮与乐怡的行为可以看出,皮皮相比乐怡做出了更多的忍让,并且在矛盾的处理上也更有技巧;而乐怡并没有自己想办法去处理,在争吵无果后就请求老师的介入。从中可看出,混龄班幼儿独立解决问题的能力优于同龄班幼儿。

五、混龄班与同龄班幼儿同伴交往过程的比较

幼儿在与同伴交往的过程中,其交往的时间长短、交往时互动的内容都可以成为我们考察幼儿交往特点的依据。下面通过两个案例的分析,对混龄班与同龄班幼儿交往中的互动情况进行比较。

【案例 3-9】

姐姐妹妹好搭档

搭乐高积木的过程中,大班的依依和小班的允儿坐在一起。她们两个人搭建好了一辆火车以后就开始游戏了,允儿的手里正拿着一个小人偶,依依就对允儿说道:"假装你们赶不上车了好不好?"过了一会儿,依依又从车厢中拿出了小人偶,告诉允儿:"她们刚才睡了一觉,坐过站了,现在醒了。"接着她又对允儿说:"姐姐来开车好不好?"

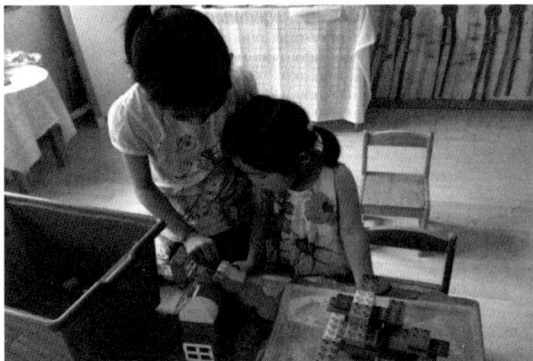

分析与解读:在案例 3-9 中,从火车的搭建到利用火车做道具玩游戏,依依一直起着主导作用,引导允儿参与游戏。允儿虽然处于从属地位,但也乐于参与,一直配合姐姐的指挥。从对话中,我们也可以看出依依总是以商量的口吻与允儿交流,体现出了平等性。整个游戏从区域活动开始到结束持续了半个多小时。

【案例 3-10】

大家一起搭积木

四个小班的女孩从左到右依次是优优、欣雨、灿灿和彤彤。在游戏过程中,彤彤举起小积木说了一句:"这是我的蛋糕。"但没有人回应她。当优优自己在摆弄积木时,欣雨夺走她手上的积木并说:"我来放。"优优没有提出异议。灿灿偶尔会抬头看看两边的同伴,但很少开口说话。

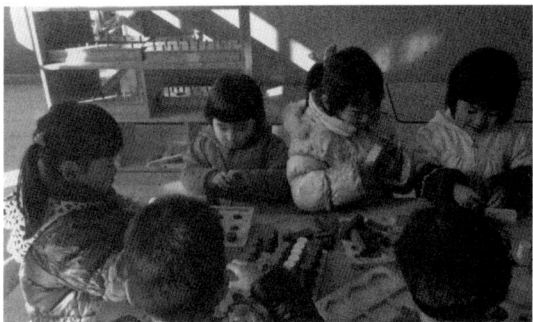

分析与解读:案例 3-10 中,小班的幼儿在桌面自由游戏过程中,自顾自地拼搭的情形较多,虽然经常会有小朋友试图与同伴进行交流,但是相互之间的交流十分短暂,没有延续性,甚至在很多情况下都得不到同伴的回应。交流的内容更多地局限于借用、索要玩具,展示自己的作品等。

通过对量的统计分析,我们发现与同龄班相比,混龄班中小班幼儿的交往次数稍少,但交往时间更长,这一结果与案例观察的分析结果一致。从案例3-9和案例3-10可以看出,混龄班幼儿在游戏中不仅交往时间更长,交往情节更复杂,交往内容也更丰富。

第三节　讨论与分析

通过比较发现,混龄班与同龄班幼儿在同伴交往中存在一些共同的发展趋势,如随着年龄的增长幼儿交往的次数增多、主动性增强等。然而,两种班级中幼儿的组成结构不同、教师的管理风格等诸多因素的不同也导致了混龄班与同龄班幼儿同伴交往特点的差异性,比如混龄班幼儿在与同伴交往过程中表现得更为积极主动,交往中策略运用能力优于同龄班幼儿等。影响幼儿同伴交往特点的因素并不是单一的,而是存在多方面因素的共同作用。我们将针对两种班级幼儿同伴交往特点的异同点进行对比探讨,并分析异同点产生的原因。

一、混龄班和同龄班幼儿同伴交往的共性

(一)两组幼儿在同伴交往上的共性

本研究通过对收集到的数据进行定量与定性分析,发现混龄班与同龄班幼儿的同伴交往特点存在共同的发展趋势,主要体现在以下两个方面。

(1)混龄班与同龄班幼儿在同伴交往方面表现出了一致的年龄特点,即随着年龄的增长,幼儿同伴交往多个方面的能力都得到了发展,具体表现在:①随着年龄的增长,幼儿交往次数逐渐增多,交往时间逐渐延长,且小、中、大班三个年龄段幼儿之间的差异极其显著;②与同伴交往过程中交往对象的人数都是随着年龄增大而增多,且年龄差异都十分显著;③语言是幼儿所使用的主要交往方式,使用语言作为交往方式的比例也随着年龄增长而逐渐升高;④主动交往的次数也随着年龄的增大而不断增加。

(2)混龄班与同龄班幼儿在同伴交往过程中,在性别上也存在一些共性,具体表现为:①女孩的交往次数多于男孩,交往时间长于男孩;②女孩在交往中较男孩更加积极主动;③幼儿在交往对象的选择上都更多地倾向于选择同性同伴;④女孩的交往支配性均高于男孩。

(二)共性产生的原因

针对混龄班与同龄班幼儿的同伴交往共性,我们将从以下几个方面对其产生的原因做进一步分析。

1. 认知水平与社会交往经验

研究发现,不论是在混龄班还是同龄班中,随着年龄的增长,幼儿的同伴

交往能力都得到了提升,这与已有的研究结果一致。同伴交往是儿童认知发展的重要途径,同时儿童的认知水平也会影响儿童在同伴交往中的行为。[4]埃莉丝(Ellis)研究发现:随着年龄增长,幼儿与同伴的交往持续增多,而与成人的交往持续减少。并且,与年龄有差异的同伴交往比与同龄的同伴交往更频繁。[5]造成这一结果的原因可能与幼儿的认知及社会交往经验有关。

首先是认知方面,3～6岁幼儿的思维正处在前运思阶段,这一阶段思维最大的特点就是自我中心,这在小班幼儿身上表现得尤为明显,因而他们不能准确把握事物的内在联系。而从小班到大班中,幼儿逐渐去自我中心化,能够开始站在别人的角度上看问题,理解他人的情绪,这将有助于幼儿融入同伴群体中。社会经验的增长使幼儿可以接触更多的社交策略,观察和学习不同的社交策略;在认知发展论看来,思维和观点采择能力的发展可能都会促进幼儿策略贮备的增长。其次,随着年龄的增长,幼儿的语言表达能力也得到了很大的发展,虽然不同幼儿采取不同的交往接近方式,但言语接近策略是幼儿使用最多的也是最重要的手段[9],语言能力的提高也能使幼儿与同伴的交往过程更加顺畅。

豪斯(Howes)等在研究中发现,随着年龄的增长,儿童的游戏在认知方面的复杂性越来越高,而且儿童在游戏中的认知复杂性与他们跟同伴的相处能力显著相关。[7]依据游戏的社会性特点,幼儿的游戏可以分为独自游戏、平行游戏、联合游戏和合作游戏四类,而合作游戏在幼儿5～6岁时才会得到发展。刚进入幼儿园,幼儿主要以单独游戏为主,从中班以后游戏中的合作增多,游戏需要参与的玩伴也在增多,这也正好解释了为什么随着幼儿年龄增大,其交往对象的人数会增多;此外随着游戏由简到繁,幼儿在游戏中的交往也会随之由简单地交换材料或进行语言沟通转变为共同计划、分工与协作,游戏情节的复杂化势必会造成幼儿之间交往次数的增多、交往时间的延长。进入中班以后,大部分幼儿都已经相互熟悉了,并且逐渐有了自己固定的玩伴,幼儿之间的交往开始主动起来。

2. 性别角色认同

研究结果表明,两种班级中幼儿的同伴交往都存在性别差异,混龄班与同龄班的男孩和女孩在同伴选择和同伴交往中都表现出一些相同的特点。首先,通常女孩的语言表达能力发展较好,这有利于女孩主动地去与人交往。其次,在日常生活中,女孩子通常会被认为温顺、乖巧,男孩子则是更加调皮。在这种性别角色认同下,男孩就容易出现更多的打闹、身体接触,女孩则表现出较多的合作、语言交流、互助行为等。[8]这就造成了女孩更容易被接受,在交往中表现得更加积极主动的结果。

此外,男孩和女孩都更多地选择同性幼儿作为交往对象,并且年龄越大,这种倾向越显著,这与已有研究的结果一致。一个可能的解释是,幼儿的社会性易于被同性玩伴所引发。在观察中,我们经常会听到这样的言语:"这是我们女孩子玩的","别进来,男孩子不能玩这个"。男孩多是进行一些活动量大的交往活动,例如警察与坏人打斗或是模仿动画片中的某些片段;而女孩则会选择一些相对安静的游戏,如娃娃家。

二、混龄班和同龄班幼儿同伴交往的差异

(一)两组幼儿在同伴交往上的差异

通过比较与分析收集到的数据,我们发现混龄班与同龄班幼儿的同伴交往特点存在着一些差异,主要包括三点。

(1)与同龄班相比,混龄班幼儿在与同伴交往过程中表现得更为积极主动,在控制性上也表现出更多的支配性,具体体现在以下四个方面:①从总体来看,混龄班幼儿的交往次数更多、交往时间更长;②混龄班幼儿主动交往的次数多于同龄班幼儿;③混龄班幼儿积极性质的交往次数显著多于同龄班幼儿;④混龄班幼儿在交往中的支配性高于同龄班幼儿,从中班开始两种班级的差异达到显著。

(2)混龄班幼儿交往策略的运用能力优于同龄班幼儿,具体体现在:①混龄班幼儿在交往过程所运用的策略体现出更多亲社会性;②在矛盾处理上,混龄班幼儿更有技巧,而同龄班幼儿对老师的依赖性更强;③混龄班幼儿交往的情节更复杂,内容更丰富。

(3)混龄班与同龄班幼儿同伴群体的划分存在差异,具体体现在:①混龄班中幼儿的同伴群体较同龄班数量更少,而成员更多;②混龄班中"年龄"是角色定位的主要因素,同龄班中则是在"能力"基础上进行公平竞争。

(二)差异产生的原因

幼儿园与家庭是幼儿生活的主要场所,因此幼儿园的文化氛围、教学组织形式、教师的教育管理理念、幼儿园人际关系以及家庭中的人际关系都会对幼儿的社会交往能力产生一定的影响。本研究将从幼儿园的班级组织形式、教师管理方式及幼儿个人因素三个方面去阐述混龄班与同龄班幼儿同伴交往差异特点的产生原因。

1. 班级组织形式

混龄班中包括小、中、大班三个年龄段的幼儿,三个年龄段的孩子在一起学习、生活,而在同龄班中只有一个年龄段的幼儿。这样的差别会对幼儿的交往方面造成哪些影响呢?我们将从五个方面进行分析。

(1)混龄编班对群体及角色定位的影响

一方面,混龄编班会对幼儿的交往范围、群体结构造成影响。在混龄班

中,小、中、大班三个年龄段的幼儿分别被称为星星组、月亮组、太阳组,三个组名包含了能力由弱到强的递进含义。人类学家阿特丽诗·怀特指出交错年龄间的交往可以增强儿童对公共事务的认识与责任感。只要给予儿童必要的机会与鼓励,让他们跨越年龄的界限结交朋友,不但可以扩展他们的社会生活范围,而且还可以提高他们对整个社会的合作精神及责任感。[9]因此,在混龄班的同伴群体中,我们可以看到有不同年龄的幼儿。

与同龄班相比,混龄班幼儿行为水平的差异要大得多。这就导致了在混龄班中幼儿的群体会出现不同年龄段、不同能力水平的幼儿的现象,而在同龄班中幼儿的水平大致可以分为强、中、弱三等,在每个群体中通常会有一名强者及若干名能力水平差不多的成员。访谈中 X 老师举例道:"大班的涵涵在同龄人中完全没有说服力,能力偏弱。而他心中有一种要成为强者的意识,混龄班就为他创造了条件,他可以加入年龄较小的幼儿群体,给他们提供帮助,从而使自己的自信心增强,体验成功。而在同龄班,弱的孩子就没有这种机会,很有可能会一直保持弱者的身份。"

另一方面,混龄班幼儿有更丰富的角色体验经历。P 老师认为混龄教育可以促进幼儿自我定位能力的提升,她用一句话总结了混龄班三个年龄段幼儿角色的转化:小班体验,中班学习,大班付出。W 老师也提到小中班的孩子有些自信心不足,与同伴交往时感到害羞,但是当其角色转换成大班的大哥哥大姐姐以后就会肩负起照顾弟弟妹妹的责任,责任感增强,自信心随之增长,各方面的能力也都迅速增强。对于同龄班的孩子来说,他们没有这种角色转换的体验,一直都是与同龄的同伴交往,因此对年龄差异的体验没有混龄班幼儿深刻,除了对"能力权威"的服从以外,他们更多的是选择以平等的,甚至是竞争的方式来认识、定位各自的角色。X 老师也提到:"混龄班的大班孩子与同龄班的大班孩子比较,他们的竞争意识会弱一些,但是关怀、爱护的表现会更明显。"

(2)混龄教育模式促进了幼儿社交技能的发展

华爱华教授在研究中指出:"异龄之间发生的认知冲突,异龄之间引起的示范和模仿,远比老师的设计来得自然和贴切,也有别于同龄孩子之间的互动和影响。年长孩子虽然不会有目的、有意识地教年幼孩子一些知识和技能,但是经常在向年幼孩子展示自己。"[10]模仿是幼儿的主要学习方式,在混龄班对于小的孩子来说,与大的孩子在一起搭积木,不仅是技能得到建构、想象力得到发展,在语言表达等交流方式上也得到了熏陶,他们潜移默化地就学会了更多的词汇、句式,与同龄人相比,小的孩子更加懂得如何去照顾别人的感受,移情能力有了很大的提高;对于大的孩子来说,在这个过程中,其领导能力得到了锻炼,此外其亲社会性也得到提高。换言之,大的孩子在游戏中既是小的孩子的模仿对象,同时也是一个有利的刺激,推动小的孩子突破自己的最近发展区。在同龄班中，无论是搭建积木还是游戏，他们的水平都是相近的。因此，在同龄班中，特别是在小班能够听到的大多是诸如"再给我一块"，"你看，这是我做的飞机"，"你别拿我的积木"等话语。对于他们来说，能用积木搭建出一个完整的作品已经是一件难事，若再用此作品来进行一个充满想象与创意的游戏更是难上加难，这也就导致了其交流时间短暂、内容相对贫乏的现象。

"儿童约有60％的亲社会性行为是来自同伴。"[11]儿童的混龄同伴群体为儿童的亲社会行为的实现提供了更有利的机会。在同龄班中，孩子之间的水平更相近，相互学习的空间就受到了限制。虽然老师也有强调小朋友之间要分享、互相帮助等，但是对于幼儿来说这些概念都是比较抽象的，不像混龄班中大孩子的言行举止可以使小的孩子耳濡目染。这就导致了同龄班的孩子们在遇到问题时，对老师的依赖性较大。而在混龄班中，小班孩子进来以后老师会让中班或大班的孩子与之结对，此时哥哥姐姐们就会肩负起照顾弟弟妹妹的责任。他们自身在小班时有过被照顾的经历，面对比自己小的弟弟妹妹，年长孩子更愿意和他们分享玩具，在产生冲突时更愿意谦让，而年幼孩子通过与年长孩子交往，其领会能力、观察能力及模仿能力均能得到增强。因此，若是与年幼孩子发生冲突时，年长孩子会尽量想办法自己解决，同时也表现出更多的亲社会行为。

（3）教师管理方式

由于混龄班与同龄班两种班级编班形式的不同，教师的管理方式也会有所差别。在混龄班中，幼儿都是根据能力、年龄结对，在这样的环境中，教师会强调年长孩子对年幼孩子的照顾，久而久之年长孩子也会形成一种强烈的责任感。因此，在混龄班，教师对孩子十分信任，在管理上采取相对放手的态度。拥有10年同龄班与10年混龄班教学经验的 X 老师告诉我们："我一般不愿意过多地去控制他们，只有在孩子们吵架或发生事情的时候，以安全为前提才去介入。毕竟矛盾、冲突是孩子自身发展必然要经历的。"正是这样的理念，让混龄班中年长的孩子学会了用自己的方式去解决问题，谦让于弟弟妹妹，同样这样的方式也会让年幼的孩子看在眼里，学在心里。

在同龄班中，幼儿处在一个更相近的水平上，当孩子之间发生矛盾或冲突时，谦让或自行解决的发生可能性就小了许多。这也就导致了在同龄班中教师的控制性会相对大一些，而幼儿由于缺乏模仿的对象，在遇到问题时也会更多地选择向教师求助。

（4）幼儿个体因素

如图 3-15 所示，在混龄班中受欢迎幼儿的比例高于同龄班，而被拒绝型幼儿的比例则相对低一些。根据庞丽娟对四种类型幼儿特点的划分，受欢迎型幼儿表现积极，性格外向，情绪愉快，活泼开朗，喜欢并善于交往；而被拒绝型幼儿表现积极行为较少,消极,不善于交往,攻击性行为较多。[8] Rubin 指出,不受欢迎儿童与受欢迎儿童相比,在社交问题的解决上一贯表现出技能的缺陷。[12] 从这个角度看,混龄班幼儿比同龄班幼儿在交往中会更加积极主动。再深入地看,这与幼儿的个体行为脱不开关系。

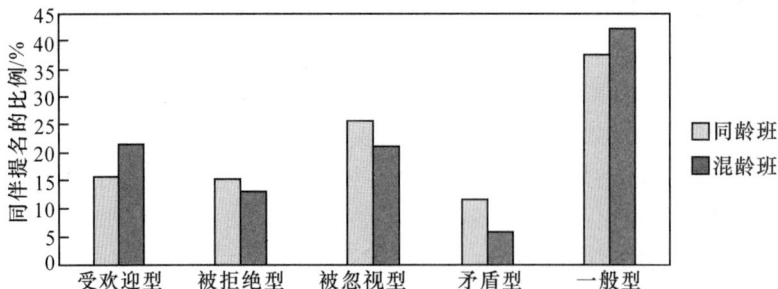

图 3-15　根据同伴提名结果所得幼儿社交类型数据

【案例 3-11】

爱告状的朵朵

小班的朵朵能力很强,交往方式也很正常,没有什么问题,但是小朋友就是不喜欢她。经过一段时间的观察,老师发现小朋友不喜欢她的很大原因在于朵朵喜欢告状。与小朋友发生矛盾时,她不会自己解决,只会找老师,比如:

朵朵对点点说:"点点,我跟你一起看书好不好?"

点点:"不行"。

朵朵:"老师,点点不和我一起看书"。

此外,朵朵很爱模仿老师去批评小朋友。比如有一天,在给班里的一个小朋友过生日,老师刚刚批评了一个坐在朵朵身边的孩子。过了一会儿就听到朵朵对那个孩子说:"哼,你不乖,我不要理你了。你还找借口!"

由案例 3-11 可见,爱告状等个体因素也会影响幼儿的受欢迎性。本研究也已发现在遇到问题时混龄班幼儿更多的是自己想办法解决,而同龄班幼儿则对老师的依赖性更强。在与小班的 S 老师交流中,她提到:"经常受老师批评的孩子,不受小朋友欢迎。老师的言语、评价会影响其他小朋友对这个孩子的看法。"例如,优优刚入园时对于自己的东西与别人的东西概念并不是很清楚,经常拿别人的东西,并喜欢乱跑。因此,她经常会受到老师的批评。问别的孩子:"你为什么不喜欢优优?"他们会说:"优优经常拿别人东西","她老是乱跑","她不乖"。米勒等人的相关研究发现教师对一个儿童特征和价值的认可程度会通过一种复杂的方式影响其他儿童对这个儿童的接纳性。[7]

（5）家庭交往环境

中国青少年研究中心副主任孙云晓说："孩子是在同伴交往中长大的,这是帮助孩子完成社会化的过程。"教育专家徐国静说："孩子与同龄人在一起,时空是一样的,思维碰撞不会错位,游戏的投入程度一样。我们可以看到,从心理、生活、时空上,孩子与孩子交往的欢乐、得到的成长营养,是无可替代的。"幼儿在家中是否有与同伴的交往经验在一定程度上也影响着幼儿的社会化程度、交往能力的发展。因此,在研究中我们也对幼儿进行了访谈,以了解他们在家里与同伴交往的情况。

【案例 3-12】

访谈对象一　甜甜

我们："你在家时有小朋友会跟你一起玩吗?"

甜甜："我有空的时候就出去和他们玩跳绳,丢手绢。"

我们："你们一般都是几个人一起玩呢?都一样大吗?"

甜甜："我和三个男孩玩,一个和我一样大,还有两个比我大。"

【案例 3-13】

访谈对象二　小智

我们："你在家时会出去和小朋友一起玩吗?"

小智："没有和小朋友出去玩。"

我们："那你家里有哥哥姐姐或弟弟妹妹陪你一起玩吗?

小智："我姐姐上初中了,不和我玩;妹妹刚生出来。我觉得还是在幼儿园开心。"

在幼儿园里,甜甜交往能力非常强,在游戏中也经常起着主导作用,小智的交往能力则相对弱一些。同伴提名的结果显示他们的社会交往类型:甜甜是受欢迎型,而小智是被忽视型。从中我们也可以看出,在家交往经验丰富的甜甜在幼儿园里有较多的固定玩伴,并且可以和睦相处。在家缺乏交往经验的小智,在幼儿园中经常会处于一种游离状态,与同伴交往不够主动。由此可见,幼儿在家庭中的同伴交往经历对他们的交往能力提升有很大的影响。

第四节　结论、建议与展望

一、研究结论

本研究通过将混龄班与同龄班幼儿与同伴交往的特点进行量化的统计分

析与质性的描述分析,并对结果进行讨论以后,主要得出以下结论。

混龄班与同龄班幼儿在交往特点上存在一些共性,具体表现为:①从年龄来看,随着年龄增长,幼儿与同伴交往的时间延长、交往次数增多、交往对象增加,且更加积极主动;②从性别来看,都是女孩在交往中更加积极主动,支配性也更强,且交往次数、交往时间均超过男孩;③幼儿在交往对象的选择上都更多地倾向于选择同性同伴,且在交往中语言是主要的交往方式。这主要与幼儿的认知水平、社会交往经验及性别角色认同等因素相关。

混龄班与同龄班幼儿在交往特点上也存在不少差异,具体表现为:①在交往时间、次数方面,混龄班幼儿均超越同龄幼儿;②混龄班幼儿在交往中表现得更加积极主动,并且支配性也更强;③在交往过程中,混龄班幼儿所运用的策略表现出更多亲社会性,且交往情节复杂,交往内容更丰富;④在问题处理方面,混龄班幼儿技巧性更强,而同龄班幼儿则对教师的依赖性更强;⑤在同伴群体结构方面,混龄班中幼儿的同伴群体较同龄班数量更少,而群体成员则更多;⑥在角色定位方面,混龄班中"年龄"是角色定位的主要因素,同龄班中则是在"能力"基础上进行公平竞争。

二、相关建议

本研究不仅试图探明混龄班与同龄班幼儿在自由活动中同伴交往的特点及其异同点,并且从编班模式、教师管理方式等角度分析了影响幼儿同伴交往特点的因素。虽然在混龄班的幼儿在同伴交往中比同龄班幼儿有一定的优势,但也存在一些不足。因此,我们将针对在研究过程中发现的问题进行思考并提出相关建议,希望能为提高幼儿的同伴交往能力提供一定的借鉴。

(一)挖掘幼儿园潜在交往资源

1. 关注幼儿身边的交往环境

在幼儿园观察的时候我们看到这样的场景:午睡起床音乐响起后,大部分孩子都已起来穿好衣服。大班的奔奔睡得特别熟,在教师将他唤醒后依然躺着。过了一会儿,他坐了起来,手里拿着衣服但没有穿,只听他嘴里在嘀咕:"不公平,这样不公平的。"听到他的话语后,我们走到他身边,问道:"是什么事情不公平呢?"奔奔答道:"为什么只有太阳组的人帮助星星组,星星组的人不帮太阳组?"我们心里不禁思考了这样一个问题:我们只看到了混龄教育对孩子发展的促进作用,混龄班的孩子与同龄班相比是不是在某些方面会有所缺失? 带着这个问题,我们与混龄班的几个老师进行交流,得到了这样的回答:"混龄有利也有弊,但我现在看到的大多还是利。在混龄班,老师会请大孩子帮助照顾弟弟妹妹,在这期间,年长的孩子能力增强,小班的孩子有榜样,所以提升也非常快。但是大班的孩子可能会没有同龄班孩子活泼,比较压抑,因为受到弟弟妹妹及老师的关注,孩子在做事的时候会考虑很多因素,可能会有很大的压力,这可能会磨掉他们原本张扬的个性。"奔奔嘴里的"不公平"就是很强烈的呼声。

同龄班中,虽然幼儿之间会有发展差异,但教师还可以比较清楚地把握孩子目标的达成情况。而在混龄班中,教师更可能强调差异,这种差异不仅仅包括不同年龄孩子群体间的差异,也包括每个孩子个体间的差异。对大班的孩子,教师会更多地强调照顾年幼者,但是忽视了年长者的感受。因此,在混龄班的日常活动中,教师更应关注到每一个孩子,在强调大孩子的付出、责任、关爱的同时,也要给予他们更多的关怀。

2.　重视同伴资源的利用

同伴交往是幼儿社会化的重要途径。幼儿与同伴交往,他们之间的年龄相近,兴趣一致,并且没有成人的压力,支配权平等,因而有一种自由、宽松的氛围,这使幼儿可以充分表现自我、发现自我、肯定自我,心理感受积极而愉悦,这才是真正属于他们自己的社会。[13]混龄班中有年龄不同的幼儿,形成了一个类似于家庭的环境,为幼儿提供了更多的角色经验,促进角色承担能力的发展。混龄班中幼儿间年龄的差异造成他们在认知、体能、社会性等方面的差异,在异龄幼儿之间形成"最近发展区",例如一个能力强的大班孩子在指导、帮助弱者时,自己的领导能力、表达能力也得到了提升;弱的孩子在得到帮助以后可以顺利完成任务,获取成功的体验。我们在几个月的数据收集过程中,能够明显感受到混龄班教师对同伴价值的利用。例如,在数学活动中,大班孩子会因为弟弟妹妹的关注而更加努力学习。如大班孩子原本需要依靠手指来进行数学运算,在做弟弟妹妹的榜样时,会慢慢减少这种行为,逐渐变为心算。这对孩子的心算及速算能力有很大锻炼,为小学数学打好基础,让孩子学习更有信心。

倡导混龄教育的意大利教育家蒙台梭利认为:让不同年龄的幼儿有更多的机会进行相互交往,可以扩大他们的接触面,使幼儿学会与人交往的正确态度和技能,学会关心、分享、轮流、谦让等社会性行为,为他们形成积极健康的个性奠定基础。[14]在肯定混龄班环境下幼儿同伴交往价值的同时我们并不否定同龄班中同伴的作用,同龄班中同伴交往也有其独特的价值所在。值得一提的是,在同龄班中更多强调教师的"教",而对同伴的相互作用有所忽视。同龄同伴与异龄同伴都是幼儿成长过程中不可缺少的"重要他人",因此在幼儿园中如何更充分地挖掘幼儿同伴资源的价值是混龄班教育所需思考的,而找寻同伴资源中的教育契机与价值是值得同龄班教育借鉴的。

3.　合理投放材料,丰富教育组织形式

混龄班在玩教具的设置上会面对全体幼儿,根据每个年龄段幼儿的不同身心特点准备不同层次的材料,对幼儿提出不同的要求,幼儿也可以根据自己的实际能力进行自主选择。如能力强的小班孩子可以尝试操作中班年龄组的材料,而能力弱的大班孩子也可以操作中班组的材料,通过让他们操作适合自己能力水平的材料来克服困难,体验成功的喜悦。访谈中也有老师提到:"在混龄班,不同年龄段的幼儿面对同一种材料,也可以玩出不同的花样来。因为他们的创造力、想象力不同,对材料的认识与操作也会有不一样的结果。"例如,用同样的积木,小班的孩子只能简单拼搭,而中大班的孩子则可以在拼搭完成后利用自己的作品进行游戏。

我们可以尝试整合混龄教育的这种优势到同龄教育中。国外有研究介绍混龄班教师选择最适合学习情形和有助于每个孩子学习的编组策略,如基于兴趣、需要、学习风格、问题解决、技能教育等,将孩子分配到不同的组中进行工作。那么这种理念运用到同龄班,也可以依据不同的标准(兴趣、能力等)对孩子进行分组教育,适时地进行个别教育等。[15]此外,也可以打破班级界限,在晨间、区域活动时间利用操场、走廊等空间开展混龄教育活动,这样可以丰富同龄班的教育组织形式,给幼儿创造更多的交往机会。

(二)提供多样的家庭交往环境

当下有一句很流行的话:"父母是原件,家庭是复印机,孩子是复印件。"它有力地说明了家庭与父母对孩子成长的重要性,父母的一言一行、一个家庭的氛围都会对孩子产生潜移默化的影响。对于幼儿的社会交往来说,亲子关系、家长对孩子的引导也都起着至关重要的作用。

1. 树立丰富的交往模式

家庭对儿童社会性发展的影响主要表现在父母和儿童社会性发展的相互作用过程中。父母对儿童一般能力、社会交往能力、亲社会行为及学业成绩的发展都有重要作用。模仿是幼儿的主要学习方式,家长的交往方式、态度及言语都会成为幼儿观察与学习的对象。因此,父母在日常生活中要有意识地注意自己的言行举止,处理好自己的人际关系,为幼儿提供良好的示范。

此外,幼儿的社会交往技能还是欠缺的,需要成人的引导。例如,小班的笑笑能力并不弱,但是小朋友们都不喜欢和她玩。他们班老师观察以后发现她的交往方式有问题,比如她想跟别人玩的时候,会用手去推一推那个人,或者是用双臂紧紧地抱住对方,这导致孩子们都不喜欢与她玩。因此家长们在家要给孩子提供建议与指导,如父母教给孩子在交往中需经常使用"请""能不能"等语言,而不是"不要""就不行"等字眼,这样可以明显减少幼儿在交往中的攻击行为;还可以经常指导幼儿如何解决同伴交往中的问题,比如如何加入其他幼儿的游戏,那么幼儿的社会交往能力就会逐步得到提高,并且更容易获得同伴的接纳。

2. 创造不同的交往机会

研究发现,在家中有较丰富同伴交往经验的幼儿在幼儿园中相对更受欢迎,其交往能力也更强。作家陈丹燕在《独生子女宣言》中写道:"独生子女在社会交往的欲望、交往的范围、交往的频率、交往的能力等方面,与非独生子女没有什么大的差异。如果说有,就是欠缺同龄玩伴。"也有研究表明:孩子是自来熟的。即使是独生子女,也拥有非凡的交友能力,他们自己可以结交到朋友,会想到好办法来维持他们之间的友谊及解决冲突。那么家长要做的就是为孩子创造丰富的交往机会。

如今的生活环境发生了很大的变化,特别是在城市里,大家都是进出随手关门,相互之间的交往极少,对于幼儿来说其交友空间受到限制。父母虽然想为孩子创造与同伴的交往环境,但是出于自己的忙碌及对安全的顾虑,在多数情况下还是会选择将孩子留在家中。因此,父母首先要对孩子获得玩伴形成主动意识,还要以一种开放的心态去对待。此外,还可以为孩子们安排一些活动,如鼓励孩子主动去找小朋友玩,邀请小朋友来家里做客,经常带孩子到朋友家串门或带孩子外出郊游,为他们创造与不同年龄同伴交往的机会,让他们体会到交往的快乐。

三、未来展望

经历了文献查阅,数据收集、整理、分析及论文撰写的过程,我们对本研究进行了反思。本研究虽然在一定程度上反映了混龄班与同龄班幼儿的交往特点,但是混龄教育、同伴交往都还有很多可挖掘的空间。基于本研究存在的不足,相关研究还有一些可以深入与完善的方面。

首先,本研究主要通过录像及现场观察来收集数据,为了尽量减少幼儿成熟等因素造成研究的误差,本研究在 1 个月的时间内完成对 6 个班幼儿的拍摄,于是分配到每个幼儿身上的时间很有限。当合适的游戏情境出现时,研究者以方便为原则进行拍摄,而且拍摄的时间为每个幼儿 10 分钟,在这个片段中不能完全顾及当时被拍摄的幼儿是否展现了他的正常交往水平,同时也有可能错过其他更有价值的研究材料。

其次,由于各种条件的限制,本研究只选取了一个幼儿园进行研究,统计的样本量较少,结论有待进一步验证。因此在未来的研究中,研究样本量、研究范围都可扩大,如可以选择几所混龄编班的幼儿园与同龄班进行比较;在研究范围上,除了选择完全混龄编班与同龄编班的班级进行比较,还可以选择同龄编班但是定期组织混龄活动的班级与没有混龄活动的班级进行比较,这样可以使研究结果更具有代表性。

最后,本研究主要考察了幼儿在园的同伴交往情况,虽然对部分幼儿进行了访谈了解其在家与同伴交往的情况,但是对于家长在同伴交往方面的教养、态度、家庭交往氛围了解还不够深入,导致对幼儿同伴交往影响因素的分析不够全面,这方面仍有待进一步探索。

参考文献

[1] 武建芬.幼儿同伴交往对其心理理论发展的影响[J].学前教育研究,2007(4):9-13.

[2] 武建芬.幼儿心理理论与同伴交往关系的研究[D].上海:华东师范大学,2006.

[3] 刘焱.儿童游戏通论[M].北京:北京师范大学出版社,2008.

[4] 方建移,张英萍.学校教育与儿童社会性发展[M].杭州:浙江教育出版社,2005.

[5] 张更立.幼儿异龄同伴交往研究[D].重庆:西南师范大学,2004.

[6] 王春燕,卢乐珍.自由游戏活动中幼儿同伴交往的研究[J].教育导刊(下),2002(8):19-22.

[7] 王振宇.学前儿童发展心理学[M].北京:人民教育出版社,2004.

[8] 韩南南.中国和柬埔寨幼儿同伴交往能力发展的对比研究[D].武汉:华中师范大学,2012.

[9] 陈冰美.爱的屋檐下——"间断性混龄"教育中人际互动行为之研究[M].香港:香港文汇出版社,2010.

[10] 华爱华.幼儿园混龄教育与学前教育改革[J].学前教育研究,2005(2):5-8.

[11] 杨丽珠,吴文菊.幼儿社会性发展与教育[M].沈阳:辽宁师大出版社,2000.

[12] Rubin K H, Krasnor L R. Interpersonal problem solving and social competence in children. Handbook of Social Development: A Lifespan Perspective [M]. New York: Plenum Press, 1992.

[13] 朱玉红.试论同伴交往对幼儿社会化的作用[J].学前教育研究,1996(1):14-15.

[14] 蒙台梭利.吸收性心智[M].北京儿童之家教育研究中心,编译.兰州:兰州大学出版社,2001.

[15] 王晓芬.幼儿园混龄班教育研究[D].南京:南京师范大学,2006.

第四章　心理理论视角下混龄班同伴之间教与学的行为特点研究

在幼儿园中,很多小朋友都"好为人师"。"小老师"现象不仅在同龄班中经常出现,在混龄班中更是常见。那么,当他们之间相互教与学的时候,到底发生了什么?

第一节　幼儿园中的"小老师"现象

儿童教儿童的现象在生活中非常常见,他们乐于做"小老师",喜欢把自己擅长的事情教给同伴,让同伴学会自己的本领,而孩子之间喜欢模仿,易受同伴言行影响的特点也促成了儿童教儿童这一特殊的同伴互动行为的发生。陈鹤琴曾说:"儿童教儿童,教学相长。"[1]陶行知也提倡"小先生制":"小孩拥有教的本领,能做老师,每个人都可以参与信息和知识的交流。"[2]儿童之间的互动既是获得发展的需要,也是他们接受教育的一条有益途径。蒙台梭利在探索混龄教育组织形式时总结到:"不同年龄的儿童可以相互交往。年龄小的儿童可以看年龄大的儿童做事情并请他们进行说明解释。他们是很乐意这样做的。"[3]幼儿园的混龄教育为幼儿提供了一个复杂的小型社会,不同年龄的幼儿在各自的发展水平上与同龄或异龄同伴交换知识和技能,每个幼儿的认知"天平"在同伴教与学的影响下失衡又平衡,正如皮亚杰强调的,认知能力就在这个同化和顺化的过程中得到发展。其中,每个幼儿都会不断经历用所会教别人和所不会被别人教的过程。那么,在"小老师"现象中,幼儿是否会对对方的行为和心理进行猜测呢? 幼儿在教别人时存在怎样的心理呢? 他们是否具有根据对方心理推测其行为的能力呢? 据此,本章拟对混龄班中幼儿同伴间教与学的现象进行探讨。

第二节　幼儿之间教和学的行为及其与心理理论关系的相关研究

一、幼儿之间教和学的行为研究

教是人类生活与文化的一个重要组成部分,也是人类成就的重要影响因素。教可以促进文化凝聚,是信息传递和知识聚集的有效途径。Sidney 等从认知科学的角度阐述了教是一种与生俱来的认知能力,应当强调教师及幼儿都已经知道教的含义以及如何更有效地传递信息以教会别人的方法。教是人类与生俱来的认知能力当中的一种。然而,教是复杂的、不透明的,尽管幼儿已经具有教的行为,但是他们并不了解怎样去教。教的行为在个体早期就已出现,之后逐渐聚集到教的策略上。[4]李琳从教与物种的关系、教的普遍性、教的复杂性及所需条件等方面总结了教的特质。教分为有形和无形两方面,有形的方面有教师的问题、要求、示范、解释等,无形的方面有教师的目的、教师所做的推断、教师推断时的心理加工过程;教是一种特殊的社会交往,因为教者唯一的目的就是增加学习者的知识和理解;教是一种天生的认知,只有少部分人接受怎样教别人的指导。[5]

研究表明,3.5 岁左右的幼儿开始出现教的最初尝试,尽管他们并不了解怎样去教,还是积极地在同伴群体中实施这种行为。心理学对教的定义为:"教的目的是导致学习,它依赖于人类理解他人心理的能力。"[6]该定义暗示教与心理理论相关。教不仅是一种简单的言语和动作,更涉及个体对自己与他人的知识、动机、信念、情绪等的判断和推理。

教与学是一个双向的过程,包含作为知识来源的教者和接受该知识的学习者。教者也在其教的过程中学习,因此,从某种意义上来说,教者与学习者是同一个人。有研究者指出,幼儿生来就做好了从教师那里接收信息的准备,并将这种准备称为"自然教学"。心理学对学习的定义为:学习是由经验所引起的行为或思维的比较持久的变化。可见,虽然教与学具有双边关系,但是,人们在认识到心理理论是教的认知前提后,并没有将学的行为与心理理论的关系进行深入的探讨,研究更多的是为教育实践服务的。

二、同龄幼儿之间教和学的行为与心理理论关系的研究

研究者普遍认识到,心理理论是教的认知前提。心理理论在儿童理解教和做出教行为当中扮演重要角色。幼儿在 3 岁时开始理解人缺乏某知识的概念,这比起 4～5 岁才理解错误信念来说要早。Angela 等总结了教行为产生

的前提:首先,认识到教者和他人在知识上存在差异是教产生的基础,没有这一认识,教也不会产生;其次,教者需要评估他人是否具备某一知识,是完全掌握或者不完全掌握,抑或持有错误认识;最后,教者应当意识到教的行为是为了引起对方学的行为。教的活动与心理理论是互相促进的。[7]心理学上对教的定义大多与心理理论有关,不单驻留在知识和技能的转移上。这里给出Ziv 和 Frye 的定义:教既包括教的目的也包括知识的组成,教是目的性行为,是为增加另一个缺乏知识、仅有部分知识或有错误信念的人的知识。[8]

已有研究表明,幼儿在理解教行为的过程中会产生发展变化。最早,在3.5 岁时,幼儿认识到知识储备量决定了谁是教者,教的行为依赖于教者和学习者在知识储备量上的不一致。在 5~6 岁时,幼儿意识到与现实相反的、双方不一致的知识才会引起教行为的发生。例如,教者认为小明不知道怎样读书,那么他就会去教,事实上,小明知道怎样读书。总之,许多研究表明 3~6岁幼儿对教的理解显示出其对他人心理状态的理解。也有研究者分别从兄弟姐妹间的教、同伴指导、合作学习等方面探讨了幼儿真实的教的能力与心理理论的关系,得出幼儿在 3.5 岁时就初步尝试教的行为。

有两个研究较为详细地探讨了教的能力与心理理论间的关系。第一个是Strauss 等的研究。研究针对 3.5 岁和 5.5 岁幼儿,使用标准的教情境的错误信念任务。结果发现,年幼儿童和年长儿童都使用演示和言语解释相结合的方式,然而,在使用的频率上,年幼儿童较多使用演示,年长儿童较多使用言语解释游戏规则;错误信念教情境的表现与教时的言语指导,如告诉、解释有关,与其观察到的学习者学习状况也有关。[6]第二个是 Angela 等的研究,他们改进了 Strauss 等的研究,改质性研究为量化研究,并且对学习者的错误行为进行预先设定,控制年龄变量,得出结论:年长幼儿比年幼幼儿在演示和言语解释联合使用上更加频繁,这表明年长幼儿使用一系列更为复杂的策略向学习者传递规则;年长幼儿会更加积极通过言语解释、演示和提醒规则等方式回应学习者所犯的错误;对教的元认知问题的回应随年龄增长,这表明幼儿开始理解指导学习的发生。[7]李琳从心理理论视角探讨 4~6 岁幼儿同伴间教的水平及特点发现:幼儿教的活动需要其心理理论能力的参与,在真实情境中教别人时表现出的心理理论水平比错误信念任务中所表现出的心理理论水平要高;年龄相异的幼儿在教的各个策略使用也存在差异;4~5 岁幼儿理解的教等同于自身的"动作",而 6 岁幼儿理解的教则等同于"告诉"对方;真实的生活情境中教的活动往往是以帮助、提醒、分享知识等形式出现;个体具有某种知识不表示必然产生教的行为,拥有教的欲望和心理理论是教者展开行为的条件。[5]

我们通过查阅文献发现,较少有研究者对学与心理理论的关系进行深入的探讨,有的是在阐述教的行为与心理理论时简单提及。在学习过程中,学习者对其将要接受的知识和教者传递知识的能力已经有所认识,教学相互关系需要学习者不断表达其理解程度,以便教者及时调整教学策略。从另一角度看,幼儿教的行为与学的行为有关,有了对教的目的的认识之后,更可能成为一个好的学习者。教的行为会增强其学习动机,因为他们更加意识到自己的不足,更加理解教者纠正自己错误认识的意图。由此可以看出,学习者在过程中并不是被动的,为了学到知识,学习者也需要认识教者的信念,以便提出有效的问题,因此学习者学习也需要心理理论的参与。

三、混龄幼儿之间教和学的行为与心理理论关系的研究

尽管欧美许多国家的幼儿园以混龄的形式组办,但较少有混龄教育研究的成果,因为混龄编班对这些国家而言是一种传统。因此,国外较少有人就混龄教育与心理理论进行专门的探讨。混龄教育形式在我国依然处于探索阶段,关于混龄教育与心理理论的研究也只是刚起步。

张玉萍和苏彦捷从个体的社会交往经验、同伴关系和社会行为等方面探讨了混龄编班对4岁儿童心理理论发展的影响,采用经典错误信念任务、情绪知识理解任务、儿童的社会行为评估问卷和儿童社会技能的教师评价量表等,肯定了混龄编班的作用。魏玉枝对混龄教育对4～5岁幼儿心理理论和创造性人格的影响进行了研究,结果发现,心理理论能在一定程度上预测个体以后的幽默感。

有关研究从家庭中存在兄弟姐妹、家庭结构方面探讨其与儿童心理理论的关系,这可以简单迁移以了解混龄情境下该问题可能的结果。也有学者认为,幼儿心理理论与其和兄弟姐妹的争论显著相关,包括意见不一致时更频繁的积极情感表达和更少的冲突前压力,而且这与年龄和语言能力无关。也有研究发现,即使控制了言语智力之后,哥哥姐姐依然是儿童信念理解的显著预测者。然而,专门探讨混龄教育情境中教、学与心理理论的研究非常少。

在对混龄教育不懈探索的今天,研究者越来越意识到混龄的教育组织形式具有的优势。在不同年龄幼儿的深度互动中,幼儿的社会性、个性品格获得了发展。在异龄同伴互动中普遍存在大带小、教与学的现象,这是对教师直接教育的一种良好补充形式,甚至比其更有意义。不论是蒙台梭利关于混龄教育的阐述还是陶行知提倡的"小先生制",都给了我们启示:关注幼儿同伴间教与学的行为有利于更加深入了解幼儿发展。研究者普遍认同:心理理论是教行为的认知基础。用心理理论的视角看待幼儿间教与学行为是一种独特的方式,能指导幼儿提高心理理论水平,有助于其社会性的发展。

四、有关研究中存在的问题

目前，对心理理论的探讨多从心理学角度出发，多采用实验法测量，这样的做法存在三个问题：第一，从心理学角度出发，必然导致教育现象最终要为解释心理学服务，成为心理学研究的工具；第二，实验法缺乏生态性，不利于从动态的、人文的角度看待幼儿的心理理论；第三，已有研究缺乏对混龄情形下幼儿心理理论以及同龄和混龄中教与学行为的研讨。总之，已有研究对儿童教儿童中心理理论的探讨多在实验情境下进行，缺乏对真实生活中儿童自然的教和学行为的观察。从儿童社会学的角度看，人们过多地从成人社会的视角去看待和评判儿童和童年，导致儿童和童年本身失去应有的光彩。

本研究以自然状态下学前儿童同伴间教与学行为作为主要研究内容，并以心理理论为视角解释上述行为发生的原因、过程、结果等内部状态。通过制定合理的研究工具，本研究以质性研究为主，以量化研究为辅，力求从多维角度看到幼儿教幼儿行为的全貌。本研究主要分析以下两个问题：一是理清混龄班中幼儿教与学行为的发生状况，主要是幼儿在作为教者和学习者时各种策略的使用状况，分析、解读这些教与学行为背后的心理理论内涵；二是运用有效判断幼儿教与学行为的观察记录表，探明混龄班幼儿对教与学行为理解、策略、主动性方面的不同特征，并探讨其与心理理论之间的联系。

五、研究意义

（一）理论意义

本研究以心理理论为基础，探索 3～6 岁幼儿在混龄教育中的教与学行为，通过对混龄班幼儿教与学的观察与分析，了解混龄班幼儿同伴间教与学的方式，将心理理论与混龄教育进行有效结合，丰富了幼儿园混龄班中教与学、心理理论的相关理论研究，使混龄教育向更加科学的方向发展。

（二）实践意义

在对混龄班幼儿同伴间教与学行为的宏观和微观研究中，我们采用多种方法，实地参与幼儿园混龄班幼儿教与学的活动现场，对幼儿的教与学进行观察与记录，分析、总结幼儿在教与学中的真实表现，了解学前儿童的心理发展水平及他们之间到底如何进行教和学。对于幼儿教师来说，了解幼儿的发展水平是其实施适当教育的前提，因此，本研究为幼教工作者如何引导同龄以及混龄班幼儿积极互动提供指导，有利于进一步完善混龄教育中有关教与学的实践。

第三节　研究思路与设计

本研究主要涉及混龄班中教者教的行为及其与心理理论水平之间的联系、学习者学的行为及其与心理理论水平之间的联系。

教是一种为了增加个体缺乏的某种知识的意图性行为，该过程包含对错误信念的理解及对儿童理解学习过程的描述。我们将幼儿间教与学行为限定为：发生在 3～6 岁幼儿身上的、由于感受到双方知识或能力上的差距，由幼儿自发或者教师自然引导下发生的同伴之间的指导和习得性行为。

本研究试图将幼儿间教与学的行为进行独立研究，因为从心理理论的角度解释两者的本质是存在差异的，然而教与学又是双向互动的过程，因此，我们试图对每一个教学行为单元分别从教者和学者两个角度进行分类记录和整理，从而获得研究所需的不同素材。狭义上的教可以理解为成人世界中的知识从一个人向另一个人的社会性转移。但对于幼儿来说，教应当有更加广泛意义上的理解，因为幼儿的教不像成人教书本知识，教的本身即为某一动作系统。因此，从幼儿之间简单的帮助、提醒、演示到较为复杂的解释、言语示范结合等，都属于本研究所界定的教的范畴，这些行为在幼儿中极其普遍。也就是说，幼儿间教与学的内容本身就是动作。为了同时得出教与学行为策略使用的特点和根据具体案例中有关教和学的行为归纳出两者的基本特征，前者以视频拍摄为主要方法，后者以视频拍摄和纸笔记录的方式详细描述，选取的是较为复杂的使用示范、解释、提问等的案例，一方面避免因忽略提醒等简单教与学行为而导致的次数统计上的不准确，另一方面提高总结质性特点时的有效性和典型性。

一、研究对象

本研究选取杭州市某幼儿园三个完全混龄班级，先经过一个星期的预观察，一方面消除幼儿的陌生感，使幼儿熟悉镜头，另一方面寻找经常表现出教或学行为、状态的幼儿，最后选定 30 名目标幼儿为研究对象进行正式观察，其中，尽量保证男、女幼儿，小、中、大班幼儿，不同班级幼儿所占比例大致相同，对这些幼儿从 1～30 进行编号。如图 4-1 所示，这 30 名混龄班幼儿的月龄为 54.33 ± 10.35 个月。我们对 30 名目标幼儿在尽量短时间内进行心理理论测试，排除成熟等无关变量的影响，并在自由游戏活动情境中连续跟踪拍摄每位幼儿一周，每天 5 分钟，每天酌情拍摄几名幼儿以缩短时间，减少幼儿当天情绪、健康状况等的影响。

表 4-1　研究对象基本情况

年龄段	人数（男；女）/人	平均数/月	标准差/月
小班	10(4;6)	42.6	3.37
中班	10(4;6)	54.1	3.38
大班	10(6;4)	66.3	3.2
总体	30(14;16)	54.33	10.35

二、研究方法

（一）实验法

采用的心理理论实验任务主要包括意外地点任务、意外内容任务、理解知识间差距任务、教的错误信念任务，统计测量结果可以作为划分心理理论水平和分析解释具体案例的参考依据。

（二）直接观察和间接观察结合

通过对幼儿园混龄班中不同情境下幼儿间教与学的录像，以及对 30 名事先选定的目标幼儿在自由游戏情境中的表现进行录像观察，按照编订的记录表对录像资料进行幼儿间教或学行为观察记录、统计进行编码处理，这些为间接观察。在录像的同时用纸笔记录为直接观察。在本研究中，直接观察收集的案例是对间接观察的补充，即通过在现场收集幼儿教或学行为的相关案例，对案例进行分类整理，分析实际问题。

（三）访谈法

根据需要进行进一步访谈，及时询问目标幼儿的真实意愿，避免主观误解，以获得准确信息；对 6 名带班教师进行访谈，客观了解幼儿在日常活动中的教或学行为状态及他们对该行为的理解，作为制定观察记录表的依据之一。

（四）时间取样法与事件取样法结合

前者以录像拍摄的资料为依据，按照观察记录表对按照心理理论水平分类的幼儿的视频进行编码处理，得出教与学的策略和主动性在频率、使用比例上的结论。后者以随机观察到的典型案例为依据，按照相应的行为观察表进行整理，以便总结出低、中、高不同水平心理理论的幼儿的教与学行为在理解、策略、主动性方面表现上的特征。

最后，对随机观察到的典型案例及录像记录的 30 名目标幼儿教与学策略使用、主动性两方面的研究内容，分别按照《混龄编班幼儿间教与学行为分析记录表》整理、编码后，使用 SPSS 16.0 对数据进行描述统计和所需相关分析等科学统计。

三、研究思路

本研究主要以质性研究为主,同时辅以量化分析,对幼儿同伴间教与学行为进行研究,根据研究的目的、方法和内容要求,形成的总体研究思路如图4-1所示。

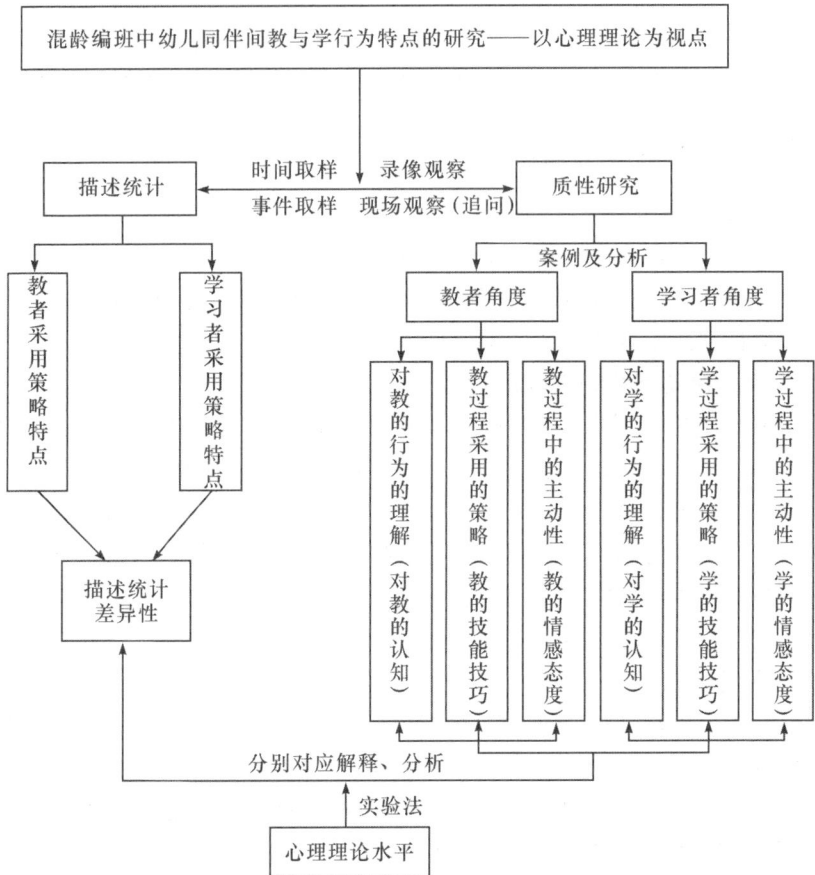

图 4-1　总体研究思路

四、研究工具

(一)心理理论测量实验任务与计分标准

为了探究幼儿同伴间教和学行为与心理理论水平之间是否相关,研究者设计了经过改编的心理理论任务对 30 名目标儿童进行测试,其中包括经典错误信念任务及与本研究相关的教和学的心理理论任务。研究已经表明,幼儿的心理理论水平受年龄的制约,一般来说,4 岁是幼儿获得心理理论的"分水岭"。我们认为,幼儿心理理论水平确实表现出一定的年龄特征,但可能存在某些"超前"发展或者"滞后"发展的幼儿,这一点在研究者的实践调查中得以证实。另外,本研究对 30 名目标幼儿进行测试,将测试结果与均值对比,将每位幼儿心理理论水平分类为低、中、高。在后面的分析中,本研究不以年龄作为区分教与学能力的维度,而以心理理论水平代之,以低、中、高水平为选项,该自变量将用于探讨不同心理理论水平幼儿使用教和学策略的情况。

1. 材料

大白兔玩偶、小白兔玩偶、袋子、糖果若干、枕头、鞋盒、笔、小狗和小熊手偶。

2. 意外地点任务

主试:"大白兔有一颗糖,它怕别人发现便藏到了自己的枕头下面,然后就出去玩了,一会儿小白兔进来了,发现了枕头下面的糖,把糖藏到自己的袋子里也出去玩了。这时,大白兔回来了。"

记忆问题一:大白兔把糖放到了哪里?(若回答不出,提示:是枕头下还是袋子里?)

回答:A. 枕头下　　　　　　　B. 袋子里

记忆问题二:糖现在实际在哪里呢?(若回答不出,提示:是枕头下还是袋子里?)

回答:A. 枕头下　　　　　　　B. 袋子里

记忆问题全部回答正确后进行测试问题。

测试问题一:大白兔知道糖在哪里吗?

回答:A. 知道　　　　　　　B. 不知道

测试问题二:大白兔觉得糖在哪里呢?

回答:A. 枕头下　　　　　　　B. 袋子里

测试问题三:大白兔回来了首先会去哪里找糖呢?

回答:A. 枕头下　　　　　　　B. 袋子里

答对 1 题记 1 分,答错不计分。

测试问题四:大白兔为什么会去那里找糖呢?

答错、答出具体位置、答出心理状态分别记 0、1、2 分。

3. 意外内容任务

主试出示鞋盒给幼儿(被试),并问这是什么,当被试确认这是鞋盒之后,主试问:"请你猜猜里面是什么?"被试回答为"鞋子"之后,主试打开鞋盒,展示里面原来装的不是鞋子而是笔。然后,主试再当着被试的面将鞋盒盖好。

检测问题:现在盒子里放的是什么?

回答:A. 鞋子　　　　　　　B. 笔

检测问题答对之后进行测试问题。

测试问题一：在打开盒子之前，你觉得盒子里放的是什么？

回答：A. 鞋子 　　　　　　B. 笔

测试问题二：如果你的好朋友某某从来没有打开过这个盒子，我给他看这个盖好的盒子，他会觉得里面放的是什么呢？

回答：A. 鞋子 　　　　　　B. 笔

答对 1 题记 1 分，答错不计分。

4. 理解知识间差距任务

主试拿出小狗和小熊手偶问被试："小狗会唱歌，小熊不会唱歌。请问：老师应该教谁唱歌？是小狗还是小熊？"

回答：A. 小狗 　　　　　　B. 小熊

主试继续告诉被试："可是小狗不会写字，小熊可会写字了。请问：你想向谁学习写字？是小狗还是小熊？"

回答：A. 小狗 　　　　　　B. 小熊

答对 1 题记 1 分，答错不计分。

5. 教的错误信念任务

主试告诉被试："你认为小狗会画画，但事实上他不会画画。请问：你会不会教小狗画画？"

回答：A. 会 　　　　　　B. 不会

主试继续告诉被试："你认为小熊不会跳舞，但事实上小熊是会跳舞的。请问：你会不会教小熊跳舞呢？"

回答：A. 会 　　　　　　B. 不会

答对 1 题记 1 分，答错不计分。

测试完成后，研究者将实验用的糖果送给每位幼儿以示感谢。

研究者在心理理论测试过程中，通过生动的语言、丰富的表情动作吸引幼儿的注意力，试图让幼儿完全融入所描述的情境当中，以做出最真实的回答。研究者根据幼儿的的答案统计每位幼儿的得分状况。

（二）混龄班幼儿间教与学行为分析记录表

通过大量文献阅读、事先访谈 6 名带班教师对幼儿教与学行为的认识，研究者剥离出教与学行为的基本分析维度，从而制定幼儿同伴间教与学行为事件的分析工具。幼儿同伴间教与学行为是一种包含外显因子和内隐因子的复杂行为，外显因子即行为发生的外部环境及表面特征，内隐因子即行为内部涉及的组成成分。本研究认为教与学的内隐因子包括幼儿教与学的理解状况、采用的具体策略以及幼儿在过程中的主动性，这一分类对应着对教和学的认知、技能技巧和情感态度，即"是什么""怎么做""以什么态度做"三个方面。而本研究旨在对自然情境中发生的幼儿教与学现象做出定量和定性的双重分析。由于量的方法更加适合从宏观上对事物进行大规模调查和预测,而质的研究更加适合从微观上对个别事物进行详细、动态的描述和剖析,因此,本研究在量化过程中重点分析教与学中的外显因子,在质性分析中重点探讨每个具体行为当中的内隐因子。

我们认为,幼儿同伴教与学行为的外显变项包括教者的年龄、性别,学习者的年龄、性别,行为发生的具体情境,教者采用的策略,学习者采用的策略,教者对研究者追问的回答,学习者对追问的回答,这些维度可以作为量化分析的框架,具体分析记录表如表4-2所示。

表4-2　混龄班幼儿间教与学行为分析记录表

日期_____　　　记录者_____　　　地点_____

编号	教者		学习者		行为活动发生情境	教者采用策略	学习者采用策略	教者对追问的回答	学习者对追问的回答
	年龄	性别	年龄	性别					
1									
2									
3									
4									
...									

根据研究设计,我们要在每次教与学事件结束后分别询问教者和学习者有关问题,并客观记录其回答。其中,询问教者的问题有两个:"你刚才是怎么教他的?""你觉得你教得好不好? 为什么?"询问学习者的问题有两个:"你刚才是怎么学的?""你怎么知道自己学会了?"根据幼儿回答的关键词及表述的语言、动作、表情等,判断他们对教和学不同的理解程度和角度,为之后总结不同心理理论水平幼儿对教和学的理解提供依据。因为幼儿自己刚刚经历了教或学的过程,他们的回答是基于自身经验的,避免了因遗忘或者感到过于抽象而造成回答的不准确。

表4-2中的维度是为把握目标行为整体特点而设计的。其中,案例编号是指研究者在将观察记录到的幼儿同伴间教与学行为案例整理到分析记录表的先后顺序代码,从数字1开始;教者年龄和学习者年龄是在教与学行为中分别扮演教者和学习者的幼儿所在的年龄段,"小班"记为1,"中班"记为2,"大班"记为3;教者性别和学习者性别是人口学特征,"男孩"记为0,"女孩"记为1。行为发生的情境是教与学行为发生的客观场景,部分决定了教与学的主题

和内容,根据幼儿园一日活动的划分及对研究者经过现场观察、分析后的修改,我们选取可能发生教与学行为的四种情境作为选项,"自由游戏活动"记为1,"户外活动"记为2,"教学活动"记为3,"生活活动"记为4;教者采用的策略代码为:1代表"直接展示成果",2代表"不伴随语言的演示",3代表"解释全部规则或步骤",4代表"告诉下一步做什么",5代表"指出错误",6代表"说明操作的技巧",7代表"说明操作的原因",8代表"询问对方是否理解或者记住",9代表"谈到自己的教",10代表"做出反应";学习者采用的策略代码为:1代表"无声观看",2代表"边看边操作",3代表"主动显露自己缺乏知识",4代表"请求重复示范",5代表"询问规则或步骤",6代表"询问操作的技巧",7代表"询问操作的原因",8代表"请求对方反馈",9代表"解释不明白之处",10代表"主动给予反馈";教者对追问的回答代码为:1代表"重新描述操作过程",2代表"概括自己教的方法",3代表"认为自己有教的能力",4代表"说明学习者的变化";学习者对追问的回答代码为:1代表"提到教者的操作动作",2代表"概括教者教的方法",3代表"提到自己的操作动作",4代表"提到自己的学习成果"。

在对所收集的案例登记之前,对需要界定的概念和条目进行操作化定义,有助于准确把握各维度下每个选项所表示的内涵,使分类更加明确、可靠。需要界定操作定义的维度有四个:教者采用的策略、学习者采用的策略、教者对追问的回答、学习者对追问的回答。具体内容如表4-3所示。

表 4-3 操作定义及举例

选项	操作定义	例子
直接展示成果	幼儿不使用语言,将所要教的成品直接展示给对方	
不伴随语言的演示	幼儿将自己操作的过程完整重现给对方,不伴随语言解释	
解释全部规则或步骤	幼儿将整个操作过程一边讲解步骤或规则,一边演示给对方看	"先画一个长方形,再画两个圆","这个地方不能碰到桌子"
告诉下一步做什么	告诉对方接下来的一个步骤,用以指导细节,而非整体过程	"然后把这两面对齐折好"
指出错误	运用否定词说明对方有错误	"'中'不是这样写的"
说明操作的技巧	向对方解释成功的诀窍,怎样做不好或更好	"这里稍微长一点会更好","你也可以画成……"

选项	操作定义	例子
说明操作的原因	解释如何做或者不如何做对后续操作造成的影响	"你不这样做会倒掉的"
询问对方是否理解或者记住		"你明白了吗?"、"你记住了吗?"
谈到自己的教	告诉对方并概括自己教的过程,为炫耀能力或者为提醒对方注意	"我在教你"、"我在告诉你怎么做"、"我在跟你解释呢,你有没有在听"
做出反应	在教完后,观察对方学习的情况,并等待给予评价或反馈	"你真棒"、"你还是没有学会这里怎么搭"
无声观看	教者教的过程中,学习者单纯观看,等教结束之后才去操作	
边看边操作	在教者教的同时尝试操作	
主动显露自己缺乏知识	学习者向比自己能力强的同伴主动展示不懂的地方	"我不会搭"、"这个是怎么玩呢?"
请求重复示范	让教者重新示范一次操作过程	
询问规则或步骤	询问整个操作步骤或规则	"这把枪是怎么搭好的呀?"
询问操作的技巧	询问教者成功的诀窍,怎样做不好或更好	"这里总是掉怎么办呢?"
询问操作的原因	询问如何做或者不如何做的原因	"这个人的手为什么画这么大?"
请求对方反馈	将自己操作的过程或结果展示给教者,请教者给予评价或指导	"我这么做对吗?"
解释不明白之处	说明自己不会的细节或者请教者解释自己不懂的地方	"这根积木要怎么搭呢?"

续表

选项	操作定义	例子
主动给予反馈	主动地通过动作、语言或者表情向教者说明自己已经学会或者没有学会	点头示意,"我自己可以了","我还是不会"
重新描述操作过程	教者将自己刚才教的过程的步骤或规则重新描述一遍	"我先画正方形,再画长方形"
概括自己教的方法	教者使用教、做、解释等表示方法的词语说明自己教的过程	"我给他看一遍我怎么做的","我给他解释了一下"
认为自己有教的能力	教者将教行为的成败归因为自己是否具有教别人的能力	"因为奶奶在家教过我,我又教他了"
说明学习者的变化	教者将教行为的成败用学习者的学习成果判断	"因为他也做好了一个"
提到教者的操作动作	学习者将学习的过程指向教者教的动作,使用做、搭等表示操作的词语进行描述,主语为教者	"他给我做了一遍","他给我做好了"
概括教者教的方法	学习者将学习的过程指向教者教的策略,使用解释、示范等表示策略的词语进行概括,主语为教者	"他刚示范一遍给我看"
提到自己的操作动作	学习者将学习的过程指向自己学习中的具体操作,主语为学习者	"我做了一遍"
提到自己的学习成果	学习者将学习的过程指向自己所获得的成果,主语为学习者	"因为我也做好了一个"

(三)混龄班幼儿间教与学行为策略使用统计表

为了探究幼儿心理理论水平与其在教和学的过程中使用策略的情况,本研究对用时间取样法拍摄的30名目标幼儿在自由游戏活动中的视频进行编码,统计不同心理理论水平幼儿同种策略的使用状况及相同心理理论水平幼儿不同策略的使用状况等,以对幼儿同伴间教与学行为有更加深入的认识。混龄班幼儿间教与学行为策略使用统计表如表4-4所示。

表 4-4　混龄班幼儿间教与学行为策略使用统计表

日期_____　　　场地_____　　　记录者_____

幼儿编号	心理理论水平	教时采用的策略次数/次											学习时采用的策略次/次									
		直接展示成果	不伴随语言的演示	解释全部规则或步骤	告诉下一步做什么	指出错误	说明操作的技巧	说明操作的原因	询问对方是否理解或者记住	谈到自己的教	做出反应	无声观看	边看边操作	主动显露自己缺乏知识	请求重复示范	询问规则或步骤	询问操作的技巧	询问操作的原因	请求对方反馈	解释不明白之处	主动给予反馈
1																					
2																					
…																					

在表 4-4 中,幼儿编号是研究者在选定该名幼儿为目标幼儿时赋予的"名字",也就是幼儿的代码,从 1 到 30,共有 30 个,以方便后续统计工作;心理理论水平是该名幼儿在心理理论测试时的表现,具体选项分为低、中、高,为方便统计,1 代表"低",2 代表"中",3 代表"高";教时采用的策略是该名幼儿在视频呈现时空内作为教者教别人时所采用的具体策略;学习时采用的策略是该名幼儿在视频呈现时空内作为学习者向别人学习时所采用的具体策略。两类具体策略及其操作定义与《混龄编班幼儿间教与学行为分析记录表》相同。

在整个分析框架的基础上,研究者确定了每个维度包含的可能情况和代码,对通过事件取样收集到的案例和通过时间取样拍摄的视频进行判定和登记。在正式登记前,我们另外请一名学前教育专业研究生和一名心理学专业研究生,从案例和视频中分别随机抽取一则尝试登记,并对登记结果进行一致性信度分析,计算结果表明,《混龄编班幼儿间教与学行为分析记录表》的一致性信度 $R=0.9$,《混龄编班幼儿间教与学行为策略使用统计表》的一致性信度 $R=0.88$,研究工具具有很好的适用性。

(四) 研究工具的改编说明

本研究使用的工具主要借鉴 Strauss 等、Angela 等的研究工具,并根据现实条件及研究设计的要求进行了改编,主要有三个方面。

首先,对心理理论测试题目进行改编。我们认为,李琳在"关于教的错误信念任务"中设计的题目涉及幼儿对二级信念认识,两个题目本身对幼儿来说就具有一定的挑战,因此幼儿通过该项任务的比例低于经典错误信念任务。

为此,本研究在测试中,主试先告诉幼儿"现在你就是小老师",问题表述为:"你认为小狗会画画,但事实上他不会画画。请问:你会不会教小狗画画?""你认为小熊不会跳舞,但事实上小熊是会跳舞的。请问:你会不会教小熊跳舞呢?"

其次,对教者采用的策略、学习者采用的策略划分进行改编。上述三个研究程序大致相同,都是采用实验法设置具体的实验情境,即在实验室中,研究者首先通过标准的语言指导和演示教一组幼儿玩一种他们都不会玩的游戏,告诉他们游戏的规则等,然后让这些幼儿尝试玩这个游戏,不断教他们直到他们真正掌握游戏的玩法,然后让这些幼儿教各自的同伴,记录下整个教的过程,之后询问教者对自己教的理解。研究者将幼儿教的过程分为解释阶段和游戏阶段,Strauss 等将教者教的策略具体划分如下:解释阶段分为解释、示范、解释和示范结合;游戏阶段分为示范、细节指导、口头解释、伴随口头解释的示范、询问学习者是否理解或记住、教者谈到自己的教、做出反应。Angela 等将教者教的策略具体划分如下:不伴随演示的口头解释、伴随演示的口头解释、检查学习者是否理解、重复解释或演示、提醒规则。我们带着这些研究的成果,观察幼儿在真实生活中的教的行为表现,发现其中存在应当细化或重新调整的地方,并据此制定了本研究的研究工具。

最后,研究者对每个教与学行为结束后"追问问题"加以改编。上述三个研究重点探讨幼儿教的行为,设计的两个问题分别是:"你是怎么教他的?""你怎么知道他学会了?"Angela 等在 Strauss 等的研究基础上,将幼儿的回答具体划分为:对问题一,重新描述游戏过程,使用"教、告诉或解释",认识到自己能够教;对问题二,谈到自己教、学习者学习的结果。本研究设计同时探讨教与学两种相互对应的行为,因此,根据研究者在实践中观察分析的结果及上述研究成果,对问题及答案分类进行改编。其中,询问教者的问题有两个:"你刚才是怎么教他的?""你觉得你教的好不好?为什么?"询问学习者的问题有两个:"你刚才是怎么学的?""你怎么知道自己学会了?"这些问题分别侧重教和学。答案分类在表中已经说明,这里不再赘述。

第四节 心理理论视角下混龄班同伴之间教的行为分析

一、混龄班幼儿心理理论得分状况

为避免无关变量对测量结果的影响,我们在一周之内完成了对 30 名目标幼儿的心理理论测试,对四类任务中的得分进行加权处理后,得分情况如

表4-5所示。

表 4-5 各年龄组幼儿心理理论得分情况

单位：分

年龄段	意外地点任务		意外内容任务		理解知识间差距任务		教的错误信念任务		心理理论总分	
	平均数	标准差	平均数	标准差	平均数	标准差	平均数	标准差	平均数	标准差
小班	0.39	0.13	0.16	0.13	0.16	0.20	0.09	0.13	0.80	0.40
中班	0.75	0.17	0.33	0.12	0.40	0.17	0.13	0.18	1.60	0.38
大班	1.08	0.12	0.45	0.11	0.50	0.00	0.15	0.21	2.15	0.26
总体	0.70	0.37	0.30	0.18	0.34	0.21	0.13	0.17	1.47	0.74

从表4-5的得分结果来看，不同任务中不同年龄段幼儿的心理理论得分有差别。根据均值将每个任务得分划分为低、中、高三个分数段，根据每个幼儿的得分，可将其归类到不同的分数段内。

如图4-2所示，意外地点任务中，小班幼儿基本不能通过，他们分数低，不理解他人存在的信念，但有个别小班幼儿提到如"他觉得袋子里有东西"等表示心理状态的词语。大部分中班幼儿和所有大班幼儿能够理解他人的错误信念，并且理解他人会按照这个错误信念行动，但在回答"他为什么会去那里找？"的问题时，中班幼儿基本没有人使用表示心理状态的术语，而是使用如"因为看一下有没有拿""他刚刚放到那儿的"等表示具体位置的描述，甚至是答错如"因为他想吃糖"，大班幼儿回答出心理状态的人数增多，如"他以为枕头下有糖"，但大部分还是表明具体位置，如"因为他刚藏到枕头下了"。方差分析结果显示，$F=63.573$，$p<0.05$，即不同年龄幼儿对意外地点任务的理解存在显著差异。

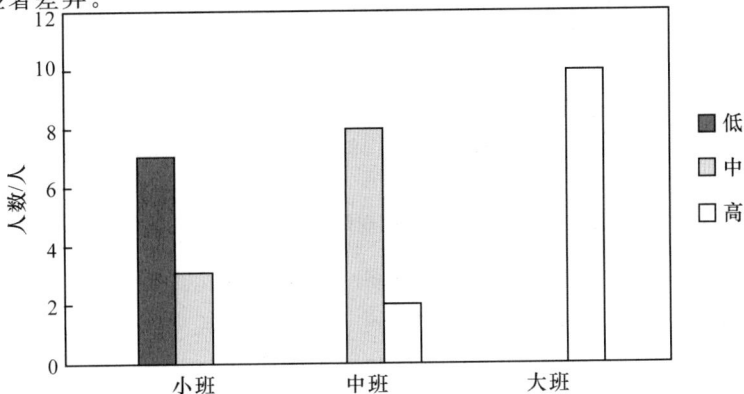

图 4-2 混龄班中不同年龄段幼儿在意外地点任务三个水平的人数

如图 4-3 所示,在意外内容任务中,小班幼儿仍基本不能通过,但总体比意外地点任务中表现好,中班幼儿大部分可以通过,大班幼儿基本通过,但有个别不能获得满分。方差分析结果显示,$F = 18.726$,$p < 0.05$,即不同年龄幼儿对意外内容任务的理解存在显著差异。

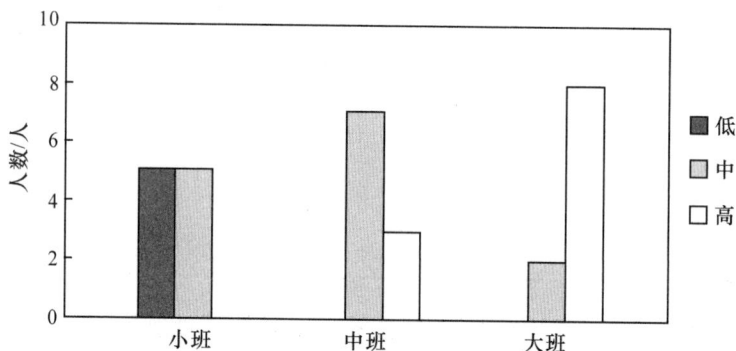

图 4-3 混龄班中不同年龄段幼儿在意外内容任务三个水平的人数

如图 4-4 所示,幼儿在理解知识间差距任务中的表现较经典任务中的表现好。具体来看,小班幼儿基本不能通过任务,但有个别能力强的幼儿可以得分,甚至获得满分;中班幼儿基本可以通过,个别能力较弱的没能获得满分;大班幼儿全部通过。方差分析结果显示,$F = 18.303$,$p < 0.05$,即不同年龄幼儿对知识间差距任务的理解存在显著差异。

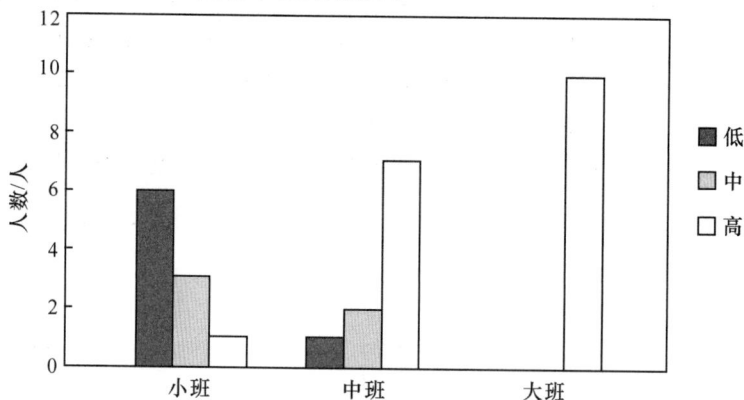

图 4-4 混龄班中不同年龄段幼儿在理解知识间差距任务三个水平的人数

各年龄段幼儿在教的错误信念任务中的通过率总体较低,只有中班和大班少数几个心理理论能力较强的幼儿真正具有这一能力,大部分大班幼儿都不能通过。但图 4-5 显示有部分小班幼儿和中班幼儿获得 1 分,这里需要对实际测试情况进行说明。该任务中的两道题目分别为高估内容和低估内容,难度相同,但分别正反表述,目的就是为了避免幼儿因实际不理解而"猜测"回答造成测试的不准确,也就是说,如果幼儿真正理解两题内容,其答案应当是一"会"一"不会",而得 1 分的状况是他们两题都做了"会"或"不会"的回答,这在很大程度上可能是幼儿猜测的结果,而这一判断在我们进行测试后询问幼儿时得到肯定。因此,教的错误信念任务对所有幼儿来说都具有挑战性,他们在该项任务中的表现较前三个任务差。

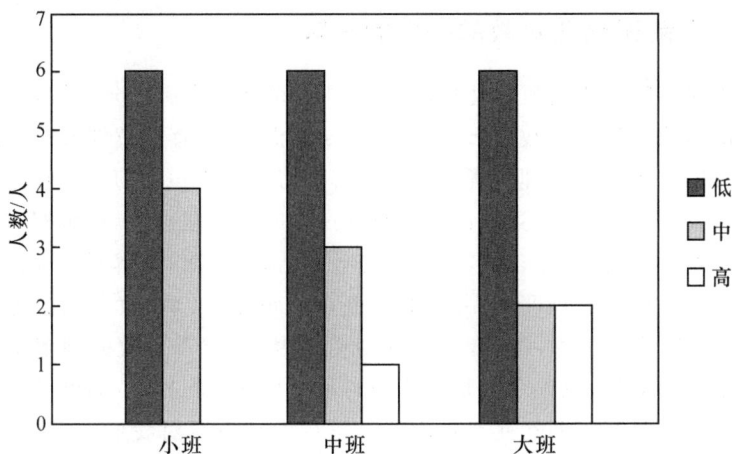

图 4-5　混龄班中不同年龄段幼儿在教的错误信念任务三个水平的人数

　　根据每位幼儿所得总分,研究者将其分别划分为心理理论低、中、高三个水平,总体分布状况如图 4-6 所示。10 名大班幼儿全部为高水平,中班幼儿总体为中水平,但存在个别发展不均的幼儿,小班幼儿总体为低水平,有两名发展超前的幼儿。

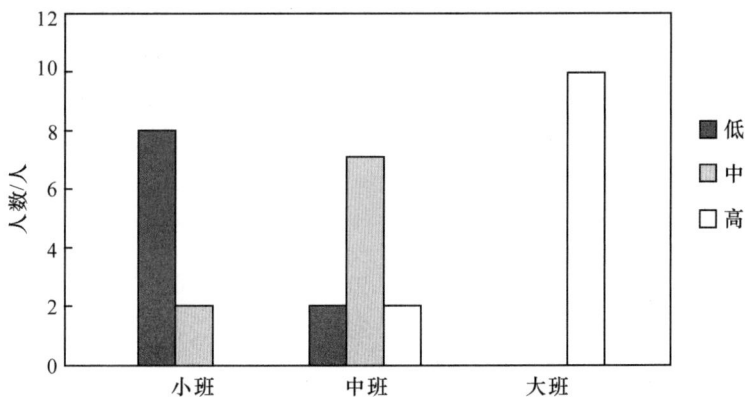

图 4-6　混龄班中不同年龄段幼儿总分在三个水平的人数

本研究中理解知识间差距任务相对容易,理解教的错误信念任务相对较难。总之,本研究的结果与之前研究的结果相似,即幼儿心理理论水平与年龄相关,而且4岁是幼儿获得心理理论的关键时期。然而,本研究还发现心理理论发展水平存在极大的个别差异,比如有些幼儿年龄较大而心理理论水平相对较低,有些幼儿年龄较小而心理理论水平相对较高,为我们以心理理论水平而非年龄为维度分析教与学行为提供了依据。

二、混龄班幼儿对教的概念的理解

教者对教的行为的概念建构即对教的理解能够预示其会采用何种策略,以怎样的情感实施自己教的行为。Strauss等指出,教者在教别人时采用的策略能够说明教者了解心理的程度及其了解学习的发生包含何种心理过程的程度。首先,教者需要意识到自己具有对方没有的知识或技能,理解双方存在知识上的差距,在此基础上,教者才会展开教的活动;其次,理解对方在自己教的过程中存在怎样的心理变化,并据此不断调整策略;最后,教者能够意识到自己教的活动将会带来学习者知识上的变化。因此,教者对教的理解是其实施教这一活动的前提,也预示着整个活动的水平高低。根据30名幼儿心理理论水平划分结果及对应的幼儿在每次教与学行为结束后对我们追问的回答,我们总结出幼儿对教的行为的理解可以分为三个水平:

水平一:心理理论水平低的幼儿认为教别人就是给对方示范操作的动作或者步骤,理解指向教别人"动作"。

【案例4-1】

我把我的画给他了

分龄中班美术教学活动。今天小朋友们学画汽车,皓皓(4岁2个月)一直吵着不会画,一脸不高兴。老师走到他桌前,看到同组的菲菲(4岁)画了一辆非常漂亮的公交车,便示意让菲菲教皓皓怎么画。只见,菲菲用手指着自己画,同时对着老师说:"先画一个长方形,在上面画一个梯形,再画几个轮胎,是圆形的,这样就可以了。"

在我们追问中,菲菲的回答是:"我就是把我的画给他看了,就是教他呢。""我也不知道。"

【案例4-2】

要用力,用力

下午吃点心时间。今天的点心是牛角面包,小班的丽丽走到老师面前,举起手里包装好的面包,说道:"我不会拆开。"旁边小班的安安刚刚向老师炫耀自己可以拆开袋子,很能干,听到丽丽的求助,马上主动说:"我来教你。"然后,她拿过丽丽的面包就拆,拆开后一边交给丽丽一边说:"要用力,用力。"然后做出紧握拳头、用力的样子。丽丽拿好面包,转身走开了。

在我们的追问中,安安的回答是:"我用力拆,这么教的。""我不知道教得好不好。"

分析与解读: Struass 等在其研究中指出,3.5 岁的幼儿关注更多的是人的行为,他们在教别人时只关注行为而不是人的心理。而教这一行为的发出者是教者自己,所以年幼儿童认为整个教的活动侧重在自己,教者展示了操作的动作或者步骤,整个教学就完成了,而没有意识到教别人最主要的目的是带来学习者知识或能力的变化。基于上述理解,他们在使用教的策略或者描述自己教的行为时经常依赖示范,因为"示范"本身就是教者自己实施的行为或采用的方法,示范可以带来模仿,即对方的学。这与年幼儿童以自我为中心的特点相一致。皮亚杰认为一定时期的儿童的思维具有单维性,只能看到事物的一个角度而不能同时考虑多个角度。

案例 4-1 中的教者菲菲是中班幼儿,她在心理理论测试中得分较低,处于低水平。当老师指示她教一下皓皓画画时,她将自己画画时的操作步骤完整地表述了一遍,即所谓的"教"。需要注意的是,菲菲"教"皓皓时,似乎并没有理解皓皓因为不会画而而需要会画的自己来指导,她在教皓皓的时候眼睛"看着老师",似乎在向老师说明自己的画是怎么完成的,她理解的教并没有完全指向真正缺乏知识的皓皓,而是侧重于"展示"自己。案例 4-2 中的教者安安则主动去帮助没有拆开袋子技能的丽丽,此时她意识到两人之间能力存在差异。在我们询问两位教者时,他们的答案是"我就是把我的画给他看了","我用力拆",描述自己的教都是以自身为出发点,基本上是重复了一次自己的操作动作,没有进行任何有意义的加工,无视学习者是否掌握了想要学会的内容。而对于第二个问题,评价自己刚才教的行为时,她们大多回答"不知道",不能理解这个问题表达的内容,也说明心理理论较低的幼儿还没有完全建构起关于教这一概念的认识。

研究指出,心理理论在儿童构建教这一概念的过程中扮演着重要的角色。因为要想实现教别人的行为,首先需要认识到拥有知识的人和缺乏知识的人存在认知上的差距,这才能触发一次教与学行为开始;其次,教者需要认识到教别人的意图,而该意图最直接的目的就是引起对方的学习;最后,对于教更加复杂和深入的理解应该包括理解对方的想法,也就是自己的教是怎样导致对方学习的,以及自己的教到底是怎样帮助学习者获得知识的。对教的概念理解的这三个程度是层层递进的,而教这一递进过程与幼儿心理理论发展水平一致。即使是最简单的理解知识间存在差距都包含对自己和他人能力的推断,而之后对意图的认识,以及对对方想法的认识、心理状态的认识更是心理理论的内容。因此,幼儿对教的理解与其心理理论水平密切相关。

处于该水平的幼儿虽然可以实施教的行为,但从教与学的真正意义上来说,他们还不能成为"小老师",只能说他们的指导具有教的意味。一般地,教与学涉及双方思维、想法上双向的互动和交流。而案例中处于该理解水平的幼儿在教别人时往往是单向、一味地发出信号,而不是接收信号。因此,他们只处于理解程度的最初阶段,即或多或少意识到双方认知上的不平衡,因为如果幼儿做出了教别人的行为,而且在这个过程中采用了简单或复杂的策略,就表明他知道自己在教一个不具备某种知识、技能的个体。然而,由于受到理解程度的限制,他们所认识到的知识间的差距是整体的、宏观的,即"不会画画"或者"不会拆开袋子",而不能具体认识到是哪里不会画、哪一步有问题或者为什么不会拆开。他们对于自己教别人的意图和对方在接受自己教的行为时存在的心理活动、思想状态都没有考虑。

水平二:心理理论水平中等的幼儿认为教别人就是"告诉"对方自己教的方法,能使用概括性词汇表达自己教的过程,认为教别人的结果就是给学习者带来由"不会"到"会"的变化。

【案例 4-3】

我给她看了怎么玩

自由游戏活动。小班美西拿出一盒拼积木的玩具在玩,可是她摆弄了半天还是没明白到底怎么玩。这时,旁边中班的阳阳姐姐说:"我来教你怎么玩。"说完,便一把拿过玩具,自己拼起来给美西看。

在我们追问时,阳阳的回答是:"我告诉她先把这个(一块积木)放到第一个,这个(另一块积木)放到第二排,告诉她按顺序放好。""我教得好,因为我给她示范了怎么玩。"

分析与解读:研究指出,4 岁是幼儿获得心理理论的分水岭。在心理理论测试中,大量中班幼儿能够通过,而小班幼儿是基本不能通过的,这一明显的变化说明中班幼儿各方面能力有了显著提高,不管是认知发展还是社会性发展。幼儿开始拥有心理理论意味着幼儿开始意识到自己和他人的情绪、愿望、意图、信念等有关心理状态的内容,随着去自我中心的完成,还意识到自己和他人可能拥有不同的心理状态。当然,心理理论包含的内容很多,有简有难,幼儿要随着自身发展从情绪、愿望等较简单部分开始理解。

案例4-3中的教者阳阳是班里活泼好动的小女孩,她很热情,喜欢帮助小班小朋友,非常善解人意,在测试中得分较高,属于中等水平。当她看到美西"摆弄了半天"还是不会玩的时候,马上意识到美西缺乏玩该玩具的技能,便主动要求给美西做示范。在她回答关于自己怎么教的问题时,她首先使用"告诉"二字概括说明自己教别人时的策略,即边说边做。"告诉"必然涉及谁告诉、告诉谁、告诉了什么——"我"告诉、告诉美西、告诉她这个玩具的规则是"这个放到第一个,这个放到第二排"。可见,阳阳对自己教的理解不再局限于自己发出的动作,也看到学习者同时在学习。在说明规则之后,阳阳又用"按顺序放好"做出总结,与处于水平一的幼儿不同,阳阳不是从整体看待对方不会玩,从而将所有规则一次性传递给对方,而是在此基础上理解了她哪里不会玩、为什么不会玩,指出最关键的是"顺序"。因此,虽然都是"理解双方存在知识上的差距",但这两个水平的理解程度又是不同的,后者比前者体会到的更加具体和深入。而"示范"二字的概括也充分证实阳阳对整个教的事件有一定的概念建构。另外,处于水平二的幼儿将教与学对应地联系起来,而且意识到这是因果联系,认识到获得了知识的学习者的行为是自己的教导致的,他们认识到自己教的意图,这比起水平一幼儿"只顾自己教,不管对方学"的状态是一大进步。上述内容都说明了幼儿心理理论的提高在对教的理解中的具体体现。

总之,心理理论水平中等的幼儿对教这一行为的理解从关注教者教的"动作"过渡到了关注教者对教的意图的理解,处于对教的理解的第二个程度,心理理论水平发生了质的变化,但还不能深入理解教导致学的内在机制。

水平三:心理理论水平高的幼儿能够认识到自己是否具有教别人的能力,即对教的元认知,能够更加深入地推断教者(自己)和学习者(对方)在教与学过程中情绪、愿望、信念等的变化,从而不断调整教的行为,以帮助学习者获得知识。

【案例4-4】

教她让对方输掉的方法

自由游戏活动。大班嵘玮和大班毛毛玩象棋,毛毛说:"我不会玩,你可以教我吗?"于是两人摆好棋子,嵘玮拿起棋子向毛毛解释怎么走:"这个'马'要这样对着走,'车'要直直地走,碰到就能吃掉。"毛毛认真地听着。

在我们的追问中,嵘玮的回答是:"我教他怎么走,教他方法,每次让对方输掉的方法。""我教得很好,我看见他会玩了。"

【案例 4-5】

奶奶在家教过我

生活活动。老师让中班幼儿观察记录自然角植物的生长情况,中班欣瑶已经做完了,可是旁边中班的皓皓和小迟不会,两人正相互看着彼此空白的记录表犯难。这时,欣瑶说道:"你们先把笔盖盖起来放中间,我一会儿给你们发。"俨然成了一个"小老师"。"我先画一个。"欣瑶先写了一个"3",又说:"你们可以开始了。"皓皓大叫:"我不会画。"欣瑶说道:"先别着急画。"于是他在草纸上先画了一株草,然后指着记录表上正确的位置说:"这里画个草,就像我这样。"

在我们的追问中,欣瑶的回答是"我先画一个,他们再画一个,让他们看着我的画,一步一步教他们。""我教得好,因为奶奶在家教过我,我再教他们。"

分析与解读: 有研究者提出心理理论"两成分模型",认为心理理论实际包含社会知觉成分和社会认知成分两类。社会知觉成分是指区分人与客体、快速辨别人面部表情及身体姿势所反映的心理状态,这种隐含地判断他人心理状态的过程,主要受情绪系统影响。社会认知成分则指在头脑中对双方的心理状态进行表征和推理加工。幼儿同伴之间的教与学行为正是这两个过程结合的产物,是一种特殊的同伴互动方式,这个过程是动态的、复杂的,是幼儿社会化的过程和结果。任何社会性交往都需要对交往对象的心理状态有良好的把握,这样才确保积极有效互动地进行,教与学也是如此。

案例中教者嵘玮和欣瑶都意识到双方间知识的差距,这是教产生的前提。而对于两人来说,教别人已经不再是"全盘托出"操作过程或是概括对方"盲点"并加以指导,他们的教成为真正的互动。嵘玮"教他怎么走,教他方法,每次让对方输掉的方法",欣瑶"先画一个,他们再画一个,让他们看着我的画,一步一步教他们",都是有步骤地、循序渐进地进行,等对方掌握或者完成第一步以后,再教下一步,把知识间的差距划分为小单元,逐步展示给学习者,以便促成一次成功的学习。可见,该水平儿童对教他人的理解倾向于站在学习者的角度,学习者"学会了"是最重要的,为此教者不断调整步骤,小步子进行,及时给予反馈,对自己教的是否成功也以对方"会玩了"来进行评价,而不是自己教完就认为对方学会了。这是对教的理解的进步。另外,该水平幼儿对教别人的理解也就是对教行为的概念建构上升到元认知的水平,正是"因为奶奶在家教过我",教者认为自己具备了教的知识和教的能力,所以"我再教他们"。在教的过程中,教者划分每个小步骤的依据就是通过对学习者动作、表情、语言的观察和判断,从而推断出他们掌握的程度、不理解的地方、想继续学习等心理,在这一推断的基础上调整策略,促成学习。在整个过程中,不论是教者对自己意图、知识、能力的判断还是借由学习者透露的信息对他们的各种意图、信念的判断,以及由此而引发的教的活动动态变化都是心理理论的内容,教者具备较高的心理理论水平。

总之,心理理论水平高的幼儿从处于水平二时对自己意图的理解上升到对双方复杂、多变的心理状态的把握,说明他们已处于对教的理解的第三程度。

三、混龄班幼儿教同伴的策略

心理理论是幼儿开展教别人的行为的心理基础,除了幼儿对教的理解,即"什么是教"与心理理论水平相关外,幼儿在教别人的过程中使用的策略和方法,即"怎样教"也与心理理论密切相关。幼儿教同伴某种知识或技能是一个复杂的、动态的交往过程,因此涉及的教别人的策略也必然是动态的和变化的。然而,不同心理理论水平的幼儿使用的策略总体表现出由简单到复杂的变化,只不过在每次教别人的活动中幼儿教的策略的使用具有一定的倾向性。

为了把握不同心理理论水平幼儿在教别人时采用策略的规律,我们以《混龄班幼儿间教与学行为策略使用统计表》为工具,对 30 名目标幼儿跟踪拍摄的视频资料进行整理分析,结果发现,混龄班中不同心理理论水平的幼儿在教同伴时,心理理论水平较高的幼儿会更多地使用"直接展示成果""不伴随言语的演示""告诉下一步做什么""指出错误""说明操作的原因""询问对方是否理解""谈到自己的教"以及"做出反应"等策略。

进一步对《混龄班幼儿间教与学行为分析记录表》的结果分析后发现,幼儿的教与心理理论水平相关可以有两方面的理解。第一,幼儿教的行为从简单的提醒到复杂的解释,实质上是对教的理解的逐步加深和教的策略的逐渐获得,对双方知识间差距的理解程度和使用策略的复杂程度显示了其心理理论水平的变化。第二,心理理论是教的认知前提。意识到双方知识间存在差距,本身就是认识到了双方的信念,从而决定是否发出教的行为。教不仅是一种简单的言语和动作,更涉及个体对自己与他人的知识、动机、信念、情绪等的判断和推理。[9]现有研究对儿童教儿童中心理理论的探讨多在实验情境下进行,缺乏对真实生活中儿童自然发生的教的行为观察,这种"陌生实验者用陌生方法测陌生儿童的陌生行为得出陌生结论"的做法比较缺乏生态效益。另外,从儿童社会学的角度看,人们过多地从成人社会的视角去看待和评判儿童和童年,导致儿童和童年本身失去应有的光彩。据此,本研究以自然状态下的混龄班幼儿为观察对象,在非参与状态下收集大量幼儿同伴间教的行为的案例,结合已有研究认为,幼儿教的策略大致可分三个阶段——单纯示范阶段、多策略联合阶段、高级策略阶段,[5]。

(一)阶段一:单纯示范阶段

该阶段幼儿教的策略单一,多为简单地"重复一遍"动作以给人示范,没有理解自己和他人的心理状态,具有较低的心理理论能力,但对教有些许理解——意识到知识的差距。

(二)阶段二:多策略联合阶段

该阶段幼儿能灵活使用讲解与示范结合、动作提示和纠正错误等策略,会有针对性地示范并提醒对方应该注意的细节。从关注动作过渡到关注心理状态[9],理解学习者所缺乏的具体知识和拥有的错误信念。

(三)阶段三:高级策略阶段

该阶段幼儿除使用多策略联合以外,还会使用询问对方是否理解、提醒对方注意听、提问和表扬等策略,他们理解教与学之间的因果关系,意识到学习者的行为变化是教的结果[5],据此,会通过制造错误信念来达到自己更复杂的目的。

【案例 4-6】

刚才真是不小心

自由游戏时间。大班晓云(6岁)和大班浩然(5岁)在玩象棋,晓云是会的,浩然不太会,还一直说:"我不想玩,和你玩肯定会输掉的。"只见,晓云说:"你已经知道怎么走了啊,你看你的炮马上就能隔一个吃掉我的帅了,那你就赢了。"浩然说:"可是我的炮马上被你吃掉了啊。"晓云便说道:"我才不吃炮呢,我要吃更大的车。"说完,便用马吃掉车,这时浩然的炮正好可以吃掉对方的帅了。浩然发现后大叫:"我赢了,我吃掉你的帅了"。晓云叹气道:"唉,刚才真是不小心。"于是,两人又高兴地玩下一局。

分析与解读: 为了教同伴,教者要彻底理解教,就要理解教是怎样影响他人的心理的,或者说教是怎样导致学习的,教是怎样帮助他人获得知识的。[5]处于高级策略阶段的幼儿不仅能够依据自己和对方的信念等实施教的行为,更大的进步在于他们把教同伴作为一种策略,来实现自己的目的。案例 4-6 中的晓云真是一个会"要心机"的孩子,他在教会对方"吃掉帅就是赢了"的同时,"算计"了一步又一步,既教会了对方,又达到自己的目的。面对缺乏下象棋知识的浩然,晓云告诉他每种棋子走的方法,如"炮是隔一个吃的""卒是向前走一步的"等,但是他心里始终有一个目的——继续下棋,他明白浩然不愿意玩的原因是怕输掉,便不断地用语言诱导——"可以走这儿""你马上就可以吃掉我了"。当

浩然发现自己的炮面临威胁时,晓云仍然不放弃,用一个看似正当的理由——"我要吃更大的车",不仅打消浩然的顾虑,还为对方吃掉帅铺好路。整个教的过程中,晓云通过语言、表情等方式给对方故意制造错误信念,让对方相信自己下棋的能力很强,并且相信对方一定会按照那个错误信念行动,然后就可以达到自己的目的,可以说完全操纵了他人的信念,通过改变对方的想法和思维控制对方的行动。而这一切的前提就是,他认识到自己和对方处于什么心理状态,对方的信念和愿望是什么,怎样可以给他制造错误信念。晓云拥有较高的心理理论水平。也因为如此,该阶段幼儿教的策略也显得复杂多变,引导、提示、评价、反馈,将动作体系分解为一步步,而每一步都经历了复杂的思维过程。

总之,幼儿教的策略体现了心理理论的发展,又以心理理论为前提,可以说幼儿之间的教不仅是常规教学的补充,甚至蕴含着比教师的教更加可贵的品质,同伴学习在幼儿生活和早期教育中具有非常重要的地位。心理理论是幼儿社会认知的重要组成部分,为了更加深刻地把握幼儿心理理论发展水平,幼儿教的行为可以成为一个非实验性的测量工具,有助于教师和家长更好地把握幼儿身心发展状况。

四、混龄班幼儿教行为的主动性

幼儿在教别人时是否积极主动与他们自身教的能力有关,当其教的能力较强,认知到自己的教会带来学习者的变化,因此会产生较强的自我效能感,为了使学习者能够学会,他们因此会投入更多情感,更加主动地想办法让对方学会。幼儿在教同伴时的主动性可以从他们采用的某些策略中看出来。

【案例 4-7】

还给你

自由游戏活动。小班的妍妍一个人在玩积木,完全不与别人交流。旁边小班的真真在玩七巧板,可始终拼不好,便问妍妍:"这个怎么办?"只见妍妍拿过七巧板,一小会儿就拼好,还给了真真,什么都没有说。

【案例 4-8】

现在你来握一下给我看

今天是晓云生日,他带了刮画送给大家做礼物。每个人都在开心地拿着笔画画,小班子涵的姐姐毛毛看到子涵拿刮花笔的动作,说道:"你拿笔的姿势不对,应该是这样拿的。"一边说一边给子涵示范正确的姿势,"现在你来握一下给我看。"见子涵改正了姿势,毛毛说:"对,就是这样。"说完便低头继续画自己的了。

【案例 4-9】

我在教你怎么剥

今天午餐有虾，当每个小朋友分好食物准备吃时，小班的果果对着大班的哥哥小智说："我不会剥虾。"于是，小智拿起一个虾说道："先把头剥掉，再把这儿剥掉。"果果却三心二意地看着别的地方，小智着急了，说："我在教你怎么剥虾，你赶快学，我只剥这一个。你学会了吗？"

分析与解读：只有教的能力较强的幼儿才会在教别人时表现出积极主动的特点。年幼幼儿往往在"展示"完自己操作的成果或者过程后就结束了教的活动，不会检查学习者再次操作时是否有进步，也不会做出任何评价，正如案例 4-7 中的教者妍妍，由于她所理解的教有局限，采用的策略也较低级，在整个过程中与真真完全没有沟通，不会积极去理清学习者的任何状态。心理理论水平较低的幼儿只顾着自己的教，认为自己教了，对方就学会了，而不会通过各种方式了解学习者是否学会及学到什么程度。而心理理论水平越高的幼儿，在教别人的过程中积极寻求互动的行为就越多，具体包括询问对方是否理解或记住、谈到自己的教、做出反应等方式。案例 4-8 中的毛毛在教完妹妹之后，提出"现在你来握一下给我看"来检查对方是否真的学会了，确保自己刚才教的动作对方完全学会了，看到对方真的学会了，用"对，就是这样"来评价，给学习者鼓励。案例 4-9 中的小智则强调"我在教你怎么剥虾，你赶快学"，试图"威胁"说"只剥这一个"，还不断确认"你学会了吗？"通过各种方式来确保学习者处于认真学的状态，可见当教者心理理论水平较高时，即使是面对学的能力较弱的幼儿，还是可以促成其能力的提高。

第五节　心理理论视角下混龄班同伴之间学的行为分析

幼儿天生就具备接收信息的能力，从出生起，外界环境中的各种刺激使得幼儿不断认识世界、适应世界，并逐渐掌握、学习生存必需的技能技巧。而学习的能力存在个体差异，善于判断谁是最适宜的、最有能力的教者，判断该教者教的方法确实能够促进自己的学习，判断该教者会积极主动地传授技能给自己，所有这些判断都离不开学习者对自己和对方已有哪些知识、教者传递知识的能力、自己和教者双方心理状态的认识。另外，学习者在学习的过程中通过判断教者的意图和信念，以及说明自己不理解的地方，使教者侧重于解释自己不明白的地方，从而提高学习的效率。所以，心理理论也是学习者进行有效学习的心理基础。

一、混龄班幼儿对学的概念理解

通过对案例分析发现,不同心理理论水平的幼儿在我们追问时的答案侧重点有差异,其描述指向不同的对象或不同方面,即描述教者还是学习者,描述教或学的过程还是结果。从哪个角度说明向别人学习的过程和结果与心理理论水平有关,心理理论水平反映幼儿对学的概念的理解。

心理理论水平较低的幼儿倾向于从教者的角度解释自己学习的过程,认为对方教了,自己就是学会了。具体地,他们从教者的动作或概括教者使用的策略来解释自己学习的过程。

【案例 4-10】

她给我画好了

分龄小班美术教学活动。小朋友们在画自己的好朋友,可是丞丞不太会,迟迟不肯动手。旁边的哈尼便说:“我来教你吧。”说完抢过丞丞的笔:“我来给你画。”一边画一边说:“先画圆圆的脸。”之后,她就自顾自地画画了,丞丞在边上看着哈尼在画自己的好朋友。

在我们的追问中,丞丞的回答是:“她给我画朋友。”“她给我画好了。”

分析与解读:阐明儿童如何描述学习是认知发展研究必要的一环。从幼儿对自己学习的描述可以看出幼儿现有的对学习的理解程度。相关研究发现,4～5 岁幼儿缺乏对学习本质和学习如何发生的认识,8～10 岁儿童能够很好地理解学习是一个过程,具有什么情况下会发生学习的元认知,6～7 岁幼儿则处于过渡阶段。当然,学前儿童虽然不能非常清楚地理解学习,但他们已经开始谈论学习。4 岁之后,儿童能够认识到学习的发生与多变的心理状态相关,但这种认识是静态的,他们还不能够以动态的方式理解心理状态。

幼儿对自己学习的理解和对教的理解一样经历了由简单到复杂的过程。最初,幼儿表现的对学习的理解是指向教者的,他们较少关注到自己的学习,认为教者是教与学过程的主角,教者教了,自己就是学了,不管自己是否掌握了知识,都认为本次教与学事件已经成功。案例 4-10 中的学习者丞丞就是如此,“她给我画朋友”可以看出丞丞以教者实际的操作动作——“画”作为评判自己学习是否发生的依据;“她给我画好了”,也表明他仍然以教者为出发点,以此来评判自己学习的成败。他对学习的描述是单纯的客观描述,没有涉及对心理状态的判断。可以看出,该阶段幼儿还没有认识到教与学活动中双方存在的心理,以操作动作或者教时采用的方法等客观事实来说明学习的发生,心理理论水平较低。

心理理论水平较高的幼儿倾向于从学习者自己的角度解释学习的过程,

判断学习这一行为的过程是自己经历了，判断学习结果是自己学会了。相应地，他们的描述会从学习过程或者学习结果两个角度着手。

【案例 4-11】

看着他学会的

自由游戏活动中。大班的卡卡在用手指做各种造型，玩得不亦乐乎。旁边中班的雯雯看到也开始模仿起来。卡卡见雯雯在学，便做起更难的造型。卡卡见雯雯不会了，说："我来教你吧，大拇指这样，小拇指这样就行了。"他边说边动手帮她纠正动作。

在我们的追问中，雯雯的回答是"我是看着他学会的"，"因为我之前就做过，今天又学了一遍"。

分析与解读：心理理论水平较高的幼儿认识到教与学涉及双向互动，既能看到教者的教又能看到学习者的学习，不再只是关注教者，这与幼儿对教的理解是一致的。他们认识到教别人的结果就是带来学习者由"不会"到"会"的变化，因此，对学习的理解也开始从学习者的角度评判，描述自己刚才学习时的操作动作来说明学习的发生，提到自身所学成果来表明学习的成败。案例4-11中的学习者雯雯就解释说"我是看着他学会的"，"因为我之前就做过，今天又学了一遍"。

二、混龄班幼儿向同伴学的行为策略

为了把握不同心理理论水平幼儿在学的过程中使用的各种策略，我们对30名目标幼儿跟踪拍摄的视频资料进行整理分析，结果发现，混龄班中不同心理理论水平的幼儿在学的行为中，心理理论水平较高的幼儿会更多地使用"无声观看""主动显露缺乏的知识""请求重复示范""询问操作的技巧""询问操作的原因""请求对方反馈"等策略。

幼儿在向别人学习的过程中使用的策略不同，学习的成功率也因此不同。心理理论水平较低的幼儿不关注自己有没有学会，很少和教者过多交流。相反，心理理论水平较高的幼儿会通过各种方式说明自己不成功的原因，确保自己真正掌握学习内容，幼儿采用的学的策略主要可分为三个水平。

（一）水平一："观看"式学习策略

心理理论水平较低的幼儿大多通过"观看"的方式学习，较少使用语言与教者沟通，也不会提出问题询问对方，因此学习的结果往往是不成功的。

【案例 4-12】

看着姐姐剥

生活活动。午睡起来的点心是番薯,小班的丽丽对大班的姐姐予涵说:"我不会剥。"予涵说:"我在这儿给你剥皮,你学我剥。"丽丽便看着姐姐怎么剥,一会儿便拿着予涵剥好的番薯走掉了。

【案例 4-13】

试着自己转

自由游戏活动。中班的小屹和大班的天一拿着教室里的陀螺玩具比赛,看谁的陀螺转的时间长。小班的宇彤在一旁兴奋地观看,边看边试着自己转,但几次都不成功。

分析与解读:年幼的幼儿还不能理解什么是学习,学习是如何发生的以及自己在学习的过程中扮演什么样的角色,这导致了他们在学习时采用的策略被动、消极,学习是否成功完全依赖于教者的能力。他们在学习时主要通过"观看"来获得信息,在观看时基本处于沉默的状态,少数幼儿在观看的同时尝试操作。可见,心理理论较低的幼儿关注点在于"动作",急于看到操作的过程和可能的结果,而非自己是否能够通过学习获得这一技能。他们无视双方在动态的教与学中所处的情绪、意愿、信念等。正如案例 4-12 中的丽丽,她请求姐姐说"我不会剥",显露出自己缺乏的知识,然而丽丽之所以向姐姐提出请求,而与其他同样不会"剥番薯"的幼儿不同,是因为她意识到姐姐具备这一技能,这说明她些许理解自身在知识掌握上不如姐姐。案例 4-13 中的宇彤则采用边观看边操作的方式学习"转陀螺",但她不会询问,学习被动。在我们的实际观察中,年幼儿童经常使用"我不会"句式向年长儿童"请教",这种显露缺乏知识的方式对于年长儿童来说是请求教他们,而对于年幼儿童来说,则更多地包含"帮助"的意味,因为他们并不在乎自己是否学会,而是哥哥姐姐帮我"弄好"了。

(二)水平二:主动"请求"或"询问"式的学习策略

心理理论水平中等的幼儿通过请求重复示范、询问规则、询问技巧和原因等方式来进行学习,能够从双方交往的过程中判断出教者观念中的自己具备知识的程度,也能判断自己缺乏的某一具体知识。

【案例 4-14】

你再弹一次我看看

自由游戏时间。中班的小静和麦兜在玩玩具钢琴,小静在弹一首自己很拿手的曲子,麦兜在旁边看着,露出羡慕的眼光。小静突然说:"你看着,我教你。"她便重复弹奏起来,一边弹一边唱着谱子:"mi re do ri mi mi mi……"麦兜试着弹了一下,不会便说:"你再弹一次我看看。"

分析与解读:有心理学家指出,心理理论是儿童关于心理世界的知识,是关于知觉、情绪、愿望、信念等概念如何联系并组织实施建构的理论。这种知识不仅是关于自己的,也是关于对方的,当幼儿具有一定心理理论的时候,能够知觉并主动使用这种知识控制对方的下一步行为来达到自己的目的。案例4-14中的学习者麦兜在向小静学习弹琴时很主动,在小静做示范的时候,他都在认真地观看对方演奏的每一步,试图记住琴键的先后顺序,在观察几次之后,尝试弹奏以检验学习成果,之后为了最终能学会,请求对方再次重复示范。他将自己不会的原因进行了分析,对自己知识掌握的程度和愿望都有认识。重复示范、询问规则、询问技巧和原因等都表明学习者将整个教与学的过程细化,意识到自己到底哪里不会,针对困惑向教者询问,这样"对症下药"可以真正促进知识的获得,而所有的前提就是学习者拥有的心理理论。

(三)水平三:灵活运用各种学习策略

心理理论水平高的幼儿在学习时能够灵活运用各种学习的策略,还会通过请求对方给予评价、解释不明白之处或者主动给予反馈来保证学习的成功。

【案例 4-15】

那我边留得宽点

手工活动。老师让每个小朋友画自己的肖像。中班的小屹画好了,可是剪得不好,急得问旁边大班的小越姐姐:"这个剪破了怎么办啊,怎么留边啊?"小越说道:"你把剪破的剪掉,要画大一点,才好剪,剪出三角形就行。"小屹又问:"可是为什么会破掉?"小越答道:"因为你涂的颜色太深了,而且剪得不小心。""嗯,明白了,那我边留得宽点。"

分析与解读:心理理论水平较高的幼儿对学习已经有了较深入的理解,能够意识到一次教学事件存在教与学双方,而最重要的结果是学习者从"不会"到"会"的改变,而且教者与学习者在这个过程中所具备的心理会随着教学的发展不断变化。案例4-15中的学习者小屹就是如此,他在遇到困难时提出非常具体的疑问——"这个剪破了怎么办,怎么留边啊?"而不是像之前阶段的幼儿一样只能表达"我不会剪"。这样具体的问题必然会让教者非常有针对性地给出解答,从而让学习的一方解决了自己的困难,之后询问"可是为什么会破掉?"力求彻底找出自身失败的原因。"嗯,明白了,那我边留得宽点",明确给予反馈,表示自己已经知道要怎样做,避免教者重复自己已学会的知识,提高学习的效率。可见,心理理论水平较高的幼儿作为学习者时甚至能够成为一次教与学事件的"引导者",通过各种问题、反馈最终达成学习的目的。

三、混龄班幼儿向同伴学习的主动性

【案例 4-16】

到底怎么画

中班美术教学活动。好多小朋友已经画好画收起来了，可是可可还没有完成，他的好朋友哈尼已经完成，正在旁边等他画好，于是可可问道："到底怎么画头发呢？"哈尼指指可可的画说道："这样一卷一卷上来。"可可摇摇头表示还是不会。哈尼便拿过笔直接帮他画好了。

【案例 4-17】

我自己可以了

手工活动。今天老师教小朋友做纸环并一个套一个做成项链，中班阳阳的手工纸环项链很快做好了，而且还自己开动脑筋整个围起来了。大班的小智看到了惊呼："你的是怎么围起来的？"阳阳说："就用一个蓝色的环把两头的串起来，再拉拉松。要不要我给你做？"小智回答："我自己可以了。"

分析与解读：幼儿在向他人学习时是否积极主动直接影响学习能否成功，心理理论水平较低的幼儿学习时被动，学习的结果直接反映了教者教的行为，而心理理论水平较高的幼儿却与之相异，甚至引导教者教的方式最终促成一次成功的教与学。

第六节　结论、建议与展望

一、研究结论

幼儿心理理论发展水平与年龄密切相关，中班幼儿的心理理论水平明显较小班者有所提高，对双方知识间差距理解较好，对教的错误信念理解较差。

(一) 心理理论水平低的幼儿

(1)教的特点：认为教别人就是给对方示范操作的动作或者步骤，理解指向教别人"动作"；在教别人时采用的策略单一，多为动作的示范或者伴随简单语言的示范，在"展示"完自己操作的成果或者过程后就结束了教的活动。

(2)学的特点：倾向于从教者的角度解释自己学习的过程，大多通过"观看"的方式学习，学习的结果往往不成功，学习时被动，学习的结果直接受教者

行为的影响。

（二）心理理论水平中等的幼儿

（1）教的特点：认为教别人就是"告诉"对方自己教的方法，能使用概括性词汇表达自己教的过程，认为教别人的结果就是带来学习者由"不会"到"会"的变化。

（2）学的特点：通过请求重复示范、询问规则、询问技巧和原因等方式来进行学习，能够从双方交往的过程中判断出教者观念中的自己具备知识的程度，也能判断自身缺乏的某种具体知识。

（三）心理理论水平高的幼儿

（1）教的特点：能够认识到自己是否具有教别人的能力，能够更加深入地推断教者自己和学习者对方在教与学过程中情绪、愿望、信念等的变化，从而不断调整教的行为；不仅能灵活使用前述策略，还会使用询问对方是否理解、提醒对方注意听、提问和表扬等策略，在教别人时表现出一定的积极性，以促使其更好地学习。

（2）学的特点：学习者为了学会，会投入更多情感，更加主动地想办法；倾向于从自己的角度解释学习的过程，判断学习这一行为的过程是自身经历了，判断结果是自己学会了。相应地，学习者的描述会从学习过程或者学习结果两个角度着手；在学习时能够灵活运用各种学习的策略，同时还会通过请求对方给予评价、解释不明白之处或者主动给予反馈来保证学习的成功；引导教者改变教的方法以最终达成一次成功的教与学体验。

二、相关建议

幼儿教的策略体现了其心理理论的发展，并且以心理理论为前提，可以说幼儿之间的教不仅是常规教学的补充，甚至蕴含着比教师的教更加可贵的品质，同伴学习在幼儿生活和早期教育中具有非常重要的地位。心理理论是幼儿社会认知的重要组成部分，为了更加深刻地把握幼儿心理理论发展水平，幼儿教的行为可以成为一个非实验性的测量工具，有助于教师及家长更准确地掌握幼儿身心发展状况。为此，我们提出以下几点建议：

首先，重视同伴资源的利用，为幼儿创设更加生动的同伴交往情境。同伴资源对幼儿来说意义重大，在同伴互动中幼儿的认知、社会性和情感会有最大化的发展。而混龄教育不失为一种好的方法，因为混龄教育为不同年龄的幼儿提供了更多不同年龄、不同能力的交往对象，与这些交往对象深层次的互动引发了多层次的"最近发展区"，幼儿不仅需要更加复杂的交往策略，而且产生更多的认知冲突，这将推动幼儿身心全面发展。这种教学组织形式并非简单地只是独生子女教育的补充，在"二孩"政策下，这样的异龄互动同样有价值。

其次,注重"因材施教",给予幼儿个性化指导。混龄班中幼儿的年龄、能力存在明显差异,从本研究所关注的幼儿同伴教与学行为可知,每个幼儿在相似的成长轨迹中发展的速度和优势差异明显。因此,在了解幼儿发展和需要的前提下,实施个性化指导才能真正促进每个孩子向前发展。在混龄班中,对于能力较强的幼儿要积极鼓励,发挥他们在某些方面的优势,并用这些优势帮助能力相对较弱的幼儿,同时,不能忽视他们可能存在的不足,鼓励每个孩子既要乐于分享、帮助他人,也要虚心向他人学习;对于能力较弱的幼儿,教师应当鼓励他们勇于向年长幼儿提出问题,经常与年长幼儿交往,从而提高幼儿与人交往及认识事物的能力,并在此过程中建立自信。

最后,给予幼儿榜样示范,鼓励每个孩子都做"小老师"。在日常生活和教学中,教师应当有意地为幼儿提供做"小老师"的机会,经常使用如"小朋友们互相帮助"等语言,促使幼儿从被动教变为主动教。让"好为人师"的孩子成为大家的榜样,促进幼儿能力发展。混龄教育中应当以能力分组,让幼儿进行结对。虽然幼儿各方面的发展水平受年龄影响,但不能否认,年龄不能作为区分幼儿的唯一依据。年龄小的幼儿不一定比年龄大的幼儿能力弱,如果单纯以年龄为界限,可能会导致能力强的幼儿发展受抑制。因此,应当以能力而非年龄为维度看待幼儿,从而对幼儿给予个性化教育,教师对此应当有清晰的认识。

三、未来展望

幼儿园班级为幼儿提供了一个复杂的小型社会,不同年龄的幼儿在各自的发展水平上与同龄或异龄同伴交换知识和技能,每个幼儿的认知"天平"在同伴教与学的影响下失衡又平衡,正如皮亚杰强调的,认知能力就在这个同化和顺化的交替中得到发展。其中,社会认知是个人对他人的心理状态、行为动机和意向做出推测与判断的过程,是幼儿同伴互动的前提和结果。每个幼儿都会不断经历用所会教别人和所不会被别人教的过程,在教与学的过程中社会认知得以发展。因此,本研究以此为研究内容,试图剖析混龄班幼儿在具体的教与学行为事件中的表现及当中使用的心理理论,尝试从较小的出发点探讨混龄班幼儿之间的差异,以便为幼儿教师提供评价幼儿发展水平的现实依据,从而为实现个性化教育提供证据。混龄教育下的孩子如图 4-7 所示。

图 4-7　混龄教育下的孩子

由于样本容量的大小、拍录方式、研究者处于混龄交往的环境中对幼儿交往造成的影响等客观条件及研究者主观能力的限制,本研究内容的探讨可能存在一定的局限性,期望未来会有更多的研究者重视这一研究方向,用更加完善、科学的方法探讨混龄集体幼儿交往等的因果机制,并制定出一套在幼儿园能够促进幼儿心理理论发展的方法。

参考文献

[1] 陈鹤琴,陈秀云,柯小卫.陈鹤琴教育思想读本:活教育[M].南京:南京师范大学出版社,2012.

[2] 中国陶行知研究会.陶行知教育思想理论和实践[M].合肥:安徽教育出版社,1991.

[3] 蒙台梭利.有吸收力的心灵[M].蒙台梭利丛书编委会,编译.北京:中国妇女出版社,2012.

[4] Straussa S, Calerob C I, Sigman M. Teaching, naturally[J]. Trends in Neuroscience and Education, 2014, 3(2): 38-43.

[5] 李琳.心理理论视角下4~6岁幼儿同伴间的教的水平及特点研究[D].长春:东北师范大学,2005.

[6] Strauss S, Ziv M, Stein A. Teaching as a natural cognition and its relations to preschoolers' developing theory of mind[J]. Cognitive Development, 2002, 17(3-4): 1473-1487.

[7] Angela C, Davis-Unger S, Carlson M. Development of teaching skills and relations to theory of mind in preschoolers[J]. Journal of Cognition and Development, 2008, 9(1): 26-45.

[8] Ziv M, Frye D. Children's understanding of teaching: The role of knowledge and belief[J]. Cognitive Development, 2004, 19(4): 457-477.

[9] 李琳,李雪艳.国外关于儿童教儿童的研究述评[J].福建论坛(社科教育版),2010(2): 85-86.

第五章　解读日常同伴混龄交往中的心理理论

本章以发生在幼儿日常混龄交往中的一些案例为基础,解读幼儿对他人心理状态与行为的认识和解释,以展现他们更为丰富的心理理论。幼儿与同伴之间的交往包括多种形式:①由于共同的活动目的所产生的合作行为;②由于公共资源有限性而发生的分享、争执、攻击、协商、交换等行为;③由于个别资源的不均衡而发生的赠予、求助、索取等行为;④由于个别能力或经验不均衡而发生的帮助、求助等行为。为了较清晰地展现这些面貌,我们以日常同伴混龄交往中常见的冲突、合作、协商、捉迷藏以及说谎等行为为线索,尝试开展心理理论的解读。

学者们将信念、愿望和行为三者视为心理理论的核心概念,以此考察年幼幼儿是否可以根据他人的信念和愿望来推测他人的行为,是否可以根据他人的想法与要求来解释他人行为的原因,以及从何时开始具备这些概念等的问题。本章在论述幼儿使用心理理论的类型时,主要阐述幼儿对心理状态的认识和运用。案例主要来自日常观察和文献积累,案例中所有涉及的幼儿名字均为虚名。

第一节　同伴混龄冲突中的心理理论

一、同伴混龄交往中的冲突及其价值

冲突是儿童与同伴之间频繁发生的一种互动形式。在生命的最初几个月,当和同伴发生争抢玩具等冲突时,儿童常常只把同伴看作一个可以自由活动的物体,此时的冲突只能算是一种"社会性盲目",不具备社会意义。大约在一岁半时,儿童出现了自我意识,学会用"我"来称呼自己,这是儿童将自我和他人分开的标志。随着自我意识的发展,幼儿之间的冲突逐渐具有了一定的社会意义。在同伴混龄交往中,冲突无处不在。任何行为都可能引发冲突,要想提前预测冲突是不可能的。如果对方不愿接受的话,即使是那些代表积极意义的微笑、拥抱或帮助,也能引发冲突。

冲突对儿童发展意义重大。皮亚杰认为,冲突,尤其是地位相当的人之间的冲突,是去自我中心的关键要素,这种人际冲突最终能导致心理内部的冲突,即认知冲突。在冲突过程中,个体逐渐形成了采纳别人观点的能力,这为人际理解与合作奠定了基础。儿童与成人之间的垂直交往限制了儿童脱离自我中心,因为无论儿童采取怎样的表达方式,成人通常都能很好地理解儿童的话语和意图,并以适当的方式做出回应,因此,在儿童与成人的交往中,儿童觉得别人认同他的意愿是理所当然的,"他们以为,他们既能理解别人,也能为别人理解"[1]。正是因为儿童与成人之间存在这种不对称理解关系,导致儿童理解成人意图能力的缺乏。儿童与同伴之间的关系则是一种平行交往,天然倾向于"相互性"或"可逆性",这有助于产生民主、平等和公正的人际关系与社会规则。随着时间的推移,他们逐渐发现只有考虑别人的观点或需要,灵活调控自己的言行,才能适应交往的需要,这在一定程度上促进了社会化进程和良好个性的发展,也促进了儿童道德的发展。所以,鼓励儿童之间各种形式的交往,包括混龄之间的交往,均有助于民主、平等、公正、协商等健康品质的发展。

冲突的心理价值主要在于帮助儿童从认知上"去自我中心";冲突及冲突的解决,可以使儿童意识到自己是一个不同于他人的独立的个体,促进儿童的个性化和自我概念的形成;冲突加深了儿童彼此之间的了解,明确了对方的立场,特别是使问题得到建设性的解决,对于增强冲突双方的友谊起到了积极作用;在冲突中儿童可以逐步按照社会规范协调彼此的关系,努力说服别人,这既加深了儿童对社会规范的认识,又提高了其解决社会问题及协调人际关系的能力。

冲突与攻击不同。最主要的不同是冲突行为涵盖的范围比攻击行为要广得多。研究发现:在没有成人干预的情况下,儿童之间的绝大部分冲突由他们自己解决了;那些由儿童自己解决的冲突都有十分明确的成败结果,即冲突中谁胜谁败是很清楚的;冲突双方的行为及反应之间高度相关,"以牙还牙"的情况经常发生。儿童为了解决冲突,常常会采用诸如争抢、攻击、威胁命令、说理解释、告状、物品交换等各种策略。儿童之间的冲突绝大部分发生在自由游戏活动时间。在同伴冲突中,儿童经常会使用心理理论技能解决问题,从而在交往中潜移默化地促进了彼此发展。

二、解读同伴混龄冲突中的心理理论

幼儿园中同伴之间的互动经验可为他们将来的人际互动关系奠定基础。同伴互动中难免有冲突,而这些冲突将有助于幼儿加强对人际关系的了解。同伴冲突情境在幼儿园普遍存在,特别是同龄交往中更为普遍。这是幼儿适应集体生活必须经历的刺激。面对冲突,每个幼儿都会采取一定的解决策略。

任何人都是通过猜测他人的想法和愿望等心理状态来解释、预测他人的行为的。在同伴冲突中，幼儿必须学会对自我和他人的心理状态进行预测，然后推论彼此下一步的行为，从而调整自己的行动策略，有效解决冲突。冲突是否可以有效解决，取决于幼儿的心理理论水平。一般来讲，心理理论水平高的幼儿，面对冲突时会解决得更加恰当。在混龄交往中，异龄之间的冲突常常被教师提前"预测"或终止，因此，下面主要介绍混龄交往中发生在同龄之间的冲突案例。

（一）同伴冲突中幼儿对他人愿望和情绪的理解

【案例 5-1】

难道，你愿意这样吗

小班自由游戏活动时，小志和大力在区角玩奥特曼打怪兽的游戏。当小志用积木指着大力说"怪兽"时，大力要倒下，反之，小志要倒下。可小志不喜欢扮演"怪兽"，大力指着他时，他不倒下。这时大力不高兴地说："难道，你愿意这样吗？"小志马上倒下了。一会儿他又爬起来指大力了。[2]

分析与解读：在解释和预测人类行为时，愿望常常被看作心理理论的一种核心要素。愿望，是一种欲求、欲望，或者说一种心理的需要。一个人的愿望对他的行为有重要影响。愿望往往同情绪理解联系在一起。幼儿对愿望的认识与理解要先于信念、意图的理解。他们很早就能理解人的不同情绪状态，如高兴、难过、着急等。案例 5-1 中，大力用一句"难道，你愿意这样吗"来质疑和反问小志，从而引发小志思考；而小志能够根据大力这句话来揣测对方不愉快的心理，及时调整了自己的行为，从而使游戏得以继续。日常中类似的案例也很多，比如有的幼儿为了逃避上学就谎称肚子疼。那是因为，幼儿之前有了某个经验，即生病可以不上幼儿园，妈妈会很紧张等，从而不断实验，控制他人。

（二）同伴冲突中策略的使用

【案例 5-2】

骗你们的，这下你们可以和我玩了吧

中班自由游戏时，老师不在教室。壮壮、千千和哲哲三个男孩在教室里兴奋地拿着自己折叠的飞机"呜呜呜……"地开着，忽然千千不小心用飞机碰到了壮壮的鼻子，这下壮壮可不乐意了，立刻跑过去狠狠打了千千一拳，千千也不示弱立刻回了一脚，两个幼儿你一拳我一脚地扭打在一起。其他幼儿看到了，有的给壮壮加油，有的给千千加油。哲哲看到了劝他们说："别打了！"可是两个孩子仍互不相让。哲哲一看劝说不成，想了一下，到教室外走了一下，然

后马上回来冲着他们俩大声喊道:"别打了,老师来啦!"壮壮和千千听了立刻停了下来。可是,谁也没有看到老师的影子。哲哲这时却笑嘻嘻地说:"骗你们的,这下你们可以和我玩了吧!"[2]

分析与解读:很小的儿童就会利用他人看不见的心理状态去解释和推测他人,进而影响和操控他人。生活中,我们经常发现一些有趣的现象:成人越不让儿童干的事情,他们反而越乐此不疲,出现了"2岁的淘气包"和"故意作对"、爱"唱反调"的孩子。心理理论研究的一个重要成果就是儿童不仅发现人是有心智的,是由各种心理状态所构成的,还发现可以通过影响一个人的想法而改变其行为。如果用心理理论发展水平来解释,可以认为哲哲的心理理论能力是比较高的,他会利用同伴的心理来控制同伴的行为:告诉正在打架的同伴老师来了,他们一定会信以为真地停下来,然后就可以和自己玩了。他一定能预测到,是想法决定了一个人的行为!事实上,这里的想法即一个人的信念。信念,特别是错误信念是心理理论研究的一个非常重要的研究领域,是儿童是否具备心理理论的"石蕊试剂"。信念有正确、错误之分,一个人是基于自己认为正确的信念而行动,但是认为正确的并不一定就是正确的。一个人可以通过改变他人信念的办法来左右其行为。哲哲恰恰就是利用"老师来啦"使壮壮和千千产生了错误信念,从而使其不得不停止打架,以此控制他们的行为,达到自己的目的。当然,我们还可以从策略的使用上分析哲哲的行为。为了制止壮壮和千千的冲突,哲哲采取了"声东击西"的策略:假意说"老师来啦",然后看看两个伙伴的表现,发现他们竟然信以为真了,然后他再告诉对方他是骗他们的。这种善意的欺骗虽然已经被"识破",但也不会引起更大的冲突。这说明,哲哲对整个形势把控恰当,策略有效。

多么会揣摩人心思的儿童!这和下面的案例有惊人的相似之处:

一个4岁的小女孩早晨7点起来,跑到妈妈床前把妈妈叫醒说她肚子饿了。可是妈妈想要继续睡觉,就告诉她现在吃早餐太早了。这个孩子见妈妈不起来,于是站在那里想了一下,然后走了出去。过了一会,她又来到妈妈房间,说:"外面来了一个人。"这位妈妈一听睡意顿消,赶紧跳下床来。可这时小女孩却笑道:"骗你的!现在你可以帮我准备早餐了吗?"

哲学家丹尼尔·登纳特认为,我们可以用"有意图的分析方式"来分析人的这种思维。他把这种方式分成起始、初级和次级三个分析维度。"起始维度"并不算真正的"有意图的"分析内容。在这种情况下,我们不认为分析对象是有某种心理状态的。第二个维度是"初级维度"。在这一维度上,分析对象本身就具有信念和愿望,我们可以根据他们的信念和愿望来预测他们下一步的行为。但是,他们的行动通常只是要影响别人的行为,而不是影响别人的想法:小女孩在早晨7点时把妈妈叫醒,她肚子饿了,想要吃东西。她相信妈妈起床以后会做早餐给她吃。她不介意妈妈会怎么想,她只在乎妈妈会采取什么样的行动。对这类儿童的分析,我们就是在"初级维度"上。第三个维度是"次级维度"。所面对的分析对象(如小女孩)不仅有自己的各种信念,而且能够进行自我反省,他们相信别人也会有信念和愿望。他们的所作所为不仅要影响他人的行为,也要影响他人的想法。更确切地说,他们想要通过影响他人的想法来影响他人的行动。比如,妈妈想要继续睡觉,就告诉小女孩说,现在吃早餐太早了。女孩就走了出去,过了一会儿又来到妈妈房间,说来了一个人。这位妈妈一听睡意顿消,赶紧跳下床来。可这时这个孩子却笑道:"骗你的!现在你可以帮我准备早餐了吗?"同样是这个 4 岁儿童,我们现在却要使用"次级维度"来分析她。原因就在于,这类儿童不仅自己有信念和愿望,而且认为别人也有信念和愿望,他们还懂得利用善意的欺骗和错误的信念,理解什么是玩笑、谎言和秘密等。他们知道如何利用他人的心理状态巧妙地改变他人的行为,从而达到目的。案例 5-2 中的哲哲和这个聪明的小女孩善意的欺骗行为简直如出一辙!研究表明,4 岁左右是儿童获得心理理论的分水岭,通常儿童到了 5 岁开始具备"次级维度"的心智概念。类似的案例在混龄儿童中更为常见。

(三)同伴冲突中幼儿对意图的理解
【案例 5-3】

我不是故意的

大班自由游戏活动时,军军和丁丁正在搭积木,两人合作愉快,很快就搭好了一个"雷峰塔"。这时,辰辰过来说:"我和你们一起玩吧?"他们俩表示不和他玩,辰辰就绊了军军一下。军军摔倒后把"雷峰塔"给撞塌了。军军和丁丁一起找老师告状,辰辰说:"我不是故意的!"军军和丁丁异口同声地说:"他就是故意的!"

分析与解读:只有区分了什么行为是有意的,什么行为是偶然的,儿童才能精确地理解他人行为的意图,并对他人的行为做出反应。一般而言,儿童从 2 岁起,就开始有了对行为和意图关系的初步认知,即做某事是由某种意图所指导的。经常用"我就要""我要去""我打算"等来说明他们将要做的行为。学龄前儿童经常利用自己对这些行为意图的掌握来保护自己。因不小心撞到别人或打翻牛奶而受到批评时,他们往往会辩解道,"我是不小心的"或"我不是故意的"。皮亚杰认为 3~4 岁的儿童就已经知道自己哪些行为是有意的,哪些是偶然的。我们可以从两方面来理解案例 5-3 中的儿童:一方面,军军和丁丁理解辰辰的意图,并能用此去解释辰辰的行为,认定辰辰是故意为之,知道辰辰是因为他们俩不愿意和他玩而故意通过绊倒军军的方式致使"雷峰塔"倒掉;另一方面,辰辰并不是直接推倒"雷峰塔",而是通过军军间接来把他们的"成果"破坏掉,从而造成"我不是故意的"的假象来为自己做辩护,以摆脱老师的批评。难怪很多老师都说现在的孩子个个都是"小人精"!

意图与愿望有着较为复杂的关系。信念有正确、错误之分,但意图和愿望却没有正误之分。事实上,意图和愿望是有所不同的。然而,年幼儿童往往把意图和愿望都看成一种目标状态而不加以区分。一个愿望可以通过多种方式得到满足,而一个意图则必须是实施了这个意图才能得到满足。意图的重要组成部分是计划,是一种具体的打算,它通常比愿望更具体、更具可实施性。意图是调节信念、愿望、行为的中介(见图 5-1)。[3]

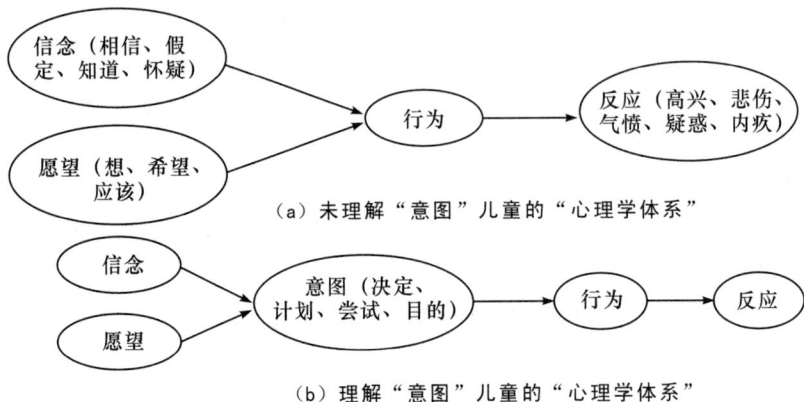

图 5-1　未理解"意图"和理解"意图"儿童的"心理学体系"

4 岁左右的孩子对于故意行为的看法又有了变化,他们认为意图是可以从行为中观察出来的内在的心理状态。因此,他们意识到一个事先计划好的行为会成功。有人专门设计了一项研究。他们给学龄前儿童讲了两个故事:故事一,一个小女孩扔面包屑,鸟儿吃了它;故事二,一个女孩偶然落下了面包屑,鸟儿吃了它。然后问他们,哪个女孩想喂鸟。3 岁的孩子选其中任何一个的都有。相反,4～5 岁的孩子都选了第一个女孩,虽然两个小女孩的行为很相似。大一点的孩子在"角色扮演"的游戏中也表现得更好。他们说,如果有人要假装表现什么,那么,即使一些无意的行为(如咳嗽、打喷嚏或打哈欠)也可能是有意图的。

学龄前期快结束时,儿童会从更多角度去判断行为的意图。如 5 岁的孩子能分辨出一个人是不是在专心做一件事,行为结果是积极的还是消极的,对某事的结果是否惊讶、失望或者糊涂,外在因素会不会影响行为等。

他人的有意行为往往比我们认识到的多,如我们能控制自己的行为,假装不采取行动或做出反应,还会说:"我都忘了。"5～9 岁的孩子越来越依靠一些言行一致的原则评价他人行为是否真诚。如大一点的孩子明白：当你告诉别人你喜欢一样东西而你看来漠不关心，或者并不高兴，那就说明你在说假话。要进一步发现隐藏目的的微妙表现，则需要对环境特点更敏感，并有复杂的换位思考的能力。

最后，孩子在理解他人意图的准确性上差异很大。和成人、同伴关系好的孩子在这一点上做得更好。相反，抵触情绪很强的孩子很难了解他人的意图，他们看到更多本不存在的敌意。心理学研究发现，那些不能准确判断他人言行动机和意图的儿童，对同伴的行为经常做敌意归因，对非故意行为视为对自己利益的威胁，因而产生更多攻击行为。因此，如果能帮助他们更好地发展心理的洞察力，就能使其更好地适应社会生活。在同伴交往中，上述几个儿童都能够清楚地认知对方行为的意图和动机，能够区分同伴是无意还是有意伤害自己，从而采取不同的反应方式。儿童不仅看到了直接观察到的行为，也"看到"了他人内部不能直接观察到的心理状态和心理活动。正是从这个意义上讲，儿童是个天生的心理学家。

在《儿童发展》[4]一书中，作者列举了一个4岁小女孩和她1岁的小表弟的故事：

"爷爷，看看我的新衬衫！"4岁的艾伦叫着，她正在参加一年一度的家庭聚会。"这上面有3只熊，还有它们的房子，还有……"

艾伦的声音渐渐变小，因为她发现所有人的眼睛都在关注她1岁的表弟，小表弟正要跨出他有生以来的第一步。当小戴维摇摇晃晃地迈步向前时，所有的大人都在欢笑着欢迎他。没有人，包括最喜欢她的爷爷，在注意艾伦和她的新衬衫。

艾伦感到很痛苦，又很嫉妒。她转身走进房间，把毯子盖在头上，手臂伸在外面。她从毯子缝里窥视外面的情况，然后又披着毯子回到了起居室。这时她看到爷爷正在为戴维指路。"我来了，讨厌鬼。"说着艾伦故意撞到戴维。戴维晃了晃，哭了起来。

脱下毯子，艾伦很快就看到了妈妈不快的表情。"妈妈，我看不见他，毯子遮住了我的脸。"艾伦困倦地说。

妈妈坚持要她扶起戴维，并立即向他道歉。同时，她对女儿的欺骗行为大为吃惊。

很明显，艾伦的行为是故意的，虽然有点"技术含量"，但成人一般很容易识破。艾伦的做法可爱而幼稚，她能够透过妈妈的表情推测妈妈的心理。虽然，艾伦没有直接用"我不是故意的"来为自己的不当行为做解释和开脱，但她说的"妈妈，我看不见他，毯子遮住了我的脸"也是基于妈妈不愉快心理而拿出的最为有力的"证据"。

处于隐藏真实意图水平的儿童不仅对故意行为有了认识,还会加以利用。艾伦便成功地"自导自演"了一出"戏"。在艾伦看来,自己的新衬衫最应该得到众人关注了,然而"不懂事"的表弟却抢走了自己风头,为了吸引大家的注意并且"报复"表弟戴维,她便使出了"假装"策略。她已经计划好,即使失败了也可以"推卸"责任说自己"不是故意的",避免被父母惩罚。当看到妈妈生气之后,艾伦虽然没有直接说出"我不是故意的",但是用"毯子遮住我的脸"为借口,意在说明"撞到戴维"不是自己主观想要的,是客观导致的,也是一种变相的说法,从而隐藏自己的真实意图——故意撞到戴维。该水平的儿童会在角色游戏中表现较好,因为他们能够"假装"表现出角色需要的状态,隐藏自己的想法,还会通过一些细节如"生病了声音会很虚弱"来使角色更加真实。或者在违规之后,用"不小心"这种理由圆谎,如"别人先碰到我,我才不小心碰到他"。理解了意图和动机的儿童能够区分同伴是无意还是故意伤害自己,再来采取不同的处理方式。他们不仅观察到直接行为,还"看到"了他人内部不能直接观察到的想法。

(四)同伴冲突对心理状态术语的使用
【案例 5-4】

那我就叫小志不跟你玩了

中班区域游戏时,建筑角里一片混乱景象,坍倒的积木乱七八糟地堆在地上。明明、小杰、天天三个男孩子并没有认真搭积木,他们在热火朝天地讨论恐龙,一会儿,他们就四散各玩各的了。明明从脚边捡起两块半圆形状的积木,一左一右夹在腰间笑着说:"这是我的腰带。"(评:心理理论中的假装)小杰和天天见了,也挤上来,想学着明明的样子。小杰只从地上捡到了一个半圆环,他羡慕地看着天天和明明,看样子他也极想拥有一个"腰带"。这时,明明的一块积木掉了下来,他并没有立即去捡,只是朝地上看了看。旁边的小杰急忙弯腰捡起明明掉的那块积木,将它放在腰间。他扭着身子,满意地欣赏着自己的"腰带",脸上露出欣喜的神色。明明看到小杰把自己掉的东西捡走了,便生气地质问:"干吗?是我先拿的。"小杰紧张地抓紧积木,辩解道:"是我先拿的。"两人争了一会儿,明明皱着眉说:"那你就不要在这儿玩了。"小杰不肯走,坚持道:"就在这儿玩。"(评:说明自己的意图)明明见小杰不走,便用威胁的口气喊道:"那我就叫小志不跟你玩了。"(评:用自己的意图威胁对方)小杰没有理会他的话,只顾来回挪着"腰带",明明也没有再继续追究,背过身自己摆弄积木去了。一会儿,明明转过身看见小杰正玩得高兴,他可能又想起刚才的一幕,火气又上来了。他指着小杰的一块积木说:"这是我先拿的。"接着他扭身朝教室走去,边走边对小杰喊道:"我去告诉小志不跟你玩了。"(评:再次说明自己的意图,再次威胁)走到教室门口,他停住了,看样子他并不真想去,只是吓唬小杰而已。他站在那里,叉着腰,冲着站在建筑角的小杰,加重语气一字一顿地说:"我要去告诉老师。"(评:再次说明自己的意图,换种方式威胁)小杰一听害怕了,赶紧跑过来:"干吗? 明明,我给你还不行吗?"说着他将手里的积木递给明明,明明只看了一眼,并没有伸手接。小杰接着解释道:"我看到你扔到地上,以为你不要了。"(评:表明自己的感知和信念)明明又叉着腰,用一种气势汹汹的语气大声说道:"我需要。"(评:说明自己的需要)小杰这时见明明没有接积木,便又将原先递给他的那块积木收回去说:"那你可以再去找嘛,干吗要抢我的。"明明等着他:"别人的都需要。"(评:再次说明自己的需要)小杰沉默了一会儿说:"那我再帮你去找。"(评:再次说明自己的意图)明明痛快地答应了。两人又走回建筑角,小杰跟天天要了一块积木,递给了明明。[5]

　　分析与解读:很明显这是一例由物导向的同伴冲突。为了得到能装扮"腰带"的积木,两个儿童进行了反反复复的争执和讨论。这其中充满了大量与心理状态有关术语的使用。为了比较清晰地说明这些表示心理状态的词语,我们在案例中将出现的相应词语加了着重号,并在后面的括号里说明了该心理状态词语的用意。"心理理论"研究的一个重要成果就是:儿童发现了心智。儿童发现人和其他事物不同:人有感情,有各种心理状态,这些心智主要是由各种想法、愿望、信念、意图和动机等组成。大量研究表明,儿童心理状态术语的使用和错误信念的理解显著正相关。心理状态的发展必须要有一种用以谈论心理状态的语言,即所谓元语言,例如对"think"和"know"等动词的语义理解;有研究者则强调,心理状态术语是儿童将自己对心理认识外显化的载体,即如果没有用来表述心理状态的词语,儿童就不能表现他们关于心理理论任务的知识,也不能和他人交流有关感受、愿望、信念等信息。儿童对信念等心理状态的理解是使用语言正确表达这些概念的前提。假装游戏是诱发儿童使用心理状态术语的主要情境之一。研究发现,即使控制了年龄和一般言语能力,幼儿在错误信念任务上的表现与假装游戏中整体心理状态术语的使用仍然存在显著相关。3~4岁儿童在自由假装游戏时所涉及的15个表示心理状态的术语,如"知道、明白、晓得、懂、觉得、以为、假装、假如、猜、理、骗、想、要、希望、当"等,这些心理状态术语的应用分为五个范畴:①真正指向心理状态,即信念动词的使用,如"假如(假装)我是司机,好不好""你以为她死了";②习惯用语,如"我不知道""不晓得"或"明白"等;③对话功能,如"我知道这是干什么的""别忘了给孩子喂奶""你知道这是什么吗? 是手铐""我不知道,那你知道它是干什么的";④表达行为意愿,如"我想做好人""我要给娃娃打针",类似的词语还有"希望";⑤其他表明儿童对心理活动认识的词语,如"真的""假的"和"好像"。总之,心理状态术语的运用在一定程度上能够反映出儿童的心理理论水平。

威胁常常是儿童为了解决问题而使用的一种策略。当儿童在交往中感到自己力量较弱或者处于劣势时,就经常会用语言或身体动作威吓对方,以督促对方改变立场。此外,为了拿回属于自己的积木,明明一再使用诸如"那我就叫小志不跟你玩了""我要去告诉老师""那我以后不跟你做朋友了"之类的话语威胁小杰,这说明他在一定程度上了解小杰的心理,并知道小杰害怕失去伙伴或遭到老师批评,他相信这种威胁是有效的。明明想通过对小杰信念的改变来控制局面,这种"伎俩"常常成为幼儿解决他们之间问题的法宝。当然,这不一定表示明明是个心理理论水平很高的孩子。还有一种可能,这种解决问题的方法是他通过模仿他人而学到的。

以上列举了同伴冲突中心理理论使用的一些典型案例。年幼儿童竟然也可以揣摩他人心思,并在推断他人行为的基础上调整自己的行为。无疑,儿童是个心理学家!

第二节　同伴混龄合作中的心理理论

一、同伴混龄交往中的合作及其特点

合作是社会性动物所具有的一种行为类型,即为实现共同目的而由两个或两个以上个体共同完成某一种行为,是个体间协调作用的最高水平的行为。合作行为出现的前提必须是相互交往的个体共享一个目标,并且取得了一个共同的达到目标的途径。总之,合作必须包含以下三个要素:首先,行为者是两个或两个以上的个体;其次,有共同游戏的意愿,或者从发展的角度来说,双方有了合作意图;最后,合作要有共同的行为目标。

合作是一种重要能力和学习品质。维果斯基提出,儿童在合作中、在帮助下,总能比独立时做更多的事情。[6]混龄班不同年龄段的孩子混合在一起,宛如一个社会的小雏形。混龄教育为幼儿发展提供了一个非常接近幼儿生活经验的成长环境。在幼儿园中,同伴混龄交往中的合作行为普遍存在。

混龄班中同伴合作行为的特点如何?我们采用时间取样和事件取样等方法,以杭州市某幼儿园混龄班中 30 名幼儿为对象,研究他们在自由游戏情境中的合作行为特点,每个幼儿用录像追踪观察 10 分钟,共收集了 300 分钟的录像资料,发现了混龄班中幼儿合作行为的总体特点:混龄班幼儿合作发起的次数较多,合作的对象更加丰富多样;年幼幼儿喜欢跟年长幼儿合作,年长幼儿也喜欢跟年幼幼儿一起游戏,群体结构更加丰富;幼儿合作策略运用能力较强,且亲社会性策略运用较多。[7]在合作水平上,混龄班幼儿的合作行为表现得更具计划性和协调性。

二、解读同伴混龄合作中的心理理论

下面我们重点分析同伴混龄合作策略和不同水平的同伴混龄合作中的心理理论。

(一)同伴混龄合作策略中的心理理论

在混龄班中,不同年龄、不同能力、不同个性的幼儿使用的合作策略差异很大。我们把这些典型的合作策略如威胁、命令、主动搭讪、寻求帮助、协商、轮流等待、解释说明、利诱、妥协、提醒等归为三大类。

类型一:强制性策略。在同伴混龄交往中,威胁和命令的策略属于强制性策略,因为这些策略较易引起对方消极反应,同时含有强制成分,该合作策略水平较低。

【案例 5-5】

再不给我,我把你送到小班去了

小希(中班)做了一个大蛋糕,辰辰(小班)走了过来说:"我想吃蛋糕,能卖给我一块吗?"小希看看说:"我不给你,这是我刚刚做好的。"辰辰说:"我买你的,我有钱。"辰辰挥了挥手中的"纸币"。小希犹豫着用手护着蛋糕,见小希还是不愿意拿过来,辰辰说:"你快给我一块,再不给我,我把你送到小班去了。"小希想了想,慢慢拿刀切下一块来,迟疑了一下说:"那,给。"辰辰假装香香地吃了几口。

【案例 5-6】

不然,你们就别玩了

桌面游戏时,麦兜(大班)指着火车轨道,对子屹(大班)说:"我们一起玩这个吧。"子屹答应了。仔仔(小班)看到后走了过来,没说话但拿起了一个火车,准备和麦兜一起玩。麦兜说:"我来给你们拿材料,你们搭。"仔仔从麦兜手里接过几块积木,拼在了火车轨道上说:"我搭了一个桥,我们让小火车过桥吧!"子屹说:"好的,我也搭好了一条弯曲的路。"仔仔玩了一会儿说:"我们换一个轨道形状吧,把这个弯曲的路换一下。"于是伸手想把刚才建好的路拆掉,子屹大声说:"不对,不是这样,我不让你拆!"两人不知所措,麦兜看了看,命令说:"你们不要吵!我们搭另外的轨道吧,不然你们就别玩了!"子屹和仔仔不知道如何是好,只好一起将轨道拆掉,一起搭其他的。不一会儿仔仔搭出了新轨道,三人又一起玩了。

分析与解读:案例 5-5 中,辰辰看到小希手里的蛋糕,非常想和小希玩,于是主动发起合作,用商量的语气询问小希能卖他一块吗。可是小希却不舍得卖,于是辰辰又用"再不给我,我把你送到小班去了"威胁小希。小希也许有点害怕,也许不想到小班去,于是"卖"给他一块。辰辰的合作策略引起了小希消极的情绪,而且带有强制成分,属于强制性策略。案例5-6中,大班的麦兜发起了合作,而且给每个人进行了分工,麦兜负责拿材料,仔仔、子屹负责拼搭火车轨道。可小班的仔仔觉得没有意思,想换个轨道玩,而子屹不想更换轨道,两人发生了分歧和争执。这时大班的麦兜用命令性的口吻做出了决断,语气里也有强制成分,使游戏进行下去,采取了强制性策略。幼儿在游戏中,为了使游戏继续下去,年长或年幼的幼儿都会使用一定的合作策略。无论使用威胁策略还是命令口吻,都是对他人内心活动一种把握和控制,正是这些手段的有效性,才保证了合作行为的完成。

类型二:一般性策略。这种策略是指,在同伴合作中为了达成一致而做出的一般性决定。这类策略的使用既没有敌意等消极成分,也没有引起对方积极的情绪反应。一般来讲,解释说明、利诱、妥协、提醒等为这类策略。

【案例5-7】

我感冒了,需要挂盐水

允儿(大班)和阳阳(大班)在玩角色游戏,阳阳扮演医生,允儿扮演病人。允儿在工具箱里找来找去。阳阳问:"你在找什么?"允儿说:"我要找盐水。"阳阳说:"找盐水做什么"。允儿说:"医生,我感冒了,需要打针挂盐水。"阳阳说:"好的,盐水在这里,我帮你拿,你坐下来吧。"说完把盐水挂在高处,允儿坐在旁边。阳阳说:"把手伸出来吧。"允儿把手伸出来,阳阳假装把针插到了允儿手上,过了一会,阳阳说:"好了,病看好了。"允儿满意地离开了。

【案例5-8】

做好了,我也给你玩

桌面游戏时,子屹(大班)对童童(中班)说:"童童,你能跟我一起去玩吗?很好玩。"说完用手指了指旁边的空位,"快坐下来,童童。"童童看了几眼,没说什么,好像在思考要不要坐下来。子屹又说:"童童,快来玩呀。"童童回头看了一眼,走过来,坐在子屹身旁。子屹说:"我们一起做一个飞机吧,做好了,我也给你玩。"童童好像有了点兴趣:"怎么弄呀,好玩吗?""当然好玩啦,还能发射大炮呢。"童童问:"大炮装在哪里呢?"子屹说:"这里,飞机的头上。"童童越来越有兴趣,跟子屹一起拼搭了起来,在两人配合下,飞机大炮很快拼搭好了。

分析与解读:案例5-7中,允儿想要跟阳阳一起玩角色扮演的游戏,说他要盐水。阳阳询问允儿要盐水有什么用,允儿解释说他感冒了需要挂盐水。

允儿运用解释说明的策略,成功与阳阳完成了合作。案例 5-8 中,童童一开始好像并不想和子屹一起玩。为了说服童童,子屹说这个很好玩,可依然没能吸引住童童,于是他又想了一个办法,引诱童童说做好了也给他玩,还说飞机还可以发大炮。童童觉得好像很好玩的样子,于是答应跟子屹一起拼搭飞机。子屹运用了利诱的一般性合作策略,成功完成了合作。在混龄游戏中,同龄或者异龄幼儿之间经常玩各种假装游戏,比如假装当病人、当医生,假装搭高楼、大厦、大炮等,假装游戏有利于幼儿心理理论的发展。同时,在假装游戏中,幼儿要不断理解他人的愿望、兴趣、知觉等心理状态,才能不断完成一个个合作行为。

类型三:亲社会性策略。我们把寻求帮助、主动搭讪、协商、轮流等待等能够引起对方积极反应的策略归为亲社会性策略。在同伴合作中,这类语言和动作的使用都比较亲和,包含着友好的情感取向。

【案例 5-9】

你能帮我穿起来吗

桌面游戏中,予童(中班)在穿小花猫珠子,自言自语说:"我第一次穿小花猫,这个太难了!"她穿了一会就不知道接下来该怎么穿了,于是,对阳阳(大班)说:"你能帮我穿起来吗?"阳阳看了看说:"好的,就是这个孔穿进去然后拉直。"阳阳一边说,一边用示范。予童看得很认真:"嘿,真是太简单了。"予童认真地又做了一遍,不一会儿,她对阳阳说:"我穿好了。"阳阳看了看说:"你还没穿好,你知道接下来还要做什么吗?"予童说:"把它扣起来吗? 可是怎么扣呢"阳阳拿了过来帮予童扣起来说:"好了,完成了。"

【案例 5-10】

大的要让小的

桌面游戏中,凡凡(中班)拼搭出了飞机,为了让一旁的天一(大班)看到自己的"成果",他把飞机拿到天一的耳边说:"飞机马上就要起飞喽!"天一并没有注意到,继续自己玩。凡凡又说:"天一,你要注意安全哦,我的飞机起飞啦。"他举着飞机从天一旁边经过。见天一没有反应,凡凡放下飞机,拿个零件拼上去,又对天一说:"你看,这样拼是可以发炮的。"天一看了一眼说:"发炮不是这样的。"天一把凡凡刚拼上去的零件拿下来装到了其他地方,说:"这样就可以发炮啦。"凡凡自豪地说:"飞机就要起飞。"天一说:"我比你大,我来开。"凡凡说:"大的要让小的。"天一想了一会儿,说:"有办法了,你来开,我来给你控制开火。"凡凡说:"好的。"天一和凡凡举起一起搭建好的飞机,玩得很开心。

【案例 5-11】

我们一起搭个游泳池吧

桌面游戏中,可可(小班)拿着手里的积木,对小希(中班)说:"我们一起搭个游泳池可以吗?"小希说:"好的。"小希边挑积木边搭了起来,嘴巴还自言自语:"这个放在这里,这个放在那里。"可可说:"我这里有方形的积木,我们的泳池也需要方块才行。"说完,递给了小希方形积木。小希接过来插在泳池上,继续拼。可可说:"我这里还有三块呢,给。"小希接过来拼了上去,泳池越拼越大。可可说:"我们给泳池做个门吧?"小希嗯了一声,把一块积木挡在了泳池门口,对可可说:"泳池门做好了。"可可看了很开心:"我们的游泳池造好了!"

【案例 5-12】

请你们一个一个来

角色游戏中,小朋友们站在"冰激凌商店"前。子屹(大班)当售货员,大声喊:"卖冰激凌喽。"有几个小朋友被喊声吸引了过来,挤在一起,抢着买冰激凌。子屹有点手忙脚乱地说:"请你们一个一个来,一个买完了,才轮到另一个,请大家等着。"于是小朋友们一个一个排起了队伍。优优(中班)说:"我要这个西瓜味道的。"子怡做了一个西瓜口味的,对优优说:"给你,4 块钱。"优优把"钱"递给子屹后离开了。后面的小朋友有序地排队等着。

分析与解读:案例 5-9 中,年幼的予童在玩桌面游戏时遇到了困难,这时她想寻求阳阳姐姐的帮助。她认真学习,不懂时还反复询问姐姐。在阳阳的帮助下,两人合作穿出了小花猫。予童采取了寻求帮助的策略,使得游戏顺利进行下去。案例 5-10 中,凡凡是一个交往能力特别强的男孩,尽管他是中班,但很显然,他掌握了很好的合作技巧。为了与哥哥天一游戏,他用飞机上天吸引天一的注意,让天一和自己玩,还故意举着飞机从天一旁边经过,并搭讪天一说:"这样拼是可以发炮的。"最后成功地吸引了天一与自己一起玩。同时,天一也有不错的合作策略,天一想要来开飞机说:"我比你大,我来开。"凡凡则灵机一动:"大的要让小的。"当两人不知道怎么办时,天一则想到了分工的办法,一人开飞机一人开火。可见,两人为了使合作进行下去,都采取了一定的策略:天一想到了分工合作的方法,而凡凡则采取搭讪的策略。案例 5-11 中,年幼的可可想要和小希哥哥一起搭建泳池,以协商的口吻向小希请求合作,获得同意。可可用协商的策略成功发起了合作,为了让小希用到自己手里的几块积木,可可一直在提醒小希说自己有方块的积木,同时,还建议为泳池搭建一个门。在可可的协商下,泳池搭建完成。小班的可可主动发起合作,而且运用协商的亲社会性策略,友好地与同伴共同搭建了漂亮的泳池。案例 5-12

中,角色游戏时,几个小朋友想要买冰激凌,可是售货员只有一个,大家在子屹哥哥的提醒下,轮流等待买冰激凌。为了使合作顺利进行下去,子屹想到了一个让大家轮流等待的办法,于是大家一个个排起了队,子屹起到了支配和领导的作用。在他的提醒下,混龄班的小朋友以轮流的方法顺利完成了合作。

混龄班中,不同年龄段幼儿组合在一起,认知冲突更加明显,年长的幼儿有时会起到榜样示范的作用,年幼的幼儿也能学到一些合作交往技能,通过模仿与学习、求助与讨好等,他们之间的合作策略水平也能得到提高,而且年幼的幼儿常常主动积极地向年长幼儿求助,甚至讨好,而年长幼儿也乐意在弟弟妹妹面前"卖弄"他们的本领和权威,同时他们自身的经验也在一遍一遍重复中得以强化。不知不觉中,各个年龄段幼儿的合作技能都会有所提高。在这个过程中,为了保持游戏的顺利进行,他们必须试探了解彼此的需求、愿望、情绪、意图等,必须察言观色,懂得他人心理,才能不断读懂对方,完成合作。

(二)不同水平的同伴混龄合作中的心理理论

我们发现,不同年龄、不同性别、不同能力的幼儿组合,合作水平明显不同。为了进一步了解混龄班幼儿合作水平的特点,我们把他们的合作水平由低到高分为四种水平。

水平一:意向性合作。从严格意义上讲,这类合作并没有发生合作行为,只限于语言交流,但从发展角度,合作者已经有了想要合作的意向,我们把这类合作称为意向性合作。这类合作水平比较低。

【案例 5-13】

和我一起看书吧

在阅读区,美熙(小班)看到——(小班)走来走去,对——说:"——,你坐我旁边,和我一起看书吧。"——走过来,看了看美熙手里的书说:"你这本书太简单了,我不想看。"美熙说:"很好看的,你看,这里还有个恐龙。"——说:"这本书我都看过了,我不和你一起看了。"于是,——起身离开。

分析与解读:案例 5-13 中,美熙试图邀请——看书,向——发起合作,而——显然没有被书的内容所吸引,虽然美熙还告诉——里面有个恐龙来进一步说服——,但这依然没能引起——的兴趣,最后,合作没有顺利进行。显然,美熙已经产生了想要合作游戏的意识,且语言上也有了一些合作交流,合作水平比较低,属于意向性合作。

水平二:自发性协同。此类合作行为,不仅出现了语言的交流,也出现了动作的配合,但是合作目标不明朗,问题的解决随机性强,整个合作过程自由松散,缺少计划性和组织性,合作很容易因外界的干扰而终止。

【案例 5-14】

我要到别处看看

倪倪(小班)和可可(小班)在玩拼插游戏,倪倪对可可说:"我这个插上去好高,不好看,你能帮我插一下吗?"可可看了看说:"应该找一个短一点的积木!"倪倪看了看,拔掉了高高的那个插片,找到了一个小一点的插在了上面,可可说:"恩,这样还行。"倪倪看了看觉得也挺好的,但她东看看,西看看,想知道别处有没有好玩的,不一会儿说:"我要到别的地方去看看了。"于是拿着插片跑开了。她围着教室走了一圈,回到可可身边一小会儿,然后又跑去别处玩了。

分析与解读:案例 5-14 中的倪倪请求可可的帮助,出现了语言的交流和行动的配合,结果因为她的合作目标不明确,并不知道自己想要玩什么,然后觉得没有意思就跑去玩别的了。尽管可可想帮助倪倪,可不一会儿倪倪又跑开了。整个合作行为,倪倪内心不稳定,缺乏计划性和目标性,对可可的想法和心理也缺乏预测,因此合作终止。

水平三:适应性协同。幼儿在合作时,其语言交流具有针对性和计划性,行动具有协调性,且为了完成合作而相互适应,合作目标较明确。合作基本上能按目标展开。

【案例 5-15】

和家人一起吃饭

亦辰(小班)、阳阳(大班)、然然(小班)、宜静(中班)一起玩角色游戏,阳阳说:"我拿一些碗当餐具,宜静你拿一些扣子当饼干吧。"于是,阳阳去准备碗,宜静去寻找扣子。亦辰走过来,看到他们忙来忙去,于是坐在了阳阳身边,但不知道该做什么,只是拿了个碗在手里等着。他看着哥哥姐姐整理东西,然然准备好了自己的碗和勺子后,对阳阳说:"妈妈,我要吃东西,您能给我一些吗?"阳阳假装盛了一点米饭,给了然然,然然开心地"吃"了起来,然然看亦辰不动,对亦辰说:"亦辰我们可以吃饭了,和家人一起吃饭。"于是亦辰学着然然的样子,拿了个小碗,大口大口地"吃"起来。

【案例 5-16】

我当妈妈,你来当小宝宝

阳阳(大班)对然然(小班)说:"我们一起玩过家家好不好。"然然点头表示同意。小希(中班)走了过来,阳阳对小希说:"小希,我当妈妈,你当大姐姐。"转身对然然说:"你当小宝宝。"三个人摆弄着自己手里的小锅和小碗,阳阳拿了个碗对然然说:"宝宝,快点吃,吃完了妈妈和姐姐带你出去散步。"然然大口的"吃"了起来,期间,阳阳和小希还不断地"喂"然然吃。阳阳说:"我再烤点饼干吧。"说完挥舞了几下手里的锅子,说:"饼干做好了,你们快点吃吧。"然然和小希"吃"了起来。然然说:"妈妈,我吃完了。"阳阳说:"好的,那我们出去散步吧。"

【案例 5-17】

哥哥妹妹搭飞船

凡凡(大班)看到倪倪(小班)在玩拼搭游戏,说:"我们一起玩吧。"倪倪没说话。凡凡坐在了倪倪身边后对倪倪说:"插片在架子上面,我先把它拿下来,然后我们一起来搭飞船吧。"倪倪想了一下说:"好呀,搭飞船。"凡凡踮起脚把架子上的插片拿了下来。两人拿完材料坐在地上一起玩。凡凡说:"这是飞船的身子,飞船的头在哪里,你帮我在筐子里找一找,好吗?"倪倪翻了翻材料,把找到的材料给凡凡。"好了,做好了。"倪倪笑着说。凡凡也很开心地喊道:"一起飞喽!"

分析与解读:案例 5-15 中,大班的阳阳和中班的宜静在玩角色游戏,她们分工合作,一个拿餐具,一个拿饼干,目标明确,后来亦辰加入进来,但只是看着,不知道该做什么。小班的然然也加入了进来,主动把自己当成宝宝,把大班的阳阳当成妈妈,向阳阳要米饭吃。在这个合作群体中,显然能力略强的阳阳占据了"领导"地位,小班的然然通过充当宝宝的角色向妈妈发起了合作行为,成功地加入了游戏。而一旁等待的亦辰后来也通过模仿然然的样子加入了游戏。整个过程开展得井井有条,他们的合作目标是吃午饭、过家家,合作过程顺利,属于适应性协同。案例 5-16 中,小、中、大班三个年龄段的幼儿"混"在一起游戏,大班的阳阳来做妈妈,负责分配好角色,中班的小希做姐姐,而小班的然然扮演宝宝。合作中,幼儿之间的语言和动作都有了适应性协调,他们互相配合着角色需要一起做饭、吃饭。饭吃好后,他们一起去散步。合作具有计划性,目标明确。案例 5-17 中,小班的倪倪和大班的凡凡一起搭飞船,目标明确。同时,凡凡拿材料,拼搭飞船的身子,倪倪则帮忙寻找材料拼搭飞船的头,游戏在大班凡凡的引领下,很好地完成。

在混龄游戏中,合作行为无处不在。异龄同伴之间可以通过幼儿园提供给他们的游戏材料,进行各种装扮游戏,通过游戏过程中各种心理状态词汇的表达,如"我当妈妈,你当姐姐""一起来搭飞船"等,进行各种游戏,从而潜移默化地提升了心理理论水平。

水平四:组织化协作。此类合作行为的合作水平比较高,合作进程显示出一定的组织性。幼儿游戏中以集体目标为中心,分工明确,各自按照预定计划展开活动。这种合作要求幼儿有一定的注意力和耐心,且具有一定的合作技能,主要发生在大班或者能力强的幼儿身上。

【案例 5-18】

我们齐心协力把门修好

收拾玩具的时间到了,几个小朋友一起收玩具。小智(大班)对小伙伴说:"你们帮我收好玩具,我们齐心协力把装水果的门修好。"子屹(大班)边拿水果边说:"好,水果放在这里,麦兜你帮我扶着门。"子屹在麦兜(大班)的帮助下,成功地将水果放进了柜子里,这时宜静(中班)看到后走了过来,帮助一起收散落在地上的水果,小智他们则继续修装水果的门。小智说:"我一定要弄好它,我有一个好办法,把小车子给我。"麦兜递过小车子,小智把车子抵在水果门外,抵得紧紧的,高兴地说:"看,现在门不会掉了。"几个人看到门没掉下来说:"嗯,总算修好啦!"

分析与解读:案例 5-18 中大班的小智能力较强,充当了"领导者"角色,小智组织大家说:"我们一起齐心协力把装水果的门修好。"大班的子屹、麦兜和中班的怡静一起来帮忙,有的捡水果,有的扶水果的门,行动具有计划性。他们一心想着把水果的门修好,目标明确,注意力集中,并且,听着小智的指挥,具有高度的协调性,属于组织化协作,合作水平较高。幼儿之间既有同龄之间的合作,也有异龄之间的合作。在混龄教育模式下,异龄之间互相帮助、照顾、模仿,提升着他们的合作技巧和能力。同时,在合作行为中,幼儿常常以实际年龄为依据来分配担任的角色:年长幼儿容易充当爸爸妈妈或哥哥姐姐,而年幼的幼儿则心甘情愿被当作小宝宝或其他被保护的角色。整个合作氛围融洽,合作目标明确,相互配合,秩序井然。这种角色扮演帮助幼儿体验不同角色的不同心理,从而调整相应角色的对应行为,每个幼儿都会在游戏中通过实践练习巩固各自的经验,并在异龄互动中找到他们彼此的"最近发展区",从而更好地促进他们心理理论的发展。

第三节 同伴混龄协商中的心理理论

同伴间重要的不在于是否存在冲突,而在于是否有解决冲突的有效策略,如协商。在同伴交往中,儿童的心理理论不仅表现在各种冲突中,更体现在儿童为了解决冲突而采取的各种协商策略中。当儿童处于同伴群体中时,他们之间往往出现各种各样的人际冲突,这时儿童就必须运用协商等恰当的方式分享玩具、协调意愿,以求得到同伴的认可和接纳。

一、同伴混龄中的协商及其特点

同伴协商，是指儿童与同伴之间彼此交流信息，相互协调观点、意图和需要，试图达成一致意见的行为过程，协商双方互为主体。协商双方为了满足自己获取物品、争取空间、加入游戏、协调意愿、维护规则、寻求帮助或帮助他人等目的，均可与同伴发生协商行为。心理学家加德纳指出，协商能力是人际智能的核心要素之一。具有协商能力的儿童能够表现出擅长仲裁或排解纠纷、敏于察知他人的动机和想法，并据此做出适宜反应的能力。

协商对于儿童心理发展具有重要价值。皮亚杰认为，非常年幼的儿童是自我中心的，还不能意识到同伴的观点、意图和感情。然而，随着他们年龄的增长，他们之间建立起平等互惠的同伴关系，同时体验冲突、谈判或协商的机会也出现了。这种冲突和协商不论是指向物体还是不同的社会观点，在引发折中主义和平等互惠的观念中都起着重要作用。同伴间的讨论和争论（包括协商）是幼儿形成道德判断能力所必需的。儿童的相互讨论和思想交流代替了年幼儿童之间简单的互相模仿，使其人格得到了发展，协商对于儿童社会性发展及其良好个性的形成具有重要的作用。研究发现，装扮游戏对心理理论的发展有促进作用，协商行为也有助于促进幼儿社会理解能力的发展。比如在游戏前，儿童就自己将要装扮成什么而相互协调各自的愿望，这样儿童就有机会接触到不同人的不同观点。装扮游戏的成功正是依赖于不同游戏参与者的愿望的同步协调。协商行为对于儿童的合作及社会化意义重大。如前所述，在儿童合作过程中存在大量的协商行为，因为儿童只有通过协商和相互解释，才能使双方的想法彼此接近，从而获得对相关角色或情境的共同经验，否则行为的配合就会终止，合作的游戏也就玩不下去了。当儿童缺乏共同经验时，尤其需要其通过协商来明确以取得一致性。如果缺乏协商技能，就会导致合作失败；儿童在同伴合作中所形成的通过平等协商约定规则和形成自律行为模式，是儿童社会化的重要心理基础。研究发现，在儿童的交往中，他们与年龄有差异的儿童交往比同龄人交往更频繁。在混龄教育中，幼儿的角色、位置、心理体验、沟通方式等方面的复杂化有利于促进幼儿协商行为的多样化，促进幼儿协商能力的发展，而心理理论水平的发展将有助于混龄班幼儿协商策略的发生和发展。

混龄班中同伴协商行为的特点如何？我们采用时间取样和事件取样等方法，以杭州市某幼儿园的三个混龄班中90名幼儿为观察对象，研究他们在自由游戏情境中的协商行为特点，发现了混龄班中幼儿协商行为的总体特点：①混龄班中幼儿之间的协商行为大多发生在自主游戏中，而在生活活动和学习活动中协商行为出现较少；②幼儿之间协商积极策略分别为劝说请求、轮流等待、多方商议、交流资源、跟随服从、解释说明、进入情境等,协商消极策略分别为命令要求、利用威胁、争抢资源、哭闹告状、语言攻击等;③随着年龄的增长,幼儿所使用的消极策略逐渐减少,积极策略逐渐增加,即年长儿童比年幼儿童更多地使用了积极策略;④混龄班幼儿成功的协商结果随着年龄的增长而逐渐增加,而失败的协商结果则随着年龄的增长而逐渐减少,成功的协商结果主要表现为一方让步、达成共识、双方合作、请求成功、交换成功、劝说成功、协助成功等,而失败的协商结果主要表现为交换无效、劝说无效、不了了之、转变方向、请求无效、协助无效、不欢而散等;⑤采用积极策略的幼儿往往更能够获得成功的协商结果,得到同伴认可,而采用消极策略的幼儿协商失败次数会更多。在不断磨合与成长中,混龄班幼儿的协商水平会逐渐提高。

二、解读同伴混龄协商中的心理理论

协商是儿童解决冲突的一种策略,在从敌对关系到和平共处的转变中起到了重要作用,它避免了进一步"以牙还牙"情况的发生。很多儿童自主的协商行为大多发生在游戏活动中。在同伴协商中,儿童同样经常会使用心理理论技能面对和解决问题,从而在彼此交往中促进双方心理理论的发展。

(一)同伴协商中幼儿对他人想法和意图的理解
【案例 5-19】

我替你掰

中班的区域活动中,冰冰和晨晨用塑料盘子盛满小积木,摆了满满一桌子,旁边还放了几个矿泉水瓶子,他们忙得不亦乐乎,不停地往盘里装东西。这时小月搬着椅子过来了,她用恳求的语气说:"冰冰,我也来玩吧!"冰冰抬头看了她一眼,没吭声。小月不满地小声嘟囔着:"那我以后不跟你做朋友了。"冰冰不知是没听见还是故意不理,仍旧低头忙着自己手里的东西。小月在旁边呆站了一会儿,又搬椅子往前靠了靠,大声说:"我来帮你们开商店吧!"冰冰终于抬起头来对小月说:"我们开商店的人已经够了。"此时,冰冰手里正拿着按在一起的两个插片,怎么也掰不开。小月见了,殷勤地说:"我替你掰。"冰冰把插片递给了小月,小月用劲全身的力气想掰开插片,但她的力气太小,刚开始时插片纹丝不动,她没有放弃,耐心地掰了很长时间,终于把两个插片分开了。小月把插片递给冰冰,然后用期待的眼光看着她。冰冰拿到插片后先低下头继续玩了一小会儿,然后抬头看了看期待的小月,略想了一会,她向小月发出了邀请:"小月,你来玩吧。"[5]

　　分析与解读：协商行为常常是由冲突引起的。这是一个明显由人导向的冲突。任何想加入一个游戏群体的个体目标都是由"局外人"变成"局内人"。小班儿童一般采取直接介入的方式,结果大多因被游戏群体"拒之门外"而失望走开。中大班儿童则会使用请求、协商等多种策略恳请加入游戏群体,比如案例5-19中的小月。很明显,冰冰从一开始就明白小月的意图,但她故意给小月设置层层障碍;而小月也似乎明白冰冰的"使坏",不愿退缩,从而两人开展了一场心与心的较量:她一开始就向冰冰请求加入游戏,但冰冰根本不想让她一起玩。最初她故意采取一种不理不睬的方式拒绝和冷落小月。小月虽然嘴上说:"我以后不跟你做朋友了!"但从当时来看,她只是把这句话作为吓唬或威胁冰冰的手段;当小月再次请求时,冰冰以"人够了"为借口直接拒绝了小月。但小月并未灰心,她殷勤且费力地替冰冰掰开插片,希望以此讨好和打动冰冰。冰冰可能体会到了小月的"用心良苦"和这样做的意图,也觉得自己太过分,于是后来就主动邀请小月过来玩。可以看出,小月在试图加入的过程中采取了多种策略,如请求、博得对方好感等。小月已经具有预测他人心理状态的能力,能主动根据情境采取行动,以便达到自己的目的。

　　在加入游戏群体时,受欢迎幼儿和被拒绝幼儿的境遇大相径庭:受欢迎幼儿常常能够对同伴行为很快做出积极反应,一般能成功。而被拒绝幼儿却因缺乏与同伴互动的能力往往"无功而返"。事实上,小月是个人际关系很好的幼儿,具有很强的对他人的需要、愿望、想法、意图、情绪和信念等的理解能力,并能正确预测对方的行为,做出恰当的回应。不得不承认,她是个察言观色的行家!

　　【案例5-20】

<h3 style="text-align:center">我也想看</h3>

　　吃完午饭,小希(大班)选取了一本自己喜欢的绘本坐在桌子边认真看起来,陈果(中班)大口地吃完午饭,走到小希面前轻轻地拉了拉小希手里的书,小希见状把书往旁边一拿躲开了说:"你要干吗?"陈果对小希说:"小希能不能把书借我看一下?"小希说:"我才刚刚拿过来的,你干吗不去看别的?"陈果说:"可是我刚才就想看这本书呀。""那你刚才干吗不拿?"小希又说道。陈果又说:"小希,我们一起看好不好?"小希说:"不要。"然后用胳膊护住了书。陈果又说:"小希,我们还是一起看吧。"小希不再理会他了。陈果站在小希的身后静静看着小希,等小希翻到绘本最后几页的时候,陈果说:"哈哈,这下你看完了吧,小希现在该我了吧。"说完伸手去拿书,小希按住了书还是没有答应。陈果接着说:"小希你看这上面有只小猪呢。"小希看了看书,陈果趁机把书拿走了,小希又去拿别的书看了。

分析与解读：案例 5-20 中，中班的陈果是个机灵的小男孩，第一次他想趁小希不注意，通过抢的方式把书拿到手，可是不小心被小希发现了。看到有些生气的小希，陈果很快就知道自己的小计谋被姐姐发现了，面对尴尬他首先采取了"软磨硬泡"的方式，恳请小希把绘本借给他看，当看到姐姐语气强硬时，他用强硬的方式告诉小希这本绘本本是他应得的，聪明的小希丝毫不甘示弱，再一次拒绝了提出无理要求的陈果。陈果没有放弃，第二次又采取了"守株待兔"的方式，等姐姐把书看完后再伺机出动。显然已经很有经验的小希看穿了弟弟的小伎俩，即便是翻完最后一页，仍然不肯让陈果看。看到姐姐不肯让步，陈果利用书上的图片成功吸引小希的注意，终于把绘本拿到了手。可以明显看出大班的孩子在面对协商的消极策略时，会同样以消极的方式进行回应，但是混龄班大班幼儿有较强的责任意识，虽然不情愿但揣测到弟弟小心思的小希最终还是把绘本不动声色地让给了弟弟。中班的陈果也有预测他人心理的能力，他的协商水平已经远远地超过了很多同龄的孩子，但是对于大班幼儿而言，他采取策略的水平还有待于进一步提高，随着年龄的增长其积极策略的使用会逐渐增多。

（二）同伴协商中幼儿对心理状态术语的谈论

【案例 5-21】

宝宝想……

中班的区域游戏。娃娃家里的"妈妈"夏雨说："宝宝想喝水了！""爸爸"奇奇赶紧说："那我来给他喝水吧。"说着去取了矿泉水给宝宝喝。夏雨拍了拍怀中的宝宝说："他不想喝矿泉水了，他想喝饮料！"奇奇马上接口："好啊，给他喝可乐！"夏雨摇摇头："他不喝，他要喝橙汁！"奇奇故作吃惊："天啊，我去买吧。"说完，跑到超市里买回了一瓶"酷儿"。这时夏雨又有了新的想法，对奇奇说："你来，你在家，给宝宝搽一点粉。"奇奇很配合地接过宝宝，然后很享受地说："粉好香啊！"搽完粉，奇奇站起来："我要给宝宝买东西去。"夏雨赶紧摆摆手："呀，你已经买了这么多了，宝宝不吃了，宝宝已经吃饱了，你不要买了。"奇奇点点头："那好吧！"说完，就开始整理起家里的物品来。[8]

分析与解读：在同伴协商过程中，幼儿也会经常大量使用各种表示心理状态的词汇，以表达想法、意图。比如，幼儿用"当"来表示假装心理，用"想"来表示愿望，用"我要""他要"来表示人的意图等。假装游戏中这些心理状态词语的使用，对于幼儿理解物质世界之外的心理状态具有重要的意义。案例 5-21 是中班幼儿角色游戏中常见的协商方式。双方就宝宝喝水、搽粉的问题进行了相互之间观点的协调。夏雨说宝宝想喝水，奇奇对这个提议表示赞成，并主动给宝宝喂水，再就喝什么交换了意见。奇奇虽然觉得宝宝太麻烦（他似乎觉得宝宝太挑食），并且感慨了一句"天啊"，但很快又认可了，因为自己是"爸爸"。所以，在这个问题上他与对方也达成了共识。然后，他们又商量是否应该继续给宝宝购物，夏雨用已经"买了很多""宝宝已经吃饱了"为理由，使奇奇认可了自己的意见。我们看到的是两名幼儿不断地与对方协商，不停地利用对方的状态和想法维持游戏的顺利进行。他们并不是单凭自己的喜好，而是同时考虑对方的状况，维护双方共同的利益——合作玩娃娃家。

协商行为顺利进行的关键是，协商双方对协商情境有着相近的认识。正是双方对娃娃家里爸爸、妈妈角色的认识，促使他们利用各自担当的角色与对方讨论，并且通过协商顺利地实现了对想象情节的相互配合。这正是角色游戏的特征，只有参与游戏的各方认可甚至发挥对方的想象，然后根据对特定角色的理解采取相应的行动，游戏才能顺利进行。角色游戏本身的特征是协商顺利进行的潜在影响因素。这个例子里夏雨和奇奇的配合就是如此，他们都行使着各自的角色，通过对游戏情节的共同想象，进一步对细节进行协商，从而形成了一种和谐的"家庭气氛"。这些惟妙惟肖的假装扮演和丰富的想象力，使幼儿逐渐对于物质世界之外的心灵有了更为深刻的认识和理解，也逐渐增强了他们的心理理论水平。

【案例 5-22】

我来看病啦

区角活动时间。佳佳（小班）、馨儿（大班）、陈果（中班）和可可（中班）率先进入了娃娃家，乐乐也想进入娃娃家，这时他被陈果拦在了门口："你不能往里面进了。"说完陈果伸出胳膊拦住了乐乐，乐乐不服气："干吗不让进？"陈果说："老师说过了，每次只能进四个人的。""可是我也想玩呀！"乐乐说完推开了陈果的手。佳佳也说："只能是四个人！""那我去告诉老师啦！"乐乐大声嚷嚷去告状，老师告诉乐乐那是规则，下次再让乐乐进去。乐乐来到娃娃家的门口左右徘徊，做医生的馨儿对可可和陈果说："我要做医生啦，你们谁来打针？"陈果说："我是爸爸，可可是妈妈，佳佳是宝宝，爸爸妈妈带宝宝去打针。"佳佳连忙摆手说："我也要当医生，我不要打针。"乐乐听到后快速地跑到娃娃家门口说："这个娃娃生病了，他要打针。"

分析与解读：为了确保活动顺利进行，幼儿在游戏、学习、生活中会主动配合、分工合作、协商解决问题、协调关系，从彼此的相互配合中实现目标，达成合作。在同伴协商过程中，幼儿也经常会使用各种标示心理状态的词汇，以表达想法意图。案例 5-22 中的乐乐用"我想"等敏感词汇来表达心意并未获得娃娃家其他小伙伴的青睐，第一次协商失败的乐乐并没有立刻放弃自己的想法，而是在娃娃家的门口徘徊，当他发现娃娃家的医生需要一位新病人后立刻用娃娃的身份进入情境,并用"他想"来表达自己的想法以达到自己的小目的。协商行为的顺利进行意味着双方对于彼此心理过程中的猜测和相似的认知,最终达成一致。游戏中的幼儿则通过角色扮演的方式对游戏情节的想象加深理解,增强其心理理论的水平。

(三)同伴协商中幼儿对策略的运用

【案例 5-23】

我拿着,你来玩,好吗

中班的自由游戏。早点后,幼儿在走廊里自由游戏,润林从靠墙边的玩具柜里找出了变形金刚,跟在后面的章奇看到后脸上显出一片欣喜的神色,马上也到玩具柜扒拉了一阵,但是没有找到期望的玩具(变形金刚)。于是,他开始注意起润林手里的变形金刚来,他紧跑几步到润林的跟前,说:"润林,咱们一起玩吧!"润林一边低头摆弄着玩具,一边回答道:"好吧。"章奇弯下腰,试探着问道:"我拿着,你来玩,好吗?"说着就拿了过来(玩具于是到了他的手中)。这下他跟对方说话的语气马上就变了:"润林,你不要扶着我!"(试图与对方分开一定的距离)这时恰好沉沉把自己的玩具搁在了润林旁边,然后跑开了(去喝水)。章奇看到之后,立刻对润林说:"看,现在你有玩具了,咱们不用再一起(玩)了!"润林刚刚疑惑地拿起旁边的玩具,章奇已经拿着变形金刚站了起来,嘴里发出"呜呜"的声音,迅速地跑开了。[8]

分析与解读:很明显,这是一个与"物"有关的协商行为。在一般人看来,章奇是个骗人的孩子。开始,为了得到润林手中的玩具,他故意讨好润林,可是玩具一旦拿到手,他立刻就"变卦"了,这主要体现在说话的语气上:从开始的央求、讨好,到后来的拒斥。当润林刚刚疑惑地拿起沉沉无意放在他身边的玩具时,章奇则"光明正大"地把变形金刚据为己有,这些是建立在章奇对对方心理很好的把握的基础上。短短几分钟工夫,形势发生了戏剧般变化,这不能不归功于章奇能够对周围的情境明察秋毫和对他人心理恰当把握的能力上。而润林最后也只有"哑巴吃黄连"的份儿了!

协商行为有时也会围绕着空间的争夺而展开。同样,年幼儿童在解决问题时,有时表现出可爱的智慧。请看下例。

【案例 5-24】

等我们搭好了这个,再搭小闹钟

上完了美工班后,孩子们终于可以玩桌面游戏了。茗姗和亮亮坐到了一起,他们互相看了一眼,茗姗先开口了:"亮亮,我们搭个小闹钟怎么样?"亮亮皱起了眉头,吃惊地喊了一声:"呀,太难了吧?"茗姗眼睛一转,指着玩具柜上供展示的"电脑键盘"（也是幼儿搭出来的）说："那我们先搭这个吧，怎么样啊？"亮亮看了看"电脑键盘"，点点头："那好吧。"茗珊笑了一下，继续说出自己的意见："等我们搭好了这个，再搭小闹钟。"亮亮痛快地答应："行！"说完，两个人开始找材料搭了起来，看起来他们两个人都很高兴。[8]

分析与解读：一般地，同伴协商主要分指向物体的协商和指向观点的协商。很明显这是一例指向观点的协商行为：即由于观点的差异，幼儿必须协调自己和同伴的观点，幼儿通过某种层次的讨论对双方的观点进行协调，以得出比自己解决问题更好的解决办法来，最终实现自己的协商意图。案例5-24中的茗珊和亮亮互相看了一眼，这是他们之间用非语言符号交流信息的开始。首先用语言符号发出协商信息的是茗珊，她提议搭闹钟。亮亮认为这个太难，不同意这个建议，并且通过语言说明和皱眉头的表情将信息反馈给了茗珊。茗珊基于对对方信息的了解"看到"了亮亮的想法和心思，于是再次向对方发出了新的信息——搭电脑键盘。她主动让步，降低了搭建的难度，希望以此获得对方的认可，达到观点的一致。这个折中的建议能够得到亮亮的认可，在很大程度上是由于有"成品"的示范，有搭建的目的性。"小闹钟"对亮亮来说是个不具备完整形象的物品，所以他惊呼"太难了"，并皱起了眉头。显然，这个折中的提议对亮亮而言是个有利的选择。茗珊并没有就此停止协商，而是引出"电脑键盘"，创设了新的情境，适时再次发出协商信息迂回地采用"先搭键盘，后搭闹钟"的心理战术和以退为进的策略。亮亮此时正处于一种愉快的心情中，先前茗珊照顾到他的需要，此时他显然也考虑到了茗珊的需要，于是他让步了，妥协了，同意了！我们认为，此时玩具柜上的"电脑键盘"是进入协商情境的一个重要物质信息。这个事件中的协商双方在对活动目标进行协商时，能够从对方利益出发，既能够通过间接的途径实现自己最初的愿望，又能够满足他人即刻的需要，与他人达成共识。

通过上述分析发现，凡是成功的协商都存在这样的共同特征：一是协商双方能够基于双方的共同利益协调观点；二是协商者通过彼此让步或一方让步，甚至没有经过让步，最终达成了一定的协议，取得了部分或完全的共识。

【案例5-25】

你借我一下，行吗

苗苗、成成、东东三个幼儿在一起玩娃娃家。苗苗有一个美容工具箱，里面是美容玩具。成成和东东都想从苗苗的工具箱中得到玩具，但是成成和东东所采取的策略不同。成成采取的是伸手去抢的方式。由于成成已经把手伸到了工具箱里，苗苗无奈只得让成成拿走了他想要的东西。东东采取的则是与苗苗协商的方式："你借我一下，行吗？"苗苗很快地满足了东东的要求。

分析与解读：在幼儿与同伴交往过程中，经常使用一些交往的策略，这些策略往往带有一定的连续性或倾向性。有的幼儿经常采取"抢"的策略；有的幼儿经常使用"协商"的策略；有的幼儿则善于利用教师的规则或威胁来保护自己。例如，有人开始总是去抢人家的玩具，遇到小朋友反抗并"要告老师去"时，赶快说"对不起"。

幼儿交往策略的倾向性的形成，往往与同伴之间行为的相互作用、相互影响有关。幼儿同伴之间的相互作用和影响构成了对幼儿行为的反馈，这对于幼儿交往策略的倾向性的形成具有强化和促进作用，反映了其较强的心理理论水平。苗苗的反应对成成和东东都构成了强化，但性质不同。来自同伴的强化如图 5-2 所示。

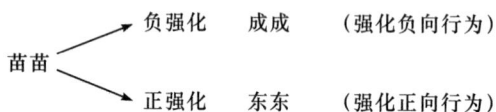

```
              → 负强化   成成   （强化负向行为）
苗苗
              → 正强化   东东   （强化正向行为）
```

图 5-2　来自同伴的强化

在幼儿的共同游戏中，玩具往往是引起冲突的导火线。不同的幼儿往往使用不同的策略（包括适宜的和不适宜的），试图得到自己所想要的玩具，而拥有玩具的伙伴的行为（包括退让、拒绝、反抗等）都构成了对于同伴行为的反馈或强化的因素。如果一个幼儿在使用某种策略取得成功后，会出现反复使用这一"成功"策略的倾向，从而形成个体交往风格的某种倾向性。

儿童的交往策略（不管是儿童自己想出来的还是成人或教师教给儿童的规则和策略），都要经过伙伴交往与相互作用的过程，才能真正使儿童建构对于交往策略或规则"意义"的理解，才能内化为支配儿童行动的原则。所以，游戏过程中的伙伴交往对于儿童积累社会交往经验具有重要意义。

案例 5-25 中的成成经常使用的策略是武力，而苗苗的无奈忍让也强化了他的这一行为，这可能导致成成以后经常使用武力或体力解决问题的交往风格，无疑，这对于成成理解他人的发展没有好处；而东东则是本着体谅、商量和理解他人心理的口气进行协商的，苗苗的痛快满足也无意强化了东东今后继续保持善于揣度他人心思、理解他人的心理，从而为其以更加为别人接受和高兴的方式进行交往奠定了基础。"你借我一下，行吗"，虽然是一句看似简单的平常话，但里面包含了儿童对伙伴心理的猜测和推断，以及小心翼翼的谨慎心态。这反映了儿童细腻洞察对方心理的一种试探。无疑，这对进一步促进东东心理理论发展有重要意义。

【案例 5-26】

我也想玩

区域游戏时间,小希(大班)、可可(大班)在一起玩小球直线滑行降落的游戏,这时陈心怡(小班)走过来对小希和可可说:"我也想玩。"边说边动手去抢可可手里小球,一边的小希见状,严肃地对陈心怡说:"我们不给你玩。"小希说完把手挡在了陈心怡的面前,皱着眉头的陈心怡又说"可是我也想玩",可可说"是我们先玩的"。陈心怡嚷着说:"我要去告诉老师,你不让我玩。"说完,陈心怡就跑着去找老师,小希见状,连忙拉住陈心怡说"哎呀,算了",然后趴在陈心怡的耳朵旁说了几句悄悄话。陈心怡听后,点了点头,不一会儿,他们一起玩起来,小希负责在直线上放球,陈心怡操作杠杆,可可和陈心怡比赛决定停留的格子,停留在星星多的一格内算获胜。玩了一会儿,陈心怡有些不耐烦,趁着可可玩的时候又跑到老师面前对老师说:"老师,我也想玩。"老师对他们说你们自己想办法,可以轮流玩。可可说:"我们就是在轮流玩啊。"陈心怡一转身又去寻找新的玩具了。

分析与解读:小班的陈心怡还没有学会协商的方式,还没有与人进行协商的经验,在协商过程中试图采用威胁、告状等消极的方式来达成目的。面对第一次威胁,小希采取了"大事化了"的方式让妹妹加入了游戏,面对第二次告状行为,可可进行了直接的言辞拒绝。想独占玩具的陈心怡最终没能达成自己的小心愿。大班的可可和小希的心理理论水平相对更高,也掌握更多的协商的技巧。异龄幼儿之间的互动可帮助幼儿体验合作与协商,学会换位思考,提高幼儿理解他人的能力,进而促进幼儿心理理论能力的发展。在不同情境中的各种碰撞之后,相信无论是大班的可可和小希,还是小班的陈心怡,其社会认识能力及协商策略的水平都会有所提高。

(四) 幼儿对他人的说服行为

【案例 5-27】

你有魔力卡,可你不会玩……你先玩我的奥特曼吧

中班的过渡活动。吃过午饭后,祥祥和鲁鲁在玩各自从家里带来的玩具。鲁鲁拿来的是新买的魔力卡(小朋友们都喜欢玩的),可是不知道怎么玩。祥祥带来的还是以往经常带的奥特曼玩具。他看见鲁鲁拿着新魔力卡在那里坐着,就过去说:"你买了新魔力卡呀? 我玩吧?"鲁鲁说不行,可还是坐在那里看着。祥祥好像看出鲁鲁不知道怎么玩,于是就上前说:"你有魔力卡,可你不会玩。我会玩,让我看看,你先玩我的奥特曼吧。"鲁鲁答应了。

分析与解读:说服他人是同伴协商中的一种交往策略。说服方式一般有

然后又胸有成竹地直奔向门后,笑道:"哈哈,萌萌,你快出来吧。"然而,让童童意外的是,竟然没发现萌萌。"怎么可能呢?"童童说了一句。于是,他又四处寻找,半天也没找到萌萌……

分析与解读:案例5-32中,不同年龄的孩子在捉迷藏游戏中的表现有所不同,3岁的乐乐只会进行简单的躲藏,且经常躲藏在固定的地方,也较容易被发现。很显然,他还没有获得心理理论的能力,不能从他人的角度考虑问题,不会想到如果每次躲藏在同一个地方,那么对方肯定会知道自己藏在这里,而很容易被对方找到,这将是一个"失败的"躲藏地。而4岁半的萌萌则变得会"耍心机了":发现童童偷看时,便换了地方躲藏,故意让童童去门后找自己,而自己却悄悄地更换了藏身之地,并且躲藏的地方也较隐蔽。研究表明,4岁左右是儿童获得心理理论的年龄分水岭,5岁时儿童开始具备"次级思维"的心智概念。这个阶段的孩子会开始考虑躲藏和寻找的策略,会逐渐从他人的角度考虑藏在哪里更合适或在哪里更容易找到对方,这说明她已经拥有了一定的心理理论能力,处于"有意图的分析"的初级维度,部分心理理论能力强的孩子还会达到"次级思维阶段",即不仅知道人拥有各种信念、愿望等心理状态,也会逐渐学会通过影响别人的想法来影响别人的行为。但总体而言,这个阶段的儿童总体的思维水平还有待继续发展提高。他们在捉迷藏游戏中,不在于享受躲藏和被找到带来的快感,而在于享受"成功找到"和"成功躲藏"所带来的快感。

三、有意图的捉迷藏阶段

6岁甚至更大的儿童,心理理论发展更为成熟,"有意图思维"的能力更强,并可以通过影响他人的思维和想法来达到一定的目的。

研究表明,年龄更大一点的儿童不仅逐步拥有了心理理论,而且逐渐学会了如何使用心理理论,这种使用心理理论的能力会随着年龄的增长而不断提高。比如在说服行为中,研究发现,7岁是儿童使用心理理论能力的关键期,9岁儿童在说服他人时更多地使用了心理理论这一能力,而5岁儿童在说服他人时则较少使用心理理论能力。在欺骗行为中,研究发现,6岁甚至更大的儿童在进行欺骗行为时会用更多的心理资源。[7]这说明年龄更大的儿童心理理论能力更成熟,会考虑行为的策略,会进行更多的"心智的较量"。

【案例5-33】

丽丽和哥哥的心智较量

丽丽(8岁)很喜欢玩捉迷藏。她告诉哥哥自己一会儿要藏在一个平时最喜欢藏但又最隐蔽的地方。哥哥来找她了,他先去妹妹平时最喜欢藏的地方——窗帘后面，但没找到。于是他又在比较隐蔽的桌子底下找，还是没找到。房间中能躲藏的地方几乎都被他找遍了也没找到。于是哥哥就犯愁了，他故意屏住呼吸不出声音，看看能否探测出妹妹藏身的"蛛丝马迹"。这时，丽丽不小心打了一个喷嚏，哥哥沿着喷嚏飘来的"线索"闻声而去，竟然在衣柜里发现了一大堆衣服中妹妹不小心暴露出来的小手。"哈哈，找到啦！"两人笑成一团。轮到哥哥藏了，哥哥藏的地方更妙，他突发奇想藏在床底下。丽丽找了好久，把能找的地方都找遍了，还是没找到哥哥，于是就认输了，然后只听见哥哥"哎哟哎哟"地从床底下爬出来了，原来是在床底下面蜷缩的时间太长了，腿都麻了……

分析与解读： 案例 5-33 中的两个主人公在玩捉迷藏游戏时，可谓是"绞尽脑汁"地使用各种策略和伎俩来迷惑对方。无论是哥哥故意屏住呼吸寻找，还是妹妹躲在衣柜里故意布置成"这是一堆衣服，不是我"的假象藏身，抑或是哥哥不惜冒着蹲着腿会发酸、发麻的痛苦来迷惑妹妹，使用"我才不会藏在这么矮的地方"的策略，这些"圈套"的设计，都反映了他们在寻找和躲藏过程中表现出来的足智多谋。在这个阶段，给对方造成"出其意料的结果"是他们捉迷藏的终极宣言！这说明，儿童的心理理论达到了一个更高的水平，绝大部分儿童的思维已经充分达到了"有意图的分析"的"次级阶段"，已经能够通过改变他人的想法和思维来控制他人的行动。这时候，与其说捉迷藏游戏是一个玩乐的游戏，更不如说它是个"斗智斗勇"的游戏。这个时期的儿童在捉迷藏游戏中，更多享受的是"成功"所带来的快感。

【案例 5-34】

"小鱼儿"在哪儿呢

混龄班中的户外自由游戏时间。大班的萧萧、诺诺，中班的轩轩和小班的点点一起，正在准备玩"瞎子摸鱼"的游戏。"剪刀石头布"之后，诺诺先做"瞎子"。诺诺用一块手绢把眼睛蒙上，其他几个人都扮演"小鱼儿"。游戏开始了，诺诺故意大声问了一句："'小鱼儿'在哪儿呀？"点点马上大声地回答了一句："在这儿！"而萧萧和轩轩则没有"上当"，他们面带笑容地抿着小嘴，蹑手蹑脚地躲着，生怕自己一点声音被诺诺听到……

分析与解读： 很明显，案例 34 中的萧萧和轩轩能够分析、体察"瞎子"的心理，能够理解诺诺故意大声问话的用意和企图就是想通过声音来判断"小鱼儿"的方位，然后尽快抓到他们。这种意图很容易被心理理论能力较强的年长儿童明白和意会，所以他们会抿着小嘴，蹑手蹑脚地不断调整自己躲藏的策略，想方设法隐藏自己，从而能够不被捉住。而年幼的点点则难以感受到诺诺的真实意图，在不经意的回答中暴露了自己的位置和方向，不用说，他很快就会成为这场游戏的第一个"小鱼儿"！当然，诺诺的故意可能主要是为了好玩，也可能他的目标早就瞄准了可爱而"无知"的点点。

这类似我们都熟知的"捉迷藏"游戏，这种游戏取胜的关键是"躲藏者"和"找寻者"都必须猜测对方的心理。"躲藏者"必须让他人不知道自己躲藏的地方，不好找寻到自己，这样，在玩游戏的过程中，"躲藏者"和"找寻者"都必须要揣摩对方的心理，想一想哪里是安全的地方，他会藏在哪里。成人在与儿童玩这种游戏时会发现一个有趣的现象：有时，成人作为"找寻者"蒙着双眼等待儿童躲藏，故意问一句："藏好了没有？"2～3岁的儿童往往在藏好之后，会大声地回答一句："藏好了！"而大一些的孩子就不"上当"了，他们悄悄地藏好自己，缩着身子，抿着小嘴，生怕自己出一点声音吸引对方。同样的情况也会发生在幼儿常玩的"猜人"游戏中，年龄大些的孩子逐步学会变换自己的声音来迷惑猜测者，以此取胜。年龄大些的儿童能分析和体察他人的心理，并调整自己躲藏的策略。我们可以看出，年龄小些的儿童还不能很好地理解他人的心理，以为自己躲藏起来看不到对方，对方也就看不见自己，而年龄稍大的儿童就可以分析、体察他人的心理，不断调整自己躲藏的策略，想方设法隐蔽自己，从而能够不断获胜，这种对他人心理状态的认识就是心理理论。很小的学步儿童喜欢捉迷藏的游戏，但他们并不擅长藏和找；一个2岁的儿童喜欢的躲藏方法可能是将头贴在桌子底下，整个身子露出在外面。研究表明，3岁的儿童尚不能认识心理状态，4岁半左右是儿童认识心理状态的转折期，到5岁末，幼儿渐渐有了把握自身和他人心理状态的意识。

捉迷藏游戏看似是一个很简单、很普通的游戏，但它背后折射儿童认知，特别是社会认知发展水平的动态发展变化过程。在捉迷藏时，"躲藏者"和"找寻者"都必须猜测、分析和体察他人的心理，调整自己的躲藏策略，这是一种"心理智慧"的体现，其背后隐藏着很多了解孩子心理发展的"秘密"。因此，这启示我们的教育：首先，成人要学会观察。在儿童玩捉迷藏游戏时，不仅要观察孩子在玩什么，更要观察孩子是怎么玩的，这种玩法体现了孩子的什么心理状态，以及他们为什么会这么玩。在生活中，如果我们用"另一双眼睛"来进行观察，进而进行思考，那我们就会多一扇了解孩子的窗户。其次，成人要正确认识和理解孩子游戏背后的思维、想法和心理状态。比如，年幼儿童在捉迷藏游戏时表现出的"自我中心思维"是很正常的，没有好坏之分，这是处于这一年龄段的孩子的思维所能达到的水平。最后，成人可利用捉迷藏游戏帮助儿童提高心理理论。这需要我们尽可能多地创设捉迷藏的环境，鼓励孩子多从别人的角度考虑问题，经常与孩子交流躲藏的技巧和策略，使其能多从他人的角度看问题，以促进儿童心理理论能力的获得。

第五节　儿童是个心理学家,教师应该成为解读儿童的心理学家

通过对同伴混龄中儿童心理理论的解读分析,我们发现,儿童竟有如此强大的运用心理理论的能力:他们对心理理论的运用不仅展现于各种情境的同伴冲突中,还表现在他们为了解决冲突而采取的各种各样的合作、协商策略中。更有趣的是,捉迷藏游戏也能体现儿童心理理论的发展水平。正确地分析和解读日常同伴交往的各种心理理论的运用,会让我们为儿童的能力感叹、惊喜,同时也引发我们深深的思考。

一、儿童是个心理学家

以往,我们常常把儿童和无知、幼稚联系起来。就像我们一直低估了儿童的认识能力一样,我们常常也低估了儿童的社会性感受能力。这种低估,既表现于对儿童的认识、看法之中,也体现在与儿童的交往、互动之中,更直接地展现于教师所组织、开展的各项活动中。其实儿童在社会认知方面有许多潜在的和实际表现出来的能力,只是这些能力对于我们成人而言是可以明白地讲出来的,是被明确地意识到的,但是对于儿童而言,他们虽然每时每刻都在实际地体验着、认识着、行动着,但是他们不能用明确的意识,也不能用言语说出来。从某种意义上来说,信仰是先于认识和行动的,认知决定了行为。

尽管儿童从出生起就在本能地自主学习,在与周围的人和物发生互动,并积累了相应的经验,但现代儿童观、教育观对这些现象往往视而不见。由于人们将儿童充满知识的头脑看成是"白板",所以,某些教师将儿童看成没有自己资源的"贫穷"的个体,更不用说去正视儿童这些经验所具有的个性差异。通过大量案例分析,我们看到了一个全新的儿童的面貌:儿童不再是"贫穷"的、需要灌输的"容器",相反,他们是"富有"的。儿童拥有"一百个想法,一百种思考、游戏、说话的方式,一百种倾听、惊奇、爱的方式",儿童并非只是一张白纸,也不是被动地反映各种刺激的一面"镜子"。相反,他们对周围世界有着丰富的认识,而且这些认识并不是一堆零散的堆积物,而是相互联系着的、能自圆其说、天真的、朴素的、不合逻辑的理论。儿童不是孤独的学习者,他们与周围的人构成了复杂的交往关系。因为只有在交往中,儿童才会遭遇到不同的经验和观点的冲突,儿童才会学着通过对话、协商去解决冲突,学会从他人的角度看待自己的经验并对原有的经验进行修改。同伴交往中,儿童对他人理论的运用,交往过程中策略的选择和使用,给我们展现了一幅幅聪明可爱的儿童形象,我们应通过学习和实践探索,去欣赏、理解、发现儿童的这些能力。要注

意的是，儿童对心理理论的运用，是需要教育工作者以细致耐心的观察能力和精湛的分析能力才能够体会到的，所以，教育工作者要学会以心理学家的眼光去分析这些小小的心理学家，要学会重新认识儿童，尊重儿童。

大量研究发现，儿童远远比我们想象的能干得多，儿童竟然是如此富有能力和潜力的个体！可以说，儿童在交往中的确可以运用信念、愿望、意图和情感等来解释和预测人的行为，就如同心理学家用感知、记忆、思维、个性等解释人的行为一样。随着儿童年龄的增长，他们不仅能够表现出符合社会规范的一系列行为，还能在认知上逐渐认识到应该用信念、愿望、意图和情感等来解释人的行为；他们不仅观察到他人的具体行为，还能由此推断他人此时是怎么想的，接下来可能会怎么做。他们不仅看到了直接可以看到的行为，也"看到"了不能直接看到的心理活动。从这个意义上讲，他们是"直觉的心理学家"。英国心理学家卡米洛夫－史密斯（Karmiloff-Smith）在其 1992 年出版的名著《超越模块性——认知科学的发展观》的一个章节中，直接以"儿童是一个心理学家"来命名；而戈波尼克（Gopnik）和梅尔佐夫（Meltzoff）等于 1999 年在《摇篮里的科学家》里也提到"儿童是个心理学家"。同样，因为儿童在交往中展现出如此丰富的心理理论，我们可以在一定程度上称儿童是小小的交往心理学家。著名心理学家奥斯汀顿（Astington）在《儿童的心智》[11]一书中重点论述了儿童"心理理论"研究的两个重要成果。一个重要成果是儿童发现了心智。儿童发现人和其他事物不同：人有感情，有各种心理状态，这些心智主要是由各种想法、愿望、信念、意图和动机等组成。另一个重要成果就是儿童不仅发现人是有心智的，是由各种心理状态所构成的，还发现可以通过影响一个人的想法而改变其行为。正是儿童对心智的发现，使儿童逐渐变成了一个个可爱且爱思考的、趋于理性的"心理学家"。当然，我们说儿童具有的关于心理的理论，并不是说它是一个真正的科学理论，而仅仅是在某种程度上具有理论的性质、功能，是非正式的理论。因此，我们通常又把儿童的这种对心理的非正式的理论称为朴素心理学，是一种朴素理论。

二、教师应该成为解读儿童的心理学家

教育的一个根本问题是教育工作者对儿童的认识。虽然大量事实为教育者认识"儿童是个心理学家"这个命题提供了丰富的证据，然而很多教育实践者似乎对此仍难以认同。本研究认为，这可能主要是因为很多教育实际工作者缺乏对儿童的细致观察和解读的能力造成的。现实中，很多教育工作者常常注重对儿童进行知识的灌输和技能的训练、常规的培养，抑或是忙于日常琐事，忽略了自己作为教育对象观察者和研究者的身份，对儿童日常情境下表现出来的精彩的时刻缺乏关注和耐心的揣摩，更无暇顾及对这些精彩片段的记

录和分析,致使这些片段只能停留于昙花一现般的瞬间,我们不禁要问:教育中,我们真的读懂了儿童吗?很少有人做出非常肯定的回答。

尊重儿童应该建立在对儿童正确的解读和理解的基础上。因为恰当地解读儿童,努力走进儿童的内心世界是教育儿童的基础。近年来,"解读儿童"的思想已深入人心。然而,解读儿童并非易事。在解读儿童的过程中,我们更应以一个心理学家的心态去观察和了解发生在儿童中间的每个精彩片断。每一位与儿童打交道的教师应该既不要把发生在儿童之间的问题都当作金子,也不要把儿童之间的问题都当作垃圾。对于儿童的解读,教师要从传统的静态解读转向动态解读,即在过程中解读,在具体的情境中解读,联系儿童的过去、现在及可能的未来进行解读。比如,我们可以围绕情境和问题与儿童展开对话,我们可以根据前几天发生的事情推测儿童的想法。这样看来,案例提供的信息其实并不充分,所以我们也就难以较为准确地解读不同儿童的真实状态。在解读儿童的基础上,教师必须对儿童做出回应,支持他们的学习。比如,当发现儿童为了某种原因发生争吵时,教师是否应该通过适时介入的方式来支持儿童学习:教师可以欣赏儿童的言行(如体会到不同儿童对话中的冲突或协商),鼓励儿童进行描述与说明(如让儿童分别对自己和他人的观点和想法谈谈自己的看法),让儿童做出解释(如让儿童说出自己的感受),支持儿童之间的对话、观点讨论、交流想法和态度,了解他人的所思、所想、所感,提供更丰富的感受机会,等等。不管采取什么方法,解读儿童都必须建立在了解儿童现状的基础上。显然,对于以上不同情境、不同类型的儿童,教师的支持策略应该是不一样的。如果教师能够深入而专业地去解读儿童,真正走进儿童的内心世界,就会发现,自己原来也可以以心理学家的眼光去欣赏、理解和支持儿童。

目前的教育改革很强调反思对于教师教育实践、专业成长发展的促进作用。事实上,是否具有反思能力,以及能否进行有效的反思对于我们每个人都很重要。对于儿童而言,培养反思能力更为重要:反思自己的不当行为,可以帮助儿童学会理解、合作、关心等成熟的社会行为,以便更好地与人相处;反思自己的想法和思维历程,可以培养反思性思维能力,从而进行更有效的学习。作为教育者的教师,应该成为解读儿童、支持儿童的心理学家:首先应该把儿童看成会思考,有意图、愿望、信念等各种心理状态的人,从而在教育过程中,把儿童看成积极构建知识的主体;然后在此基础上,学会耐心细致地观察、记录和捕捉儿童日常生活中的"寻常时刻",尝试用心理学家的眼光审视和解读我们的儿童;最后,教育者要帮助儿童学会反思,要有意识地鼓励儿童多表达自己的想法,帮助儿童学会认识自己的心灵世界,同时教育者要有意识地使用有关心理状态的语言跟儿童谈话,在引发儿童思考的基础上,促进其反思能力和元认知能力的发展。[13]

参考文献

[1] 皮亚杰.儿童的语言与思维[M].傅统先,译.北京:文化教育出版社,1980.

[2] 武建芬.心理理论与同伴交往[M].北京:光明日报出版社,2009.

[3] 王振宇.学前儿童发展心理学[M].北京:人民教育出版社,2004.

[4] 贝克.儿童发展:第5版[M].吴颖,等译.南京:江苏教育出版社,2002.

[5] 刘晓静.幼儿同伴冲突行为研究[D].南京:南京师范大学,2002.

[6] 王振宇.儿童心理发展理论[M].北京:人民教育出版社,2001.

[7] 许君迎.混龄班幼儿合作行为特点的研究[D].杭州:杭州师范大学,2016.

[8] 陈莉.幼儿同伴协商行为研究[D].南京:南京师范大学,2002.

[9] 戈波尼克,梅尔佐夫,库尔.摇篮里的科学家:心智、大脑和儿童学习[M].袁爱玲,廖莉,任智茹,等译.上海:华东师范大学出版社,2004.

[10] 弗拉维尔 J H,米勒 P H,米勒 S A.认知发展:第4版[M].邓赐平,刘明,译.上海:华东师范大学出版社,2002.

[11] 奥斯汀顿.儿童的心智[M].孙中欣,译.沈阳:辽海出版社,2000.

[12] 武建芬,强清.从捉迷藏游戏看儿童心理理论能力的发展[J].上海教育科研,2011(10):40-42.

[13] 武建芬,徐云.帮助儿童学会反思——来自心理理论的启示[J].幼儿教育(教育科学版),2006(11):31-33.

第六章 基于幼儿心理理论发展的幼儿园混龄教育组织模式

混龄教育对幼儿发展具有独特的价值,不仅可以促进其社会性发展,还可以促进其认知发展。因此,实施混龄教育尤显必要。

第一节 幼儿园混龄教育模式现状调查

一、问题提出

所谓混龄教育,是基于对不同年龄段幼儿身心发展规律和特点的把握,制定相应的教育目标,有计划、有组织地把不同年龄段(主要是 3~6 岁,年龄跨度在 12 个月以上)幼儿按照一定的比例和数量集中在一起,共同进行教育的活动。混龄教育具有三个共同要素,即将不同年龄的孩子编在同一班级中,不管他们的能力如何;强调孩子发展的需要和怎么最好地满足他们的需要;坚信发展适宜性方案和整体发展观。[1]

国外混龄教育的传统可追溯到 19 世纪,美国称之为"一间房学校",实际上到了 19 世纪末 20 世纪初,这种混龄教育形式在很多国家就很普遍了,如美国、德国、加拿大、澳大利亚、新西兰、英国等。意大利教育家玛利亚·蒙台梭利(Maria Montessori)所倡导的"混龄教育",以其独特的教育方法和突出的教育成效风靡世界,受到各国普遍欢迎。蒙台梭利通过自己的亲身实践证明,混龄教育能较好地解决儿童社会意识发挥难的问题,对儿童的发展具有积极意义。

我国有些农村地区,因为资金短缺、师资匮乏及适龄儿童分布零散、教育活动场地有限等,不得不进行混龄编班。近年来,随着人们对混龄教育认识的深入,越来越多的幼儿园尝试混龄教育:一是弥补独生子女缺乏玩伴的不足,二是较好地整合幼儿园的同伴资源,为幼儿提供更多与异龄同伴互动的机会,大大拓展幼儿的交往范围。无疑,混龄教育的探索对丰富我国学前教育组织形式意义重大。下面我们主要对当前幼儿园混龄教育的现状进行调查,以期为我国幼教混龄实践提供参考。

二、研究过程

(一)研究对象

以杭州和上海两座城市的 12 所进行混龄教育的幼儿园为调查对象,对杭州的 A、B、C、D、E 园 5 所幼儿园的园长和混龄班老师再进行深入了解。5 所幼儿园教师人数分别为:A 园 7 人,B 园 4 人,C 园 8 人,D 园 7 人(含一名男教师),E 园 4 人。

(二)研究方法

1. 访谈法

采取半结构访谈法对各园开展混龄教育的原因、混龄教育的组织模式、混龄课程的实施状况及来自混龄教师的困惑等问题进行研究。访谈过程中记录资料并录音,访谈结束后将录音资料整理成文本进行分析。

2. 观察法

访谈过程中,收集幼儿园有关混龄教育的资料,并在自然状态下对各幼儿园混龄现场进行观察,了解混龄教育过程中一日活动的安排,并进行准确详尽的记录。

三、结果与分析

(一)开展混龄教育的原因

1. 源于对混龄的价值肯定

具有多年混龄教育经验的老师认为,混龄模式可以给孩子营造家庭式氛围,接受混龄教育可以让幼儿的动作和思维变快,主动学习能力增强。混龄教育为幼儿提供了异龄交往的机会,贴近真实世界,有利于促进幼儿认知、情感、社会性等的发展。

2. 源于蒙氏教育的理念

蒙台梭利主张混龄教育,认为"按年龄实行隔离是一个人能够做的最残酷、最不道德的事情之一,对儿童也是如此。它打破了社会的契约,剥夺了生活的滋养……有很多东西老师是不能传授给 3 岁儿童的,但 5 岁的儿童却能轻而易举地做到,在他们之间存在着一种自然的心理'渗透'"。受到蒙台梭利教育思想影响,D 园于 1996 年开始探索蒙氏教学。经过三次教学变革,D 园在蒙氏理念的指导下,逐步摸索,从纯蒙氏的"工作"教学形式发展到现在的混龄编班模式,在实践中找到了适合本园发展的混龄教学模式。

3. 创立办园特色

《幼儿园工作规程》第十一条指出:幼儿园可按年龄分别编班,也可混合编班。国外的很多幼儿园都是以混龄编班形式存在。出于多种因素的考虑,幼儿园都希望能有自己的办园特色。在访谈的 5 所幼儿园中,有 2 所幼儿园选择混龄教育是为了创办特色。

4. 寄宿制

E 园是一所创办于 1953 年的部队办的寄宿制幼儿园,由于军人工作的特殊性,为了解决军人家属的后顾之忧,该幼儿园自建园起就是寄宿制的,该园关注幼儿晚间生活、情绪情感,开始尝试混龄编班,初步架构了"混龄生活"课程。

(二) 常见的混龄教育组织模式

目前幼儿园混龄模式主要有两种:一种是连续性混龄编班模式,一种是间断性混龄编班模式。所谓"间断性混龄",是按照混龄教育组织的时间维度来进行划分的,即每天有一个固定的时间段,或每周有一两个固定的时间段,让不同年龄(一般相差 12 个月以上)的幼儿在一起活动。而连续性混龄与间断性混龄相比,时间上是连续的、每日的。两种教育组织形式各有利弊。本研究综合各个划分角度,把当前幼儿园混龄教育的组织模式大概分为五类。

1. 全园性混龄编班模式

这种模式属于连续性混龄,是混龄"混"得最彻底的模式,就是把全园幼儿按不同年龄、一定比例划分成混龄班。以上海的童的梦幼儿园和依霖幼儿园为代表。

2. 同龄编班和混龄编班共存模式

在这类幼儿园,并非全体幼儿都参加混龄编班,而是一部分完全同龄编班,一部分完全混龄编班。只有那些得到家长认可和支持,且具有一定的混龄师资条件的班级才实施混龄编班。

在上述混龄编班中,既有三个年龄段的混龄,也有两个年龄段的混龄。三个年龄段的混龄班,即将小、中、大班三个年龄段的幼儿按照一定人数比例编为一个班。A 园园长认为,"三个年龄段的混龄更加有利于混龄活动的开展,并且可以关注到幼儿的个别差异。例如,能力较好中班幼儿可以完成大班幼儿的目标。如此根据幼儿能力发展的差异性及时对个别幼儿做出教学目标与内容的调整"。两个年龄段的混龄班,即两个年龄段组合为混龄班的一种编班形式,其年龄组合有三种:"小-中班"、"小-大班"、"中-大班"。D 园园长认为,三个年龄段的"大混龄"活动中,中班的孩子很容易被忽略,因为他们的能力发展需求刚好介于大班与小班之间,因此两个年龄段组合的"小混龄"能够很好地解决这个问题,并且现在每个班配置有两教一保,每个教师分别负责一个年龄段的幼儿。

3. 蒙氏混龄模式

这是根据蒙台梭利教育思想而进行的混龄教育模式。所调查的幼儿园中,只有一所蒙氏混龄幼儿园,属于连续性混龄编班模式。

4. 间断性混龄编班模式

这种模式主要指每天有一个固定的时间段,或每周有一两个固定的时间段,将不同年龄段幼儿的游戏、学习、运动和生活等活动贯穿于其中的一种教育组织形式,特点是有固定的时间、固定的地点、固定的编班、固定的教师及灵活而有计划的活动内容,以上海云台幼儿园为代表。

混龄班中必然存在两个或三个年龄段的幼儿,在一个混龄班中,如何分配班级中各年龄段孩子的数量是一个重要问题。三个年龄段的混龄班中各年龄段幼儿的数量接近,且每班的幼儿数量基本上控制在 30 人。两个年龄段的混龄班中各年龄段的人数基本相近,但实际运作中还会根据当年招生人数而有所变动。A 园除了 3 个混龄班还有其他同龄班,在招生时会通过适当的调整控制分配到混龄班幼儿的数量,使各年龄段幼儿人数保持相对平衡状态。D园所有班级均为混龄编班,即当年所招的小年龄幼儿均要与已有的大年龄幼儿组合成班,而招生人数的不确定性会造成班级内各年龄段幼儿人数的不均衡性。

5. 间断性混龄活动模式

12 所幼儿园中有 6 所采用这种混龄模式,这也是幼儿园采用最多的混龄模式,由于该模式对老师压力不大,家长也支持,方便操作,所以备受欢迎。

(三)混龄课程的实施状况

1. 混龄集体课程的实施

不同幼儿园在混龄课程领域内容选择上存在差异。A 和 B 园偏向于语言和科学领域(不包括数学),而 C、D 和 E 园则在健康、美术和音乐领域开展混龄集体教学活动。一位有 10 年混龄带班经验的教师认为:"混龄班孩子的年龄差异势必会造成不同的能力发展水平,一些与认知发展水平有关的课程内容就不适合混龄。在设置课程的过程中,教师需要找到不同年龄段幼儿的共同兴趣点,这样才能关注到幼儿的年龄差异,促进幼儿能力的发展。"这是混龄班的教师们都一致认同的观点。

关于混龄课程目标的设定问题,许多教师认为,各年龄段幼儿对事物的认识程度和对活动的参与度不同,导致在教学活动中所呈现出的教学效果不同。如果设置满足大孩子能力发展需求的课程目标,小孩子的接受能力没有大孩子快,所以小孩子对课程会有排斥,甚至恐惧心理。特别对于大小混龄班的孩子,往往会有大孩子"吃不饱"、小孩子"吃不下"的现象。针对这种问题,有些教师会在一个教学活动中,根据幼儿的能力差异制定 2～3 个具有难度梯度的目标。这样就可以关注到幼儿能力的差异性,但必须基于教师充分了解每位幼儿的能力发展情况和有着较强的教学把控能力。因此,教师需要充分考虑不同年龄幼儿的差异，正确定位每个幼儿的"最近发展区"，以保证每个幼儿得到最大化发展。

在课程设计上，所有实施的混龄教学活动都是教师自己设计的，且课程设计也成了绝大多数教师实施混龄教育中最困惑的问题。特别是在开展混龄教育之初，教师没有得到任何专业指导和培训，全凭在教学实践中摸索。在长期探索中，幼儿园会在某些领域形成一套混龄教育课程体系。D园对混龄体育课程已有多年研究，这也与该园的一名男教师关系密切。该男教师从教案设计出发，考虑到混龄班教师的工作量与教学效果，最终推行了"协同教学"，即配班老师也主动参与到主班老师的教学中来，而不仅仅是负责保育工作。在教案设计中有一个分组练习环节，主要是针对不同年龄段幼儿能力差异的不同要求，在分组练习基础上进行合作。总而言之，教师在混龄教学课程设计上的专业自信度总体不够，渴望得到专业支持和培训指导。

2. 混龄一日活动的安排

幼儿园混龄班一日活动的环节安排与同龄教育基本一致，包括入园、晨间活动、进餐、饮水、如厕、午睡等，但是在生活活动的具体管理上两者有较大的差异。在混龄班中，不同年龄的幼儿享受着兄弟姐妹般的家庭氛围，通过大带小、大与小互动的过程，进行角色互换的情感体验。生活活动的所有环节，均以不同年龄段孩子混在一起的方式进行。在混龄班，教师会鼓励大孩子去帮助小孩子。例如晨间孩子们所做的事情就是分层的，教师会对大班的孩子进行幼小衔接的指导，而让小班的孩子自主游戏；在午睡环节，教师则会要求大孩子先起床，然后帮助"弟弟妹妹"穿衣服、叠被子。生活活动也是幼儿园教育中非常重要的环节，在生活中，幼儿更能懂得如何自理、如何养成好习惯、如何养成良好的品行。"一日生活皆教育"在混龄教学中可以得到更好的体现。

进行混龄教育，受益的不仅仅是幼儿，教师也同样是受益群体。混龄班的老师普遍反映，在生活指导中，教师的工作会相对较轻松。每一年老生离开，新生进来，在班级常规的培养上有一种延续性。例如小班孩子在刚入园时，班里的哥哥姐姐会给予照应，让他们得到安全感与归属感，能很快适应新的环境，不会出现长时间的哭泣现象。此外，一些行为规范，幼儿在互动过程中就由哥哥姐姐传授给了新入园的弟弟妹妹，而不需要教师全程培养。这种良性循环的模式不仅减轻了教师的负担，也体现了幼儿的主体地位。

3. 混龄游戏活动

混龄游戏是混龄教育中最为常见的一种组织形式，国外的混龄教育基本以游戏形式开展。蒙台梭利认为，混龄班中可以不设置混龄集体课程，而是让幼儿通过混龄游戏来发展能力。不同年龄的幼儿在一起游戏，他们之间相互挑战、模仿、思考、学习，从而形成认知冲突，产生"最近发展区"，建构自己的认知结构。游戏创造着幼儿的最近发展区,能够促使幼儿超越现有的发展水平,尤其是当更有经验或知识的他人对其予以支持的时候。调查发现,常见的混龄游戏活动包括室内晨间自由游戏、区域自由游戏、午间自由游戏和户外自由游戏等。游戏是幼儿的基本活动,在混龄教育中也不例外。每天晨间、午间、户外时间都会有幼儿的自由游戏,而区域游戏会在每周的一个固定时间安排45分钟左右。通常晨间、午间的自由游戏是幼儿在玩桌面玩具、阅读图书时与同伴一起的自发游戏。户外活动中,幼儿会结合自身的生活经验开展游戏。

(四)来自混龄教师的困惑

教师遇到的首要困惑是如何设计混龄课程;其次是该如何把握不同年龄段幼儿的差异,寻找不同年龄、不同能力、不同水平幼儿的"最近发展区";第三个困惑则是如何观察、指导和介入混龄游戏。在全园混龄游戏中,幼儿可自主选择同伴与自主游戏,混龄游戏的真正目的除了促进异龄同伴的交往,还包括还给幼儿自主权。此外,混龄自主游戏对于材料投放的要求很高,且游戏者又是不同年龄段的幼儿,更需要教师严格地把控投放材料的数量、结构,这无疑对教师的专业素养和教育机制提出了挑战。

四、相关建议

混龄教育为不同年龄段的幼儿营造了类似于家庭的生态氛围,在这"以大带小、以小促大"的环境中,不仅年长儿童各个方面会得到一定程度的发展,对于年幼儿童而言,更能获得巨大进步。只要条件允许,年幼儿童都会想方设法地追随年长儿童。拿破仑曾说过,贴身男仆对他主人的了解要胜过主人对男仆的了解。混龄教育不仅有利于幼儿身心健康发展,还会在一定程度上减少教师带班过程中的工作量。研究发现,间断性混龄是目前幼儿园主要的混龄教育组织形态,连续性混龄编班模式还有待进一步深入探索与完善,混龄师资亟须培训。为此我们建议:

第一,相关教育部门应重视并支持幼儿园的混龄教育探索。站在幼儿的视角,混龄教育对幼儿的发展无疑是很好的教育组织形式。相关教育部门应该鼓励幼儿园开展丰富多样的混龄教育模式探索,同时,幼儿园也应该和高校相关专业合作,获得专业支持和帮助。

第二,促进地区间的相互学习,引进优秀的混龄教育模式。"他山之石,可以攻玉。"随着混龄教育研究的深入,全国越来越多的幼儿园都开展了混龄教育的探索,教师在混龄实践中遇到的困惑和问题,可以通过同行之间的交流、观摩、合作等共同面对。相关部门应在条件允许时开展混龄教育方面的课题研讨和交流,进行头脑风暴,互通有无,以取得"两人智慧胜一人"的效果。

第三,大力提倡间断性混龄。目前幼儿园常见的混龄教育模式主要有五种,其中,全园间断性混龄编班模式和混龄活动(游戏)模式是最为常见的混龄编班模式,也是相对容易操作的间断性混龄教育模式。间断性混龄教育是"一种适合我国国情的学前教育组织形式",值得在实践中大力倡导和推行。当然,有条件的幼儿园仍然可以继续进行完全混龄教育探索。

第四,开展专业的混龄教育理论和专业师资培训。针对混龄教师对于混龄课程设计及实施等方面的困惑,幼儿园可以引进优秀的混龄教育资源,对混龄教师进行完整而系统的培训,提高混龄师资理论与实践水平,促进幼儿园混龄教育健康发展。

第二节　幼儿园常见的混龄教育组织模式案例

如前文所述,目前幼儿园中常见的五类混龄教育模式分别为:全园性混龄编班模式、同龄编班和混龄编班共存模式、蒙氏混龄模式、间断性混龄编班模式及间断性混龄活动模式,其中,前三种属于连续性混龄教育,后两种属于间断性混龄教育。

一、全园性混龄编班模式

最为典型的全园性混龄编班模式以上海的童的梦艺术幼儿园和依霖幼儿园、浙江省军区后勤部六一幼儿园、杭州市名苑学前教育集团和庄幼儿园、杭州市启睿多元培训中心及厦门市第九幼儿园等为代表。

上海童的梦艺术幼儿园是一所有 50 余年办学历史的上海市示范性幼儿园,始终走在学前教育改革发展的前沿。1999 年,该园在全市率先开展了混龄教育的探索与实践,当时国内还很少有教育机构进行这方面的研究,在既缺乏参考资料又无成功先例可循的情况下,童的梦艺术幼儿园的园长和老师艰难而又坚定地开辟了混龄教育的园本教研之路。10 多年来,该园历经摸索期、发展期和整合期三个阶段,先后以课题为引领,逐步探索混龄教育的优势。该园的混龄教育渗透于幼儿的生活、游戏、运动与学习等各个方面,经过多年探索,该园逐步形成了一套独特的混龄教育模式。该园混龄教学的具体模式和实践案例,请参考童的梦艺术幼儿园混龄课题研究组 2005 年发表在《上海教育科研》的《混龄教育组织形态的研究》[2]和何敬红主编的《走进混龄教育案例集》[3],在此不赘述。

上海市依霖幼儿园是一所民办幼儿园,也是上海市一级幼儿园。该园自2006 年开始进行混龄教育探索,尤其以"家庭式混龄"教育为特色。每个班级按照"老大、老二、老三"把幼儿分成一个个小家庭。在这些幼儿就像兄弟姐妹的混龄班中,发生过一个个有趣又有价值的故事,上海依霖幼儿园以本园教师观察的 18 篇混龄日记为基础,结合 18 篇教师手记编写了一本《混龄日记中的教育启示录》,华东师范大学华爱华教授对其中案例进行专业点评和解读之后,混龄教学的价值被挖掘得更加精准、专业。华爱华教授认为:"过去,人们总是把混龄活动的价值定位于对独生子女社会化问题的补偿,现在看来,混龄教育的模式已经超越了家庭中兄弟姐妹的意义,因为家庭中的兄弟姐妹角色是固定不变的,而在幼儿园的混龄班,每个幼儿都有机会从弟弟妹妹成为哥哥姐姐,角色转换使他们既有向上的依靠,又有向下的责任,还有同龄之间的公正。过去,人们总认为混龄教育对小年龄幼儿认知发展的价值是不可估量的,但不利于大年龄幼儿的认知发展,现在看来,只要组织得法,异龄活动照样可以推动大年龄幼儿的认知发展。隐藏在混龄日记中的教育启示,引起我们对混龄教育发展价值和实践模式的新思考。"[4]

浙江省军区后勤部六一幼儿园是一所创办于 1953 年的部队办的寄宿制幼儿园,目前在园幼儿 200 人,共设 7 个班级,其中 3 个寄宿班。这 7 个班都是按照不同年龄段幼儿的均衡比例进行混龄编班。由于军人工作的特殊性,该幼儿园自建园起就是寄宿制的,并于 2004 年开展了"全托幼儿晚间情绪情感"的调查与实践,关注幼儿晚间生活、情绪情感,开始尝试混龄编班,践行蒙台梭利教学方案。2007 年起,全园实行了混龄编班。2013 年,该园在之前混龄教育的实践基础上,初步架构了"混龄生活"课程。

杭州市启睿多元培训中心开展了"走进混龄家庭"教学活动,主要借鉴了上海依霖幼儿园的做法,争取了在家长支持的情况下进行的混龄编班。该园进行混龄教育的主要原因有两个:一是认识到混龄教育的价值;二是基于民办教育机构灵活性的实际和提升市场的竞争力的追求,同时考虑到具备蒙台梭利教育理念的园长和师资条件。"混龄家庭"模式主要是把班级里所有孩子按照不同年龄进行配对,大、中、小幼儿分别为老大、老二、老三。在生活、游戏、上课方面,他们会根据幼儿的情况给小朋友们配对,小、中、大一组(家庭编号以大孩子的小名命名,如嘟嘟家、妞妞家)。大龄孩子在教师的引导下会慢慢帮助小龄孩子。小龄孩子不会穿衣服、吃饭、洗手、端盘子,大龄孩子会照顾小龄孩子。该园根据儿童的不同情况对幼儿课程安排做了一些调整。一周 3 个半天进行蒙氏教育,其他时间上音乐、美术、绘本、体能课。每日晨间、午间、晚间自由游戏时间,幼儿可以各自找自己喜欢的同伴交往。上午的课程为幼儿游戏做充分的准备,幼儿通过游戏会把集体活动时学会的技能带给其他同伴。在同龄交往中,幼儿之间的认知水平差距不是很大,但是在异龄交往中,幼儿的认知水平差异非常大,一般年龄相差 1 岁的孩子进行异龄交往的频率比较高。2014 年,该园筹办了第一个混龄班,当时通过家长自由报名开设了一个从 17 个月至 4 岁幼儿的混龄班,招到 17～24 个月的幼儿 3 位,24～30 个月的幼儿7位,30～40个月的幼儿6位,活动设计以游戏为主,培养孩子的日常行为规范、情绪管理及认知能力;第二学期开始招募3～6岁的孩子,在新的实践和探索之际,该园参观了上海、杭州等地实行混龄教育的其他幼儿园,同时参考了不少文献和书籍,得到了很多启发。为了提高孩子的活动质量,该园把区角游戏中的材料做了进一步调整,每周不定期进行师资培训,每天记录孩子的成长过程。该园在学期结束时做了一个问卷调查发现,家长对于混龄教育总体上还是比较肯定的。

杭州市名苑学前教育集团和庄幼儿园是进行全混龄教育的幼儿园(见案例6-1)。

【案例6-1】

努力筑造一所"爱的庄园"

杭州市名苑学前教育集团和庄幼儿园

一、为什么要进行混龄教育

该园之所以进行混龄教育,戴园长和老师们对此有着深刻的思量和考虑:

首先,和庄幼儿园因其自身定位及各方面因素,全园开设4个班级,幼儿数量相对于其他幼儿园来说比较少,师生比科学合理,因此自开园以来,就将办园特色定位于混龄,在前期利用大带小的方式开展了一系列的观察、实践活动,初步形成具有园本特色的混龄班级配置、混龄节日活动、混龄日常活动。

其次,混龄教育能给教师带来新的挑战,有助于优秀教师的培养与成长。正如戴园长所说:"创办之初也希望通过混龄班能够把教师带出来,走一条有专家引领的专业化之路。"

最后,为了发挥自身特色优势,更好地利用自身资源,促进幼儿身心健康发展,和庄幼儿园自主探索适合本园的混龄教育模式,努力做到让幼儿在园里的每一天都能感受温暖,享受与老师、伙伴在一起的每一天,尽最大的努力为幼儿筑造一所"爱的庄园"。

二、混龄班级的设置

结合园情摸索适合自己的混龄发展之路,该幼儿园将全园4个班级划分为3种模式:小-中班混龄、小-大班混龄和中-大班混龄。每个班级配备2个教师和1名保育老师。

三、混龄活动的领域

在混龄班一日教育过程中,生活活动、区角游戏(除了延伸至区角的分龄教学活动)、音乐游戏、户外活动、餐前活动都是混龄进行的。集体教学活动由分领域活动和较少的主题活动组成。在通常情况下,语言、音乐、社会、体育活动主要采用混龄形式,数学、科学、美术等比较强调技能的活动采用分龄形式。

教师也会根据活动内容进行两个年龄段的混龄,把另一个年龄段独立分出去,比如大-中、中-小幼儿混龄。出现特殊情况时,教师会安排适当的分龄。和庄幼儿园混龄老师认为,音乐游戏、语言活动、体育游戏比较容易混龄。美术和数学对技能、技巧的要求比较高,对各个年铃段的要求不一样,不容易开展混龄教学。而且,和庄幼儿园在音乐、体育等一些领域的混龄模式教育中已经逐步探索出了属于自己的园本特色,例如体育的混龄游戏"愤怒的小鸟"、音乐混龄师幼互动模式、"混龄艺术节"。为了挖掘混龄教育资源,发挥好一日活动中混龄游戏的资源,该园将户外混龄游戏活动进行了拓展和实践,一方面提高了混龄幼儿户外游戏活动的有效性,另一方面提升了教师组织和改编混龄游戏的能力,使得混龄教育更具针对性,更有适宜性。此外,教师还总结和编写了部分混龄体育游戏活动,采用了小组研修、草根教学、视频剖析、案例反思等方法,收集了部分体育游戏教学活动,制作了一批户外体育游戏器械和教具,将经典教学投入日常的主题活动、特色节日活动和家长半日开放活动中,受到了幼儿的喜爱、家长的好评。

四、混龄班的课程模式

以省编教材为主,教学活动围绕五大领域进行。集体教学按照集团的课程设置进行。课程主要有主题课程和混龄课程两部分,同时创造性地开展一些混龄教育活动。例如:每周五实施一天的混龄活动,举行"假面舞会""分享日",每周四的主题区域活动,将幼儿分成两组分别去别的班级"做客"等。生活活动中,教师充分利用了散步、午睡、吃饭等生活活动,强调异龄之间的互助,散步前的提醒尤为明显和规律:刚开学时,教师在散步前会说"大班小朋友去找一个小班小朋友,拉好弟弟妹妹的手,我们出去散步了"。过了一段时间小班幼儿熟悉班级常规和日常生活后,教师会说"大班小朋友去找自己的好朋友,我们出去散步了"。在其他具体活动中,

教师也会提醒大年龄幼儿帮助和谦让小年龄幼儿,并及时表扬和鼓励孩子"某某真能干"。除了言语提醒外,教师还会用身体动作暗示幼儿,身体力行为大龄幼儿提供榜样。比如刚开学不久,个别小班幼儿还不能自己吃饭,教师会适当地喂小班幼儿,这时吃得比较快的大中班幼儿看到后也会做出类似的行为。

五、探索混龄模式出现的困惑

第一,加强教师培训,提高教师的教育水平方面的问题。幼儿教师的专业素质是混龄教育有效实施的保证。幼儿园应采取怎样的措施为教师实施混龄教育提供有力支持?主要困惑主要集中在两个方面。一方面是幼儿教师观察能力的培养。观察与记录幼儿的状况是混龄教师的重要任务。只有经过切实而有效的观察,教师才能了解每一个孩子的状况,在了解幼儿的基础上,才能

针对孩子的不足来制订相关的教学计划。另一方面是提高教师因材施教的能力。教师应善于为发展水平不一的幼儿设计相关教学活动,既要对年长幼儿提出挑战,也要对年幼幼儿有吸引力,促进其主动参与和提高。而每一位幼儿的发展水平又是不同的,这就要求教师在观察的基础上,针对不同幼儿的需求进行相关的教学引导。

第二,幼儿园课程设置和环境创设方面的问题。如何确定合理的课程目标及正确把握混龄课程内容的设置是目前存在的最大问题,混龄教育的评价标准存在偏差。困惑还有物质环境、精神氛围如何营造及混龄区域材料该如何科学有效地投放。

第三,"混龄家长群"的培训工作如何展开,以及来自家长的质疑和阻力。在异龄互动中,年长幼儿会不会欺负年幼幼儿;年长幼儿在与年幼幼儿的相处中如何得到发展等。

第四,教育环节的衔接问题。如果幼儿园完全混龄,孩子从幼儿园进入小学时很可能会出现适应不良现象。这些问题希望得到专家的支持及课程的引领,使幼儿园的混龄模式更科学合理,形成一种可供推广和借鉴的有效模式。

厦门市第九幼儿园是进行全混龄教育比较早的幼儿园(见案例6-2)。

【案例6-2】

探索优化的混龄教育

厦门市第九幼儿园

幼儿园混龄教育就是将不同年龄段的幼儿混合在一个班进行教育的一种方式。幼儿混龄教育在农村占有很大比重,这是由于师资不足和生源不足而采取的一种权宜之计。经济发达、条件好的城市幼儿园,由于各种原因,极少数也开展混龄教育。2003年,厦门市第九幼儿园开始探索混龄教育,一是为了弥补独生子女交往的缺失,促进幼儿社会性的发展,二是为了贯彻《幼儿园教育指导纲要(试行)》因材施教的精神,促使每一个幼儿富有个性地发展,三是为了探索、建构适应我国现有教育条件并有推广价值的混龄教育模式。

该园在建立、实施和优化混龄教育的过程中,借鉴蒙台梭利教育理念,运用巴班斯基的最优化教育理论,构建优化的师资队伍、优化的班级结构、优化的活动内容和时间安排,并以优化混龄课程结构为研究重点,全面为混龄班幼儿提供最优化的发展条件。

一、优化的师资队伍

实施混龄教育,对教师提出了很高的要求。不同年龄的幼儿有着不同的发展水平和心理需要,教师需要把握每个幼儿的特点。教师素质的高低是混龄教育能否取得成功的首要影响因素。任何的教育最终都要通过教师的言行落实到幼儿身上,混龄班教师的行为观念、知识技能、专业水平在很大程度上决定了混龄教育的成效。

观念的变革是行为改变的先导。第一,混龄班的教师要注重观察、了解幼儿,尊重差异,知晓差异所在,在关注个体差异的前提下因材施教。第二,教师要转变角色,以幼儿为中心,发挥年长幼儿的作用,由施教者真正转为活动的观察者、支持者。第三,教师要树立"最大限度促进异龄互动"的思想,不失时机地发挥混龄班的优势,促进每个幼儿富有个性的发展。

在观念引领下,混龄班的教师运用"最优化教育理念",在实施教育的每个阶段甚至每个活动中,都进行综合考虑和整体把握,灵活地处理预设与生成之间的关系。在班级管理上,该园改变传统管理方法,建立班级自主管理的常规,引导年龄大的幼儿定期交流、分享带年龄小的幼儿的好办法,建立互帮互学的班风。

善于沟通合作是对混龄班教师的另一品质要求。在寻求教育优化的过程中,混龄课程的目标应突出全纳性与层次性,内容应注重生活化与适宜性,组织形式应体现多元化与灵活性。混龄课程与非混龄课程既要有机整合,又要有微妙差异。教师应灵活采用混龄、分龄、个别等多种组织形式,各环节的衔接需要教师之间高度的配合。我们在教学过程中形成的"配合五部曲"成为优化教育的必要环节:确定共性和分龄目标;选择适宜的内容;商榷组织形式;明确各自任务;实施"环节衔接"的配合。混龄班教师必须形成研究共同体,相互间资源共享,才能完成既定的目标。

二、优化的班级(年龄)结构

适宜的年龄范围及大小幼儿间的合适比例,是组建混龄班必须考虑的关键问题。在实践过程中,厦门市第九幼儿园的混龄班陆续做过各种班级结构的尝试。混龄班的年龄层包括:大班与小班、中班与托班的间隔年龄混班;中班与小班、大班与中班的近龄混班;从托班到大班的全混龄班。通过实践,该园认为近龄混班与同龄班区别不大。大班和小班间隔年龄混班的活动,因幼儿间的经验能力落差大,活动时需因材施教;由于年龄差异大,大班幼儿在组织活动中起到了很强的带动作用,大小幼儿间的关爱、分享等互动频率更高,幼儿社会性的发展更好。托班至大班的全混龄班对教师因材施教的素质要求更高,不管是混龄集中教育活动还是小组活动,都要按混龄的特征组织开展。这种班级结构的团体游戏形式会多一些,集中教育活动难以兼顾全班,以分龄小组活动较多,但在大小比例合适的情况下,还是可以实施混龄集中教育活动的。

混龄班的幼儿人数不宜过多,以 25 人左右为宜。大班和小班组合,中班和托班组合或大、中、小组合,人数比例以 1∶1 为宜,便于大小互动结对子,为幼儿个体提供有益的教育,形成优化的班级(年龄)结构。

三、优化的混龄课程

混龄课程的宗旨是最大限度地促进异龄互动,要使每个年龄段的幼儿都能在现有水平上得到提高,如何协调、确定具体的教育目标,才有助于实现这一课程宗旨? 该园从混龄班幼儿的实际和需要出发,进行混龄课程的优化设置。

把握幼儿发展的共性目标是基础,考虑目标的层次性是关键。 既要考虑对所有幼儿都有帮助的共性目标,又要思考每个年龄段幼儿可能的兴趣点、认知区域、经验范畴和思维特点,综合考虑目标的层次性,并巧妙融合异龄互动目标,这样,教师在实施教育中就有了依据,开展活动也就有了侧重点。

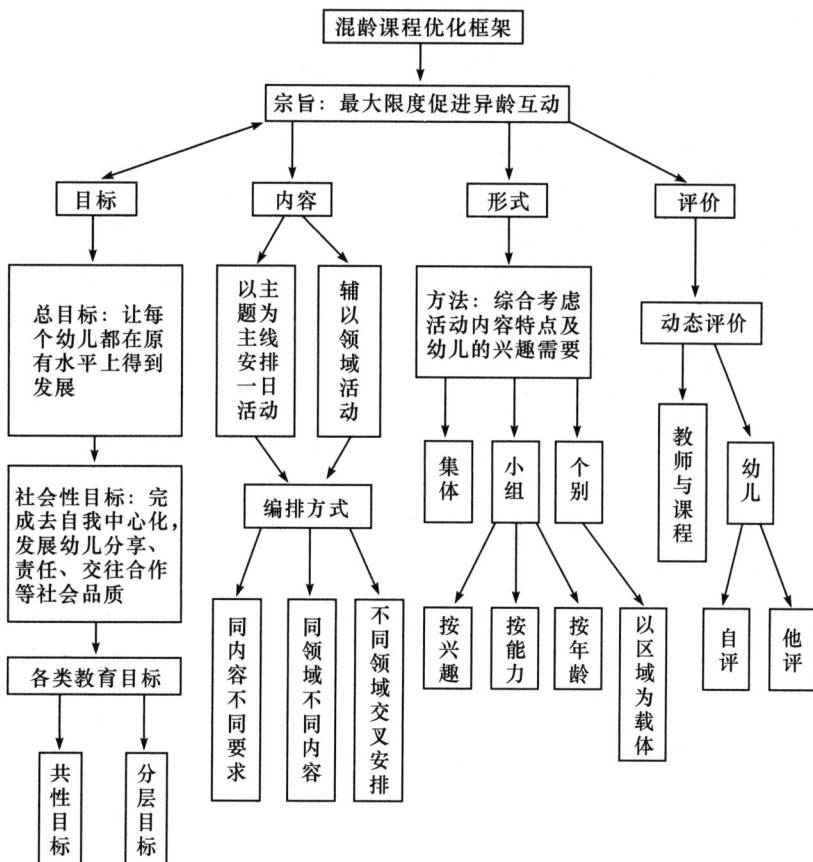

混龄课程优化框架

宗旨:最大限度促进异龄互动

- 目标
  - 总目标:让每个幼儿都在原有水平上得到发展
  - 社会性目标:完成去自我中心化,发展幼儿分享、责任、交往合作等社会品质
  - 各类教育目标
    - 共性目标
    - 分层目标
- 内容
  - 以主题为主线安排一日活动
  - 辅以领域活动
  - 编排方式
    - 同内容不同要求
    - 同领域不同内容
    - 不同领域交叉安排
- 形式
  - 方法:综合考虑活动内容特点及幼儿的兴趣需要
    - 集体
    - 小组
      - 按兴趣
      - 按能力
      - 按年龄
    - 个别
      - 以区域为载体
- 评价
  - 动态评价
    - 教师与课程
    - 幼儿
      - 自评
      - 他评

为了检验所实施的课程,该园借鉴了动态评价机制,即将课程设置、课程实施和课程评价这三个环节看成一个动态的发展过程,强调教师对实施过程的诊断与反思,注重对幼儿行为的观察和家长的反馈,通过多角度的评价,促进、改善和优化课程设置,同时优化的课程设置又促进了课程实施的改进,由

此形成一种动态推进过程。总之,在混龄课程优化的过程中,该园根据现有的条件,不断反思与调整,以促进每一个幼儿富有个性的发展。

四、优化的活动内容和时间

混龄班课程的内容必须来自幼儿的现实生活,在选择活动内容时,既要分析每个年龄段幼儿的关注点、兴趣点,又要分析活动内容哪些知识经验是适合年长幼儿的,哪些则是年幼幼儿乐于接受的。活动既要能促进年长幼儿品质和能力的发展,同时又要对年幼幼儿的发展有所帮助。

混龄班一日活动时间的安排应具有相对稳定性和灵活性,既有利于形成秩序,又能满足幼儿的合理需要,照顾到个别差异。考虑到年长和年幼幼儿的生理、心理年龄特点的差异,混龄班一日活动时间安排有两个特点。第一,将活动时间整合为大块的时间,对统一要求的时间做弹性处理,对于饮水、上厕所等细节不做统一要求,而是根据幼儿需要个别提醒。第二,根据年龄特点,同一时间内的活动内容体现复合性,对大、小幼儿区别要求。如晨间接待,先到的哥哥姐姐必须自主地整理区域材料和照料自然角,同时还要照顾弟弟妹妹。

混龄班优化的环境既要有自由温馨的家庭氛围,又要能满足不同幼儿发展的需要。为了方便集体、小组、个人等不同的组织方式,室内留一块相对大的空间同时容纳全班幼儿混龄集体活动,还可用柜子或其他物体分隔成若干个适宜小组或个人活动的区域空间。

优化的混龄教育是"优化"而非"理想化",其"关注个体差异,因材施教,促进每个幼儿富有个性地发展"与《纲要》精神是吻合的。巴班斯基认为,最优化是指从一定的标准来看是最好的,并不是绝对的最佳、最理想的教育过程。"优化"不是绝对的,不是一种固定的模式或标准,而是相对的、有条件的。

南京师范大学虞永平教授认为:"混龄教育能满足幼儿对同伴及亲情的要求,对幼儿健康人格的养成意义重大。家长对混龄教育的热情充分说明了开展混龄教育的实践有坚实的群众基础。厦门九幼在混龄教育领域积累了很多成果,很具启发性和示范性。"有关该园混龄班具体操作实例,详见葛晓英主编的《混龄班幼儿园教育活动实例》[5]。

二、同龄编班和混龄编班共存模式

这类混龄模式的典型代表是杭州市胜利学前教育集团,该幼教集团分为胜利园区和大学路园区。

(一)胜利园区"间断式混龄自主性区域活动"

该园区平时都以同龄编班形式组织教育教学,每周会安排半天进行"间断式混龄自主性区域活动",混龄同伴学习符合幼儿的年龄特点,可以弥补独生子女的教育缺陷。2002年,集团成立以后,该园依据《幼儿园教育指导纲要》

五大领域划分,分别创设了五大类型的"间断式混龄自主性区域活动",打破班级界限,进行大、中、小班之间的游戏互动,扩大幼儿的交往面和信息量,放大差异冲突,提高幼儿的合作力和交往力。五大领域分列为:健康领域——开展趣味体能活动,科学领域——开展科学探究活动,社会领域——开展角色交往活动,艺术领域——开展才艺兴趣活动,语言领域——开展创意阅读活动。各园区根据园舍条件和环境资源选择一个项目,进行深入的课题研究,逐渐形成各自的优势,体现生命教育背景下百花齐放的活动特色。

经过多年研究探索,胜利园区形成了"自主性才艺小组活动"优势项目。

(二)大学路园区混龄编班教育(全日混龄班)

大学路园区实行同龄编班和混龄编班共存模式。其中,全日混龄班3个,同龄班6个。针对独生子女自我中心、孤独等情况,胜利学前教育集团于2005年在大学路园区开设了3个混龄实验班,按大、中、小年龄1:1:1比例编班,让幼儿在有兄弟姐妹的环境氛围中生活、学习,集体教学活动时三个班有分有合,混龄与分龄教学相结合,分龄教学时三个班实行走班制,按不同能力层次组织教学。该园区混龄班集体教学活动安排如表6-1所示。该园的混龄班都有特别的名称,他们给混龄班取名为"彩虹班",并且每个班的教师根据幼儿的年龄梯度,为小、中、大班三个年龄段分别取名为"星星组""月亮组""太阳组"。这样取名是为了让幼儿在彩虹班中从星星变成月亮,再到太阳,一步步地感觉到自己的成长,发现自己逐渐强大。经过10年实践,该园区取得较好的成果,特别是混龄班幼儿在自理能力、运动力、关怀力、责任感等多方面都优于分龄班幼儿。

表 6-1　混龄班集体教学活动安排

地点	周一	周二	周三	周四	周五
彩虹一班	中班:数学	中班:美术	混龄:科学	混龄:语言	中班:音乐
		中班:体育			
彩虹二班	小班:数学	小班:体育	混龄:语言	混龄:科学	小班:美术
	小班:音乐				
彩虹三班	大班:数学	大班:音乐	混龄:科学	混龄:语言	大班:美术

(三)大学路园区"自主体能混龄区域活动(户外、室内)"

大学路园区体能游戏分户外和室内两种。

户外自主体能区域活动:户外活动面向全园大、中、小混龄幼儿,根据他们动作发展需要、兴趣喜好及材料器械的不同特点,在户外设置若干个运动区域,幼儿在一次活动中(40分钟左右)按意愿选择其中一个区域进行定点游戏,在游戏情境中进行以大肌肉为主的身体运动,提升运动力、探究力、坚持力等。

室内自主体能区域活动:为了应对雾霾和下雨天气,保障幼儿在恶劣天气下仍能进行体育运动,大学路园区利用风雨长廊、午睡室、教学楼楼梯等尽可能利用的空间,面向全园混龄幼儿开设室内游园式体能区域活动,幼儿在一次活动中可以选择多个区域进行自主游戏,它是户外自主性体能活动的补充,两者相得益彰,形成互补。

以户外体能混龄区域活动的创设和实施为例说明如何组织活动。大学路园区拥有1600平方米户外活动场地,阳光充足,场地开阔,这样的场地非常适合开展体能区域活动。因此,该园区依据场地优势,设计开展了间断式混龄自主体能区域活动。园区共10个班,270名幼儿混龄参与活动,分两个时间段轮批进行,每周一次,每次35~45分钟,已经形成常规。

体能区域混龄活动设计要点主要包括三个:互补设区、合理布局和巧用设施。

互补设区。体能混龄区域活动共划分为9大区域,有小车区、管子区、箱袋区、轮胎区、足球区、大网区、铁罐区、投掷区、定向综合运动区等。从满足幼儿兴趣和体能发展的双重需要出发,首先考虑区域内容设置的全面性和互补性,既有在一个区域内同时发展多项动作的,如管子、轮胎、大网、定向、箱袋区;也有在一个区域内只发展1~2项基本动作的,如足球、小车、投掷、铁罐区。投掷、踢球等动作在综合区域里都很少涉及,所以就为它们单独设置区域,以保证动作训练的全面性和多样性。

合理布局。在体能混龄游戏开展之前,结合环境特点与区域特性进行整体规划布局:利用塑胶跑道、广场砖、木地板等不同材质的地面和建筑物等,因地制宜地设置区域。比如投掷区应尽量减少风力影响,同时也方便悬挂飞镖靶子等器械,选择设置在有墙面避风的地方;长廊上柱子多、方便绑扎,就设置了大网区。

巧用设施。只要有心,周边环境中的一切都可利用。老师们开动脑筋,巧妙地利用了周边现有的建筑和设施,设计相应的游戏内容。例如大型组合式运动器械中的网管、立柱、钻筒、滑梯等本来就是训练钻爬、攀登、平衡等多项动作的区域,将"宝物"藏在大型运动器械的各部位,并设计制作了由照片、图形、符号相结合的寻宝任务图,幼儿在此不仅锻炼了各种运动技能,同时锻炼了学和看的能力。

幼儿园从"组织形式""环境创设""材料投放"及"活动展开"等方面构建自主性体能活动区操作模式(见图6-1),从而促进幼儿运动能力、身体素质及自主能力等综合能力发展。

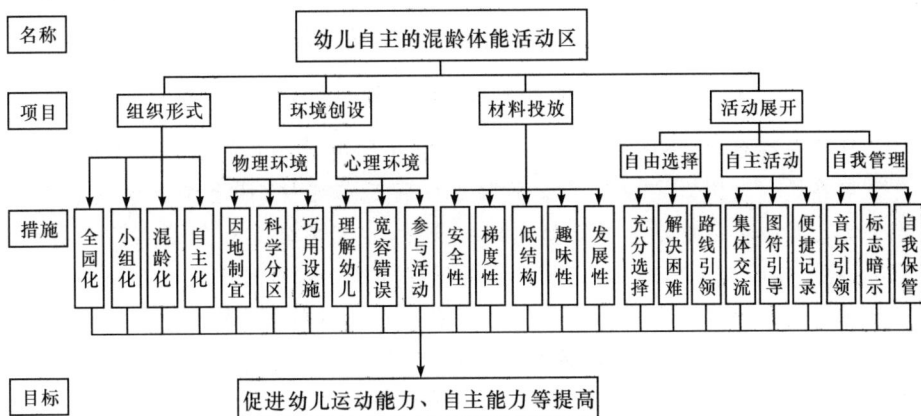

图 6-1　自主性幼儿体能活动区操作模式

　　胜利幼儿园既有同龄编班教育,又有混龄教育。在混龄教育中,既有混龄编班这种全混龄模式,也有间断性混龄活动模式,还有"自主体能混龄区域活动(户外、室内)",可谓是各种混龄模式的优化组合。

　　自从 2002 年实施混龄教育以来,该园先后进行了系列混龄教育方面的研究,取得了系列成果。以最近 5 年来的课题和论文为例,该园教师先后做过"全园混龄条件下幼儿角色游戏的实践研究""幼儿混龄编班的教学实践探索""快乐运动,玩出健康——基于自主的混龄幼儿体能活动区的设计与实践""幼儿园混龄班语言教学活动设计与实施的研究""幼儿自主体能活动区的优化设计与组织""基于混龄编班的科学领域集体教学活动有效性的观察与测量研究"及"混龄小班自由游戏活动中同伴交往特点的观察研究"等。体现该幼儿园标志性成果的是周穗萍园长主编的《在玩中学——满足幼儿发展需要的游戏研究》。[6]

　　如何优化混龄课程是所有开展混龄教育的幼儿园教师最为困惑的一个问题。杭州市胜利幼儿园针对混龄教学中存在"回避集体教学""重形式轻内涵""蒙式操作替代学科教学"等不足,对混龄教学进行了长期的实践研究,积极创新混龄编班教学的实践模式,使分龄教学和混龄教学并存,通过"教学主题三年循环,教学设计体现差异,教学指导巧用冲突"等技术变革,探索出混龄编班"教学内容的兼容性、教学目标的层次性、教学方法的互助性"的差异特点,突显异龄幼儿的认知冲突,并最大限度地利用幼儿差异性同伴资源,确定"牵线搭桥、调节纠错、过滤筛选、材料分层、个别引导"等针对性指导策略,促使混龄编班中不同能力幼儿的"最近发展区"得到发展。下面就是该幼儿园的具体做法(见案例 6-3)。

【案例 6-3】

幼儿混龄编班教学的实践探索

杭州市胜利幼儿园

研究资料表明,不同年龄幼儿之间的交互作用对幼儿的社会性和人格发展非常重要。我国大量独生子女面临家庭无兄弟姐妹、社会少玩伴的窘境。尽管幼儿园的生活能增加同龄幼儿间的交往,但目前幼儿园普遍实行同龄编班,限制了异龄幼儿间的交往,缺少异龄同伴交流。这不可避免地对幼儿发展产生环境缺失性及社会化缺失的影响。在这个大背景下,该园对混龄教学进行了长期的实践研究,在前期混龄教育组织形式和游戏活动设计的研究基础上,积极变革混龄编班学科教学模式,突显异龄幼儿认知冲突,确定有针对性的指导策略,以期达到凸显差异教育优势、促进幼儿个体发展的目的。

一、研究背景

相对于传统的分龄教学来说,目前基于混龄编班的集体教学还属于新生事物,混龄班的教学活动确实一直是个难点。由于混龄班幼儿年龄差距大,能力层次多,教学的目标定位、内容选择、方法把握等对于习惯了分龄教学的老师来说难度很大;再加上目前在我国混龄教学方面的理论研究不足,系统的实践经验也几乎还没有形成,这就给混龄编班的教学实施带来了诸多的现实困难和困惑,因此,一些幼儿园的"混龄教育"在不同程度上存在不足。第一,回避集体教学。在实际操作中,有的新开办幼儿园由于招生不均衡,采取混合年龄教育,只停留在混龄幼儿日常活动和交往游戏层面,不敢轻易涉足混龄集体教学,即使有集体教学,也以大班为主,中小班从属上课或通过其他安静活动回避教学。第二,重形式轻内涵。有些幼儿园进行的混龄教学仅满足于"混在一起"的表面形式,较少考虑同一内容是否适合不同年龄,同一方法是否满足不同年龄需要,是否符合不同年龄幼儿的发展规律。第三,蒙式操作替代学科教学。有的幼儿园开设混龄班,以蒙式教育作为招牌,干脆以蒙式学具操作替代学科教学,在操作时间里,幼儿很少有伙伴交流和异龄冲突,教师注重训练操作习惯,机械按照蒙式学具自由学习,而忽视了蒙氏教学理念。以上不足,主要表现在目标定位笼统性、内容选择盲目性、教学指导随意性等方面,没有混龄教学规律可循。

混龄教育的最大优势就在于允许超前和滞后,让幼儿按照自己的速度学习。混龄教学独特的优势表现在:幼儿以适合自己的速度自由发展;幼儿在差异冲突中互动发展;幼儿在互为榜样中自主发展。但一边是跟风开设混龄编班,一边是褒贬不一的评价,这造成目前混龄教育冷热不均。一是教师观念跟不上。混龄班教师没有可参考的教材,仅凭自身的兴趣或责任在摸索,除了在组织混龄生活和游戏活动中积累经验外,对混龄教学也谈不上有说服力的依据;另外,在完成三个年龄段学科教学课时量的压力下,组织混龄教学容易陷入"新模式老套路",研究随意性较大,不能满足异龄幼儿的发展需要。二是家长意图不对等。一些大龄孩子父母担心自己孩子和小龄幼儿在一起,会阻碍孩子的认知发展;小龄孩子父母却认为自己的孩子会因跟不上而产生自卑感。也有人认为,混龄编班对幼儿社会性发展有利,但对其他能力,尤其是认知能力发展的促进作用不明显,甚至学科教学的非常规化可能导致学习技能降低。因此,混龄编班如何避免或减少想当然的做法,建立科学合理的混龄教育课程,有效解决混龄教学的目标定位笼统性、内容选择盲目性、教学指导随意性等方面问题,是当前混龄教学迫切需要解决的问题。

二、研究构想

(一)混龄编班形式及教学

该园将小、中、大班三个年龄段幼儿各 10 名,按 1∶1∶1 的比例编排在同一个班级,让不同年龄和发展水平的幼儿在一日生活的各个环节中,共同学习和生活。这种形式区别于间断性混龄编班,也称为连续性混龄编班。该园采取 2 位教师同时进班制,协同分工,分层指导。该园共开设 3 个混龄班,根据教学规律和幼儿学习规律,使 3 个班有分有合,分龄教学和混龄教学并存。本课题研究指混龄编班的教学实践,教师面向混龄班中三个年龄段不同能力层次幼儿组织的集体教学活动。

(二)研究目标

通过混龄编班的教学实践,探索混龄教学在目标定位、内容选择、学习方式、指导策略等方面的一般规律,并发挥混龄教学的优势,促进同伴学习,使各个能力层次的幼儿在教学活动中各有所得,获得学习自信心。

(三)教学变革

同龄学科教学的长期实行,已经形成了独特的学科规律,但也不可避免地存在"统一要求缩小差异""教学方法一刀切"的误区。该园在同龄教学基础上尝试混龄教学,无疑扩大了幼儿间的认知差异,更清晰地认识和理解幼儿,兼顾幼儿认知和社会性发展需要。一是保持分龄教学。打通 3 个混龄班,各自组成小、中、大教学班,6 位班主任对应承担 6 门学科,在固定的教学点组织集体教学,发挥教师学科特长,保持分龄教学优势不下降。二是优化混龄教学。根据领域特点,该园先尝试对常识和语言学科进行部分内容的混龄集体教学,两位班主任分别进行混龄常识和语言教学实践,便于在同一备课时间内交流,在取得一定成效后再尝试其他学科的混龄教学。

三、研究操作

该园在研究实践中,抓住混龄教学的特殊要求,实施以下操作策略。

（一）教学主题三年循环

在该园"满足需要、关爱生命、快乐成长"的教育理念背景下，混龄班的教学主题围绕"人与自我、人与他人、人与自然"三个维度，呈现螺旋上升的组织形态，即预设三年的总范围，保证每位幼儿在三年的学习活动不重复。其间，教师也会根据幼儿的需要生成新主题，使混龄主题的内容不断丰富。

（二）教学设计体现差异

混龄教学有别于分龄教学，具有自己的特性，这种特性在教学内容、教学目标、教学方法等方面要体现差异性。

1. 混龄教学内容选择——兼容性

该园遵循来自生活、共同兴趣、弹性度大的原则选取材料作为混龄教学内容。这些内容符合不同年龄幼儿的生活实际，能兼顾不同能力层次的孩子的感知，只是其认知和感悟可深可浅：能力弱的幼儿能感知其结果，能力中等的幼儿可以理解内涵，能力强的幼儿则可以在前两者的基础上进一步表现和运用。

正是因为幼儿对同一内容有认知上的差异，异龄同伴间相互学习才形成可能，扩大并强化了幼儿的发展需要。

2. 混龄教学目标定位——层次性

混龄编班中三个年龄段的幼儿需要不同、认知水平不同、发展速度不同，因此，该园在把握幼儿发展的共性目标的基础上，更注重目标的难易层次性。该园按幼儿能力发展水平的高低，即强、中、弱来确定分层目标，促使幼儿按照自己的速度学习，能力强的幼儿可以超前，能力弱的幼儿可以尝试较容易的，也能获得成功，使其自信心不受伤害。这种分层依据显得更弹性化、更科学。

3. 混龄教学方法呈现——互助性

混龄幼儿能力结构相对复杂，每个能力层次的幼儿选择的方法和活动形式都各不相同。相对分龄学习，混龄班教师设计教学活动时更多的是考虑幼儿怎样学，因学而教。混龄幼儿的学习方式以自主学习为主，更多体现为同伴间的互助学习。

混龄幼儿的互助学习方式

自由组合	协商合作	小先生制	观察模仿
不划分年龄，按若干小组操作活动，幼儿自由选择伙伴、材料、形式共同学习	为了完成共同的任务，幼儿分别承担不同的职责，相互协商交流，各取所需	能力强的幼儿担任"小先生"，向能力弱的幼儿进行传授、辅导，做到"即知即传"	为展示自己的经验，为同伴提供多种榜样的机会和条件，互相效仿

　　混龄教学要充分认识到幼儿异质性特点,混龄编班不仅存在同龄间的认知冲突,异龄间的认知冲突更为明显,因此混龄编班下的幼儿个体差异更大。互助式的教学方法,使教师在设计教学活动时更要明确幼儿与同伴的关系不同于幼儿与成人的关系,利用"生生互动"预设幼儿的学习行为。

　　(三)教学指导巧用冲突

　　观察了解混龄幼儿学习方式的主要目的是探索有效的教学策略,使教师根据混龄幼儿的学习方式,采取有针对性的教学策略,科学地指导混龄幼儿的学习活动,使不同能力的幼儿在互动冲突中获得最佳的发展路径。

混龄教学指导策略参考

差异 冲突	放任 vs 合作	强势 vs 弱势	负面 vs 正面	统一 vs 选择	扶持 vs 放手
指导策略	牵线搭桥	调节纠错	过滤筛选	材料分层	个别引导

　　1. 充当"红娘"—— 牵线搭桥

　　混龄活动中,为了更好地体现同伴互助学习,该园不是一味地放任,而是尽可能多地创设合作学习的机会,以促成幼儿自然形成合作学习小组。在活动前与活动中,教师视情况充当"红娘"角色,在不同能力、不同个性特点的幼儿之间牵线搭桥,让学习小组凸显差异,并最大限度地利用这种差异,促进异龄幼儿的互补学习。

　　2. 扮演"和事佬"——调节纠错

　　同伴合作学习小组在开展过程中,不时会出现不和谐的声音,如能力强的幼儿因觉得自己能干而搞"一言堂"、与同伴产生冲突等强势行为,能力弱的幼儿有时也确因不自信而胆怯,久而久之容易处于弱势地位。异龄幼儿间不和谐的声音自然会干扰幼儿的互助学习,这时就需要教师担当调解者,扮演"和事佬"的角色,并为幼儿创设反思、纠错的机会,引导幼儿自主解决纠纷,保证合作学习的正常开展。

　　3. 树立"榜样"——过滤筛选

　　模仿学习是混龄幼儿重要的学习方式。在混龄班,大龄幼儿很自然成为小龄幼儿的模仿对象,但小龄幼儿由于辨别是非能力差,所以往往不能分辨正面行为和负面行为,对于哥哥姐姐的不良行为也照单全收。教师对模仿行为应进行过滤筛选,协助小龄幼儿选择正面的模仿榜样,与幼儿一同探讨模仿榜样的标准。同时对正面的榜样行为给予及时、肯定的评价和鼓励,激发异龄幼儿正确的学习动机,强化榜样行为的积极作用。

　　4. 幕后"导演"——材料分层

　　幼儿是在与材料的互动中获得发展的。混龄编班的幼儿的认知差异较同龄编班的幼儿更为显著、复杂,只有提供多层次的材料,才能变"统一"为"选择",将自主权交给幼儿,满足幼儿的差异学习需要,让每一个幼儿在其原有能力的基础上自由发展。

5. 贴心"教练"——个别引导

面向集体的指导策略满足不了各个能力层次幼儿的需要,因而在混龄教学过程中,针对幼儿的特殊需要,教师的个别引导体现在适时的"扶持"和"放手"上。以原有能力为起点,如教练教学员开车,撇开年龄,有的需要手把手指导,有的需要放手实践,还有的只需要点拨。对能力强的幼儿,以"放"为主,"放"中有"扶",给予更大的自主学习空间。对能力中等的幼儿,半"扶"半"放",在适当点拨之后,放手让幼儿主动学习,自主发展,或先让幼儿尝试探究,在遇到困难时,教师予以适时适度的指导。对能力弱的幼儿,以"扶"为主,帮助幼儿获得自信。

四、研究成效与反思

(一)研究成效

混龄教学模式的探索虽然时间不长,三年一轮的循环研究还没有结束,但"让幼儿在良好的异龄环境中享受丰富的同伴资源,按自己的速度发展,培养良好的学习品质"等方面,已取得了明显的成效。

1. 同伴教育资源更加丰富

三个年龄段幼儿除了日常混龄生活和游戏外,混龄教学更使幼儿在知识经验、认知方式、表征能力方面的冲突增加,幼儿的差异变明显了。混龄教学中,大小孩子之间不仅是互助关系,同时也是竞争关系。良好的竞争意识能够促使幼儿进步,有利于个性和知识的互补。该园充分利用同伴教育资源,探索混龄教学方法,突显了混龄编班的教学优势。通过混龄编班的教学活动实践研究,形成科学合理的混龄和分龄并存的教学模式。

2. 更加关注幼儿的全面发展

混龄班的教师从最初一味地关注怎样教,逐渐转移到关注混龄幼儿怎样学,这是一个很大的进步。具有混龄带班经验的老师不仅能发现三个年龄段幼儿的差异表现,更能发挥幼儿差异资源的作用,使幼儿的自主学习不局限在课堂上,使教学相长不局限在师幼之间;混龄班的家长从孩子进入混龄班开始,有期盼也有担忧,期盼的是混龄教育让孩子成长得更好,担忧的理由和阶段各不相同。但经过与孩子共同成长后,他们的视线不只是停留在自己的孩子身上,还逐渐回归到家庭教育本位上;教育者对混龄教学模式达成了共识,家园共同关注混龄教育价值,这对幼儿健康成长非常有利。家长的认可与支持,使该园的混龄教学研究携手家庭教育信息,形成了一致的教育理念。

总之,混龄编班教学表明:第一,幼儿同伴教育资源非常丰富,混龄编班教学具有挑战性,教育价值更大;第二,幼儿混龄编班教学是有效的,更能突出幼儿的主体地位,幼儿在同伴互助中学习更自然轻松;第三,营造了教师团队参与研究的氛围,教师在有效设计混龄教学活动中提升专业水平;第四,探索幼儿分龄教学与混龄教学相互兼顾的教学改革,有力推动了幼儿园课程改革。

(二)研究反思

经过实践研究,该园探索出混龄编班教学的一般规律,同时也引发许多思考。

1.混龄教师的培训要同步

混龄编班教学不能仅凭教师经验进行,也不能等三年循环实践结束再整理。在研究过程中,确实也存在有经验教师对幼儿差异表现的框架式判定,也发现初涉混龄教学的年轻教师混淆分龄和混龄教学方法,看不到异龄冲突中的教育契机。混龄编班教师需要系统培训,从混龄教学理念、异龄群体特点、差异教育资源,不断总结经验,提升混龄教学设计与组织的理论,因为幼儿不能等待,教师还要继续和幼儿共同成长。

2.混龄教学的评价需跟进

混龄编班的成效很难通过公开课、现场教研等展示出来,幼儿的现实表现也很难说明混龄孩子的发展品质程度,部分家长也反映,在课堂上年长孩子显得非常活跃,而内向的年幼孩子在这种气氛中有压抑感,显得更加怯场,甚至有点走神。因此,混龄教学的评价要伴随研究过程进行,如混龄班毕业幼儿的跟踪式评价、混龄与分龄幼儿的同质式评价、幼儿自我评价、教师和家长的阶段式对照评价,以帮助混龄教学研究顺利进行,取得突破性成果。幼儿的学习方式是多元的,在实践中并不是所有的学科都适合进行混龄教学,比如像计算、音乐等连续性强、技能基础要求高的学科,进行混龄教学具有较大的难度。因此在现阶段,该园在混龄班采用分龄教学与混龄教学并存的教学模式,目前只在语言和常识学科进行尝试,两者之间的课时比例、内容选择是否最适宜,有待进一步验证,提供可行性依据;尝试体育、美术等学科混龄教学实践,是下阶段需研究和探索的任务。

三、蒙氏混龄模式

浙江省级机关武林门幼儿园(以下简称"武幼")创办于 1954 年,为一所省级示范性幼儿园、杭州市甲级幼儿园。为了让更多的孩子享受优质的教育资源,1999 年,武幼引进蒙台梭利教育理念,并开办第一个蒙台梭利班。2001 年之后,武幼先后开办了"和平儿童之家""莲花港儿童之家""滨江嘉禾实验幼儿园"三所下属分园。2006 年 4 月,武幼正式与澳大利亚蒙台梭利协会全面合作,致力于国际化学前教育的研究和实践,开办了 3～6 岁中澳蒙氏混龄班和

2～3 岁蒙台梭利教室。2006 年 11 月 19 日,国际蒙台梭利协会在荷兰阿姆斯特丹召开国际大会,会议讨论并通过了武幼提出的成为"AMI 蒙台梭利教师国际培训基地"的申请,武幼成为全世界第 17 个,也是中国唯一的蒙台梭利教师培训基地。2007 年 10 月,武幼协助国际蒙台梭利协会在中国杭州召开"蒙台梭利百年暨幼儿教育国际交流大会",这标志着武幼已跻身国际学前教育领域的前列。

下面重点介绍杭州市莲花港幼儿园的蒙氏混龄模式(见案例 6-4)。

【案例 6-4】

蒙氏混龄教育

杭州市莲花港幼儿园

一、起因

杭州市西湖区莲花港幼儿园是一所以"蒙台梭利"为教学特色的幼儿园,在玛丽亚·蒙台梭利博士哲学理念的指导下,精心设计教学课程,满足孩子们全方位的需求,尽可能提供各种机会,使孩子们充分学习、个性化地发展、健康地成长。除此之外,该园还有具有专业资质的蒙氏教师,其园长说过"我们是因为蒙氏才做混龄教育"。蒙台梭利认为:"按照年龄实行隔离是一个人能够做的最残酷最不道德的事情之一,对儿童也是如此。它打破了社会的契约,剥夺了生活的滋养。在大多数学校里起初是按性别,然后是按年龄进行分班的……这种隔离阻碍了社会意识的发展。"因此她提出,混龄班有利于幼儿的交往与合作,在蒙台梭利教室中,多样性的教具、自由的工作氛围、自主的学习权、专业的引导者,促使不同年龄层的孩子可以在教师的指导下共同合作、共同学习、共同开展活动。在国外蒙台梭利的幼儿园和蒙台梭利教室中,班级组织形式基本采用了"垂直式"的混龄编班,因此,混龄编班可以被看作蒙台梭利教育法的一个重要特点。正是因为"混龄班"这一特色,该园才在蒙氏教育的基础上设置了混龄教育这一模式。该园具有的独特"蒙氏混龄"教育模式,使其混龄教育极具特色,与众不同。

二、混龄教育模式设置

(一)班级人员

(1)两名教师,一名保育员。

(2)大、中、小班幼儿混龄(全混),一个班级共 24 或 25 人,比例基本为 1∶1∶1。

(二)教具、教材设置

(1)教具主要是蒙氏教具,也有教师自主研发的;还有教师的工作记录表、幼儿记录表(对每个幼儿的活动进行专门的记录)。

（2）浙江省编教材，涉及五大领域课程，主要用于下午的集体教学。

三、课程、组织安排

（1）上午以混龄活动为主，开展混龄蒙氏工作，时间两个小时。该园的混龄模式属于连续性混龄活动（每天都会在规定的时间内进行混龄活动）。幼儿早上8点开始进入教室进行蒙氏混龄教育活动，整个教室处于安静的环境中，教师会时刻叮嘱幼儿安静，并对于年纪小的幼儿给予适当的指导。幼儿可以自己选择玩具，选择同伴，完全处于自主活动的状态，可以自由出入教室。下课后，自己收拾玩具，并以"大带小"形式有秩序地走出教室，留下三位值日生整理、摆放玩具，值日生也是由不同年龄阶段的幼儿构成。

（2）下午进行集体活动，教师根据不同的教学方案对不同年龄的幼儿进行分层教学，主要是对中、大班能力强的幼儿和小班能力较弱的幼儿进行分组教学。

四、混龄模式的价值

（一）易于因材施教

混龄教学强调"有准备的环境"，学习材料由简到难，跨度三年左右。如果孩子某一样学习任务会了，可以去挑战更复杂的教具。孩子选择适合自己的学习内容，老师根据每个孩子的学习进度进行适度的引导，每个人都可以按照自己的节奏发展。这样便有利于教师根据每个幼儿的发展水平来进行有针对性的教育，有利于因材施教。

（二）有助于社会性发展

在蒙氏混龄教学中，教师只是为幼儿提供了一个安静舒适的环境，教室犹如一个缩小版的社会，没有集体上课或单一的评鉴方式，每个孩子的进度真正因人而异，因此，孩子们可以自然地展现自身的能力及兴趣，孩子间少了比较与对比，有的只有相互合作，彼此学习。在混龄的环境中，这种大小年龄差距所产生的"非对称性关系"，在幼儿社会化发展中具有重要的影响。因为在异龄同伴交往中，年长的孩子更多表现出教导、协助及保护者的角色，所以，年长的孩子自然而然建立了责任感及领导能力；而年幼的孩子则因为崇拜哥哥姐姐的心理而产生服从与跟随的心态，如此的现象与中国文化中的"长幼有序"不谋而合。在混龄教育活动中，面对比自己小的弟弟妹妹，年长的幼儿更愿意和他们分享玩具，在产生冲突时更愿意谦让，享受当哥哥姐姐的乐趣与责任；而年幼的幼儿在与年长的哥哥姐姐交往中，其领会能力、观察能力及模仿能力均得到了增强，也充分感受到做弟弟妹妹所获得的照顾关心和激励帮助，从而学会关心他人。这样，在混龄教育活动中，自私、依赖性强、独立性差、交往能力低等不良行为和性格得到了纠正，有助于幼儿形成良好的社会性，同时还培养了幼儿的责任感、包容感。

（三）培养幼儿情感

在混龄教育活动中，不同年龄的儿童在一起玩耍，增强了群体互动的复杂性和层次性，与异龄同伴交往带来的角色、心理体验和沟通方式的变化，对幼儿提出了新的人际关系挑战。同时，随着年龄的增长和环境的变化，以前是弟弟妹妹，现在可能就成了哥哥姐姐，这样不断变化的角色，促进他们不断适应和接受新环境。这种较为复杂的动态小型社会环境，为幼儿的情感发展提供了动力的源泉。年幼幼儿可以体验到对年长幼儿的尊重、敬畏、钦佩或嫉妒，年长幼儿体验到对年幼幼儿的关心、爱护或轻视，这样可以培养出对各种情感的敏锐性，丰富幼儿的情感世界，混龄教育不仅扩大了幼儿情感体验的范围，也增强了幼儿积极情感的敏锐性和对消极情感的承受能力，锻炼了幼儿的情感控制能力。年幼幼儿通过与年长幼儿交流可以克服自己的消极情感（如胆怯、任性等）；年长幼儿在与年幼幼儿的交往中展现积极的情感（如谦让、耐心等），克服任性、霸道等消极的情感。

（四）提高专注力

提到蒙氏混龄教育的价值时，莲花港幼儿园园长特别提及，蒙氏混龄教育模式可以提高幼儿的专注力。由于该园是在蒙氏教育中设计混龄教育，这为幼儿提供的是一个安静、舒适的环境，幼儿完全在一个真空中"工作"，教室里不能讲话，他们专注于自己的"工作"，自己选择感兴趣的玩具，自主操作，也可以与他人合作，这些都是由幼儿自己选择，教师是真正的引导者。在这种安静的环境中，幼儿可以提高专注力，这是与其他园里的混龄教育的环境完全不同的形式，也是蒙台梭利混龄教育的特色所在。

（五）促进人格发展

在混龄教育活动中"小带大""一帮一"随处可见，这种由不同年龄阶段的幼儿组成的班级，有利于幼儿人格发展，这主要体现在幼儿常常会出现"自我为中心"现象，但在混龄教育下，年长的幼儿乐意将自己的东西分享给年幼的幼儿，而没有自私自利的表现，去除了自我中心，年长幼儿还会帮助年幼的幼儿，为他们讲故事，教他们玩玩具等；同时，年幼的幼儿会以年长的幼儿为榜样，自然而然地也会表现出一些为他人着想的举动，这些无疑都在潜移默化地促进幼儿人格的发展。这也正如蒙台梭利所说："在蒙氏混龄班里，年长孩子和年幼孩子彼此之间的沟通与和谐关系，是很难在成人与孩子之间发现的，他们之间存在一种自然的精神上的渗透作用，年长孩子的心智比成人更接近年幼孩子的心智，大小孩子间互相关爱，互相帮助，互相学习，互相赞赏，互相合作，共同进步，表现出真正的手足之情。"

以上蒙氏混龄教育的价值正是莲花港幼儿园的教育理念的现实体现。莲花港幼儿园主张"让孩子拥有一个健康快乐的童年"，营造"爱、尊重、支持"的教育生态环境,提倡"心中有孩子、眼中有孩子、行动中有孩子"的教育理念。该园基于"一日生活活动皆课程"的课程理念,围绕"主题活动、蒙氏混龄教育、自主游戏、特色活动、节日活动"等架构课程内容,以活动促进幼儿发展,其教育目标是"协助孩子帮助他自己成长"。幼儿发展愿景是:自信自律、乐于探索、团结友善、合作分享。

五、实施混龄遇到的挑战

(一)分层教学困难

在下午的集体活动中,由于是对大、中、小三个班级进行分层教学,就要对三个不同年龄阶段的幼儿进行课程设置,根据每个年龄阶段的幼儿安排不同的教学方案。同时,在对一个年龄段教学后再进行协调对另一个年龄段进行教学,这需要很大精力。

(二)教师压力大

教师的压力主要来源有:一是准备教学教案方面,教师需要准备三个年龄段的教学设计,以往只用准备一个;二是需要极高的专业素养,在混龄教育中,教师需要了解三种年龄阶段幼儿的发展特点,并及时给予正确的教育指导,教师在上午混龄活动中还需要专注力,需要观察到每一个幼儿。

(三)家长的理念

有的家长会担心自己孩子年纪太小,会在混龄班受到欺负,因而不同意自己的孩子上混龄班,担忧太大,这主要是家长的理念不足导致。家长未真正理解混龄教育,不知道混龄所带来的好处。

(四)教师专业素养要求高

蒙氏混龄教育与平常的混龄教育对教师的要求不同,蒙氏混龄教育中,教师要理解蒙氏教育和混龄教育的组织形式、特点等,而有的教师没有了解到混龄教育的精髓,没有专业的蒙台梭利混龄教育知识技能,就不能真正灵活运用混龄课程,不能真正促进幼儿的发展。不专业的教师,无法教育好幼儿。

六、展望

莲花港幼儿园园长说过这句话:"混龄教育单单靠一个活动是远远不够的。"这就是说,想要混龄活动真正促进幼儿的发展,并不是安排一个活动就可以,而是要在真正意义上使幼儿生活在一起,不是只有活动时才在一起。园长说,她很希望以后每天都是自主性的活动,没有集体教学,让幼儿真正地处于混龄教育的环境中,同时园长还提到一个教师应具备耐心、爱心、观察力、敏锐力的特质,不断地学习专业知识与技能,不断地提升自己,不断地研发新课程,促进幼儿身心和谐发展。

四、间断性混龄编班模式

"间断性混龄"是混龄教育的一种组织形态,它和"连续性混龄"相对,是按照混龄教育组织的时间维度来进行划分的。目前我国很多尝试混龄教育的幼儿园采用的是分时间段混龄,即每天有一个固定的时间段,或每周有一两个固定的时间段,让不同年龄(一般相差12个月以上)的幼儿在一起活动。活动内容因时间长短而不同:时间短的可能只进行部分(如游戏)混龄,而时间长的则把生活、游戏、运动和学习四大领域全部实行混龄。当然也有少数幼儿园在尝试"连续性混龄",即每天都进行混龄。

以是否混龄编班为维度,我们把"间断性混龄教育"划分为"间断性混龄编班"和"间断性混龄活动(游戏)"两种模式。需指出的是,"间断性混龄编班"的特点是:有固定的时间、固定的地点、固定的幼儿编班、固定的带班教师以及灵活而有计划的活动内容。而"间断性混龄活动(游戏)"则比较松散、随机。如前文所述,胜利学前教育集团所做的"间断式混龄自主性区域活动"和"自主体能混龄区域活动(户外、室内)"就属于"间断性混龄活动(游戏)"。"间断性混龄编班"模式则是以上海市浦东新区云台幼儿园和杭州市夏衍幼儿园为代表。

上海市浦东新区云台幼儿园平时采用同龄分班进行教育教学,每周抽出半天(比如周五上午)把全园所有班级的幼儿按照小、中、大1∶1∶1的比例进行固定编班,有固定的教师、固定的教室、相对固定的时间,进行混龄教学。这种混龄的好处是,这些小、中、大班的孩子,由于是固定搭配、固定编班,即使每周只能在一起半天,他们也会逐渐从陌生到熟悉,这种模式是幼儿非常喜欢的。该幼儿园的每个孩子,都既有同龄班的伙伴,也有混龄班的异龄伙伴,这种"同龄-混龄"互动模式,大大拓展了他们的交往范围,提升了互动品质,也充分整合了幼儿园的同伴资源。

该幼儿园自从1998年开始关注混龄教育,以市级课题"在混龄活动中'师幼互动'有效性的研究"为抓手,研究以美术、语言和音乐三类教学活动为载体,采取游戏与生活两种混龄的组织形式,探索"间断性混龄"教育中同伴互动和师幼互动的特点及规律,发现同龄活动与异龄活动各自对幼儿身心发展的价值,为幼儿创造更合适的教育环境,为促进幼儿认知和社会性发展,实现教师更高的专业成长提供支持,为完善和实施"间断性混龄"教育提供有力指导。该园混龄成果集中体现在《爱的屋檐下——"间断性混龄"教育中人际互动行为之研究》,该书由陈冰美园长主编。[7]

杭州市夏衍幼儿园为了增加幼儿异龄互动经验,结合幼儿园具体情况,创立了一种"幼儿园户外角色混龄体验廊活动",即幼儿园每周有一两个固定的时间段,将两个年龄段幼儿的游戏、学习、运动和生活贯穿于其中的一种"间断性混龄"教育组织形式。在活动开设初期,该园以童话剧表演为载体,充分利用走廊空间创设了以童话人物为主的角色游戏活动。随着活动的开展,为了给幼儿提供更好的场所促进其综合发展,幼儿园在探索中将这种单纯的角色游戏发展成了混龄户外角色体验活动。在户外角色体验游戏中,幼儿园根据教育目标和不同年龄段幼儿发展水平,设置多功能、多层次、丰富多样的区域化环境,有目的、有计划地投放各种材料,让幼儿在宽松和谐的环境中按照自己的意愿和能力,在户外游戏中自主选择学习内容和玩伴,自主进行操作、探索和交往活动。幼儿园户外角色混龄体验廊的设置,考虑到小班幼儿年龄小,存在入园适应问题,目前只有中、大班幼儿参与,每次区域活动都有中班和大班两个班的幼儿参加,具有固定的班级组合,每周轮流一次,每次活动时间为上午的一个半小时。幼儿园每学期都会根据幼儿兴趣对活动材料进行一次大的调整,老师也会根据日常的观察统计,每周进行一次材料的补充和替换。幼儿园"体验廊"目前有如下区域:超市、"滋味馆"餐厅、森林大巴、服装加工店、医院、娃娃家、小熊之家、建筑场、银行、回收站。"体验廊"的各个区域从头到尾是循环一体的,所有的操作材料经过回收站的回收再重新投放到超市实行再循环。在角色体验中,幼儿可以充分利用自己的已有经验。例如,"餐厅"的老板因为生意不好便进行"外卖"服务,直接送饭上门;超市进行各种大甩卖、促销活动;医院里的护士在打针时会告诉患者不疼,医生会嘱咐病人说这药不苦,不能吃辛辣类的食物;服装店上门推销等。在"体验廊"里,哥哥姐姐会帮助弟弟妹妹,教给他们技巧,并提醒他们注意安全。在这一个半小时中,幼儿尽情地玩耍,充分发挥其原有经验,通过体验,促进其认知、社会性和创造性的发展,也为其下一阶段的发展奠定基础。当然,该园教师在实施"户外角色混龄体验廊活动"过程中也存在很多困惑,比如该如何科学指导混龄活动、混龄游戏材料该如何投放、如何处理混龄游戏环境创设与游戏生成的关系、如何确保混龄幼儿之间的熟悉度又还给他们择伴的自主权以及怎么评定混龄体验游戏的活动质量等。

五、间断性混龄活动模式

"间断性混龄"活动是目前幼儿园中开展混龄教育最常见的形式,主要以混龄游戏为主。这类组织形式并不把幼儿进行一定比例的编班,而是在一周某个时间段,把不同年龄的幼儿组织在一起进行随机的混龄游戏或者活动,幼儿之间的关系比较松散、随机,异龄幼儿彼此之间的熟悉程度不如间断性混龄编班或者完全混龄编班的幼儿。开展这类混龄活动的幼儿园有很多,如杭州市的钱新幼儿园、胜利东河幼儿园、紫阳幼儿园及杭州师范大学教育学院学正幼儿园等。

杭州市钱新幼儿园开展的是"中大班户外混龄游戏"。该园实施混龄的主要原因就是看到了同龄互动和异龄互动给幼儿带来的发展价值。开展户外混龄游戏的主要是中班与大班的孩子。该园园长和教师认为,中、大班幼儿的身体协调能力较小班幼儿发展得更好,语言表达能力与自我保护能力也会更强,并且有比较强烈的同伴交往、身体发展的需求,而小班幼儿,特别是刚入园的幼儿,生活自理能力还未得到比较好的发展,自我保护能力与语言表达能力还比较弱,可能还未适应该园在室外、户外开展的那些混龄游戏,在生活自理能力与身体基本动作方面的发展需求更为强烈也更为重要。因此该园将混龄教育实施的对象设定为中、大班幼儿是有道理的,当然负责老师也有提到,他们在未来也会将开展范围扩大到小班第二学期的幼儿。该园开展混龄教育的主要形式就是混龄游戏。该园以环形游戏圈为主题,最大限度地利用室外与户外的场地与材料资源,比如户外的草地、水池、沙地、树木及走廊等,幼儿可以选择自己喜欢和感兴趣的区域和游戏。每位幼儿有一张游戏卡,上面标记了幼儿的姓名、班级,以及自己记录的心情与困惑,每一次混龄游戏开展时大概有 20 名左右的幼儿,2 名跟随教师。幼儿在某一个游戏区玩时就将游戏卡插入那个游戏区所对应的布袋,当遇到区域已满时就可以转换区域,另选一个喜欢的游戏区。主要的混龄游戏区域包括草坡(在草坡上,该园设置了小木屋、板凳、梯子、绳索,将草坡和树木的资源充分利用起来,让幼儿自己去探险,提高他们的体能和身体的协调能力,培养他们的勇敢、爱探险的品质)、"新新大街"(在"新新大街"上,该园负责的教工们在路面上设计了行驶标记、交通标志,还设置了邮箱、加油站等场所,幼儿可以在上面开车、送信、加油,既可以开展角色扮演的游戏,也可以开展认识交通标志的活动,增加了趣味性和科学性)、水乐园(有纯粹玩水的游戏——钓大鱼,也有利用水动力的科学游戏——水循环,让幼儿根据自己的兴趣与需求选择游戏区)、光影世界(光影世界利用了楼梯下的空间,布置了一个光与影的游戏区,幼儿可用手电筒、自己的小手等进行游戏)、镜子迷宫(镜子迷宫由很多面镜子组成,幼儿可在镜子中穿行,寻找自己或他人,很是新奇、有趣),此外,还有沙世界、种植区、建构乐园、野战基地等。开展混龄教育有与传统的班级活动共通的地方,比如探险、野战基地或是巧手坊能够促进幼儿的动手能力、身体协调能力的发展;多个游戏区与不同的游戏难度可以满足不同幼儿的发展与兴趣需要,满足幼儿爱玩的天性,有助于幼儿的个别性发展等。该园开展混龄教育拥有的优势:一是混龄游戏形式的设置巧妙,园中混龄游戏的形式比较特别,设计了每个幼儿独有的的游戏卡和插卡的布袋,及时地帮助遇到困难的幼儿,也可以更清楚地了解与记录参加游戏的幼儿的相关情况,能够更好地进行反馈与改进;二是环形游戏圈与分组活动的结合,该园将分组活动与环形游戏圈有机结合在一起,两部分游戏的结合,丰富与发展了游戏课程,让幼儿在环形游戏圈的基础上还能拥有更充足的材料与空间;三是幼儿园空间的充分利用,该园在场地的利用上,确实花了很多心思,将能利用的场地和材料都非常充分地用起来,比如草坡、走廊、树木、木板凳等,教工们将"爱"和"智慧"的理念表现于场地的充分开发、利用上;四是对教师进行专业培训,培训教师以自己的班级为起点来开展,会定期地进行反馈和讨论,为设计出更好的活动方案做准备,只有不断地发现和修正,才能向前发展;五是音乐元素的融入,在混龄游戏的实施过程中融入音乐这个元素,不同于教师的口令和引导,当音乐响起时幼儿自主地走出教室或整理后返回教室,让幼儿更加自觉地知道自己在什么时间该做什么。当然,开展混龄游戏的老师也存在困惑,比如如何设定混龄游戏目标、如何平衡教师花费在分龄班级和混龄游戏上的时间、混龄游戏中幼儿的物品如何管理、如何掌握混龄游戏区的开放与选择度等。

　　杭州市胜利东河幼儿园开展的是"东河 Do 都城混龄角色游戏"。该园开展混龄角色游戏经历了三个不同主题的发展阶段。第一阶段为 2002—2003年,是东河的开园初期,也是全园混龄角色游戏研究的起始阶段,最初的主题是杭州市河坊街游戏。当时正值河坊街开街,很多家长都带着孩子去玩,孩子们对这个话题很感兴趣,于是该园支持幼儿这样游戏的愿望,生成了"河坊街"游戏主题,开始了对全园打通的角色扮演游戏的尝试和探索,为游戏后期的发展奠定了良好的基础。第二阶段为 2004—2010 年,随着城市的扩展,幼儿群体发生了变化,园长和老师们发现,孩子们对"河坊街"这个游戏主题不再如从前那样热衷了。越来越多的新杭州人慢慢融入幼儿园周边的社区。孩子们更需要的是生活中的融合,于是就自主生成了"东河家园"的游戏主题,让角色游戏的内容更贴近幼儿的实际生活,满足孩子交往的需求,研究的视角聚焦在操作中的问题与对策分析上,凸显对"大带小"混龄幼儿之间的合作交往行为的研究。第三阶段为 2011 年至今,幼儿园孩子的年龄结构发生了变化。该园区的幼儿群体由小、中、大班三个年龄段变化为只有中、大班两个年龄段,因此游戏的需求也随之发生了变化。中、大两个年龄段幼儿的游戏需求更多地表现为他们能在游戏中按他们自己的意愿体验当家做主的愉悦和满足。依据幼儿群体结构的变化和幼儿游戏水平的提升需求,该幼儿园自主生成了以"东河Do 都城"为主题的角色游戏,以满足孩子经验、情感等方面的需求。随着《3～6 岁儿童学习发展与指南》的颁布,游戏中怎样凸显幼儿的自主地位,把握游戏组织和开展过程中的师幼关系成为近期园区教研的重点,游戏的研究也在进一步推进。从研究的历程来看,"东河 Do 都城"游戏发展中每一个主题的生成都是因为儿童的生活经验在变,相应的游戏需求在变,游戏的研究在不断地追寻儿童真实需要的过程中推动游戏向前发展。该园在进行混龄角色游戏过程中,支持幼儿的真实游戏,为孩子建立了"东河 Do 都城"交往社区,为幼儿创设与他人共同生活、相互交往、自由游戏的小社会模拟场,以中、大班混龄游戏的方式,引导幼儿成为儿童城的主人,在愉快的游戏活动中体验各种角色身份,理解角色行为职责和行为关系,形成规则意识,学习交往技能,培育幼儿交往素养。一是创设利于混龄交往的游戏环境。幼儿园充分利用园区特有的中国庭院风格的园舍建筑特点进行游戏空间的设计,利用 6 个班午睡室的场地资源,设置了"开心茶楼""宝宝贝贝影楼""世纪联华超市"等游戏点,并通过二楼回廊的连接,将 7 个游戏点整合在一起形成儿童城,每个游戏点既相对独立,又相互联系在整个交往主题当中。这样的空间设置使得游戏能够不受季节和天气的影响,每周五常态开展,很好地保障了孩子游戏的空间和时间。游戏交往环境的创设,不仅在于外在的形,还在于方式、氛围。幼儿交往游戏还需要本着"用心和幼儿共同生活"的精神,以亲切、接纳、平等、尊重的态度和方式和孩子互动,同玩同乐,和孩子共同生活,形成亲密融洽的师生关系。二是搭建凸显自主的游戏框架。东河 Do 都城角色扮演分为两类——工作人员和逛街朋友。为了更好地满足幼儿游戏兴趣和需要,在搭建游戏框架的时候凸显幼儿的自主性,在最大程度上支持孩子的选择,让孩子在开放的环境、自主的空间中与同伴、与材料积极互动。游戏流程主要分为三个时段、五个环节。游戏前开展角色应聘岗前培训。角色应聘——"东河 Do 都城工作人员招聘会"是孩子们自主选择游戏角色的活动模式,孩子们会在招聘会现场表达自己的扮演愿望,说明理由,自主应聘,争取工作的机会。招聘会一般会在周二或者周三进行,游戏则安排在每个星期五的上午,教师会给应聘成功的孩子发工作证,使他期待游戏时间的到来。由于每学年幼儿的游戏水平都有一个从低到高的过程,招聘会开展的周期就会随着幼儿游戏水平的成熟度适时调整,由长及短。岗前培训——教师组织孩子开展岗前培训,通过大家一起对生活经验进行回顾,引导孩子明确岗位职责,这个过程是孩子自己发起询问、交流,自己想要了解这个岗位要做什么事情,而不是教师硬要告诉他要怎么做。孩子自主协商游戏点内的岗位分配;一起准备游戏场景和熟悉游戏点内的游戏材料(新年特惠季);共同商讨统一规则等。游戏中分为自主结伴和游戏分演阶段。自主结伴——在游戏择伴环节,教师鼓励幼儿自由择伴,适当引导,随幼儿游戏的成熟度逐渐减少介入,由教师指导式转变为幼儿自发式,体现幼儿游戏的自主性。游戏扮演——教师以不干扰孩子的游戏为前提,注意观察,给予幼儿充分的同伴互动机会,让孩子自主展开游戏的情节,去再现他的经验、想法和愿望。游戏需要幼儿运用他们已经获得的所有能力,同时也在不断使他们的各种能力获得练习和提高。当结束音乐响起,幼儿自主整理游戏场地,归还游戏物品,体现孩子的自主管理能力。游戏后,自主评价——游戏后岗位的工作人员收拾好以后在游戏点内进行自主评价,大家一起交流、表达自己的游戏感受,讲述自己游戏过程中开心的或是不开心的事情,提出游戏当中的问题,一起商讨问题解决的办法等,使幼儿间有更多的双向交流。结对逛街的小朋友则是回到班里以后交流自己的游戏感受,说说和谁玩,玩了什么,玩得怎么样,发生了一些什么事情等。当然,教师对混龄角色游戏的观察指导也有效跟进。在"东河 Do 都城"游戏框架的不同时段,教师分别有不同的观察指导重点。游戏前,教师的观察指导重点是让孩子参与游戏的计划和准备。教师和孩子共同建构游戏的过程能使孩子更深地体会自主性游戏的内涵特征,这样的过程体现了课程实施的过程是动态的,是师幼共同建构生成的过程。事实证明,孩子自主参与游戏的计划和准备,可以让孩子有更真实的情感投入,会积极与同伴合作,珍惜合作做事的成果。游戏中,教师的观察指导重点有两个:一是看是否真正贴合幼儿的需要,也就是说幼儿在游戏中是否真的有自主的权利;二是看幼儿的能力水平,也就是了解幼儿在游戏中学习和发展的状况,重点包括课程目标中各年龄段对应的行为表现。游戏后,教师的观察指导重点是怎样在观察的基础上介入游戏。游戏后这个时段是展开破解问题的研磨时段,应根据游戏中的观察在岗后评价中引发讨论,如回放录像给孩子看,让孩子自己发现问题,协商问题解决的办法,帮助幼儿自主协商生成新的规则等。

杭州市紫阳幼儿园开展"紫阳庙会"特色混龄活动。该幼儿园所处的文化属于杭州市吴山文化。吴山文化反映了吴山地区从过去到今天人们的生活样貌。走进吴山周边环境,可以看到和感受到具有浓厚地域特色的小巷民居、特色街区、市井民风,以及浓浓的杭州味道。吴山文化童心体验课程围绕"为幼儿和谐发展奠基"的办园理念,尊重幼儿的成长规律和学习特点,通过对周边自然和人文资源的科学开发,来扩展幼儿的学习空间,改变幼儿的学习方式,让幼儿在走进自然、走进社会、自主探究和实践的过程中获得更为真实的、丰富的、多样化的体验,在自我经验不断建构的过程中提高对杭州传统文化的理解和感悟,从而促进幼儿身心健康、和谐地发展。吴山文化童心体验课程遵循"吴山文化润童心,和谐教育促发展"的课程理念,具有贴近生活、尊重童心、体悟文化三个方面的内涵特征。幼儿园每年年末都进行一次"小伢儿紫阳庙会",旨在通过真实的生活,让幼儿体验真实的情境,感受别样的吴山文化。

杭州师范大学教育学院学正幼儿园根据自身、周围特有的优势开展了"基于企业特色的区块联动混龄游戏"。下面重点介绍这种混龄模式(见案例 6-5)。

【案例 6-5】

基于企业特色的区块联动混龄游戏的设计与实践

杭州师范大学教育学院学正幼儿园

混龄游戏作为一种常态化教学模式的有效补充,对于幼儿的社会性发展有着特殊的意义。该园利用企业中原材料的包装或者残次产品,在保障安全的前提下,创建了具有企业特色的区块联动混龄游戏。此项游戏解决了恶劣天气幼儿不能进行体育锻炼的问题,同时也可作为幼儿园实施混龄教育的具体方法。近几年来,随着环境问题的日益突显,雾霾天,暴雨、暴雪等恶劣天气越来越多,很多教师预设好的户外游戏受天气的影响并不能如期进行。《3～6岁儿童学习与发展指南》中明确指出:"幼儿每天的户外活动时间一般不少于2小时,其中体育活动时间不少于1小时,季节交替时要坚持。"区块联动混龄游戏解决了幼儿园恶劣天气不能进行体育锻炼的问题,保障了幼儿每天都有1小时的时间进行体能锻炼与混龄游戏。我们利用幼儿园走廊、楼梯及各班寝室的空间,设计出具有开发区企业特色的区块联动混龄游戏,其游戏贴近生活,可选择性大,使幼儿可以保持长久的游戏兴趣,满足了幼儿身体发育的需求。通过研究我们发现,采取区块联动混龄游戏可以突破幼儿只能和同龄幼儿游戏的局限,是实施混龄教育的有效方法。

一、基于企业特色的区块联动混龄游戏的思考

(一)幼儿园拥有区域企业提供的可运用于游戏的充足资源

该园首先对世界五百强在下沙的企业做了详细调查统计,电器生产研发的企业有日本的东芝、松下电器、三菱商事等;电子设备生产研发企业有韩国的 LG 电子、三星电子等;食品制造企业有美国的百事可乐、可口可乐,中国中粮集团旗下的中萃食品等;包装技术企业有德国的博世、中国中粮集团旗下的中粮包装等。该园坐落在开发区最东部的钱塘江边,经过与企业沟通,已得到4 个企业资助,在该园走廊和园厅建设了游戏区角:三彩公司的服装游戏区、华友影视公司制作的影视游戏区、华联超市为该园制作的超市体验区、松下公司在院落里赠送的一个果园。企业区角游戏为孩子们的游戏生活增添了无穷的创想和乐趣。这给该园设计区块联动混龄游戏提供了线索。于是,企业的包装箱、包装桶、线轴、瓶盖、瓶子成为该园游戏设计的主要材料,企业文化和企业产品的生产流程成为该园设计游戏的基本思路。

(二)区块联动模式凸显了游戏功能的丰富性

区块联动可以使幼儿在 1 个小时内到多个游戏区玩多个游戏。每个区块的游戏功能除了具有企业特色以外,还要分别满足幼儿走、跑、跳、钻、爬、平衡、投掷等动作发展的需要。幼儿在出发前要选择一个伙伴同行,和伙伴商量

先玩哪个游戏,后玩哪个游戏,面对选择,幼儿有时自身妥协,有时会与他人协商争取对方妥协,有时独立完成,有时合作完成,这给幼儿的人际交往提供了发展平台。如果每个幼儿都能按预先设计好的流程来玩,幼儿的计划性可以得到锻炼。每个游戏场都会有人数限定,幼儿需要在等待区排队,其秩序感和轮流游戏的个性品质就得到了提升。上下楼梯或到各个游戏场地,幼儿需要与负责游戏的多位老师打交道,要有礼貌地问好,询问游戏的规则等,这锻炼了幼儿的语言表达能力。区块联动在游戏中凸显了游戏功能的丰富性,是普通游戏在短时间很难达成的。

（三）混龄游戏可充分发挥幼儿潜在的互助成长作用

在幼儿园中,独生子女还是偏多,幼儿在家里的玩伴比较少。幼儿园的区块联动混龄游戏增加了不同年龄幼儿接触与互动的机会。比如小班幼儿对幼儿园的整体环境还不太熟悉,交往能力和语言表达能力较弱,很难完成区块联动混龄游戏。每个小班年龄的孩子都有一个幼儿园里的哥哥或姐姐带着他们玩,在双方结伴同行完成游戏计划的同时,可以获得互助成长的有益经验。小班的孩子可以观看中、大班幼儿的高水平游戏,大班幼儿可以在照顾小班幼儿时发挥自己的协调能力,即照顾好小弟弟、小妹妹,又让自己玩好。联动游戏中需要大班的幼儿克服困难带着小班的幼儿游戏,在这个过程中他们的责任感也会增强。

二、区块联动混龄游戏的设计

（一）区块联动混龄游戏设计的原则

该园区块联动混龄游戏的设计要符合《3～6岁儿童学习与发展指南》中的不同年龄段幼儿的动作发展目标要求,还要符合以下几项原则:

1.趣味性原则

区块联动混龄游戏首先要保证趣味性,要根据幼儿的年龄特点进行设计,设计的游戏要新颖有趣,提供的材料美观、生动、形象,符合幼儿的感知特点。

2.挑战性原则

区块联动混龄游戏要具有挑战性,实践表明,没有挑战性的游戏,幼儿不会再来玩第二次。我们在了解幼儿学习需要的基础上,可以运用维果斯基和布鲁纳有关"最近发展区"的理论为幼儿设计游戏,在游戏中提供"支架",帮助幼儿在游戏中体验成功感。这也是保持幼儿游戏兴趣的关键因素。

3.简单易学原则

区块联动混龄游戏要简单易学,一看就会,操作不复杂,不需要老师教就可以玩。

4.游戏材料循环利用原则

由于是联动游戏,游戏材料的可循环利用就特别重要,例如,如果第一组玩的"种菜",那第二组就要玩"收菜"。这样的设计不需要将游戏材料收回到起点,节省时间,可以大大增加参与幼儿的人数。

5.企业特色原则

幼儿可以在工作中游戏,也可以在游戏中工作。企业特色游戏突出了以上两个特点。例如以企业名称命名的娃哈哈送水站、康师傅配送站、松下射击场等;以企业的生产流程命名的拧瓶盖、运输中转站、包装车间等;以企业文化来设计的撕名牌、套圈、碰碰车游戏等。

(二)区块联动游戏的分类

区块联动游戏空间分为三个区块,每个区块的游戏空间包括教室6个、长走廊1条、园厅1个和1～3层的楼梯1条。

```
    东部              中部              西部
     │                │                │
     ▼                ▼                ▼
 小龙人健身馆      小龙人游乐园      小龙人迪士尼
```

(1)小龙人健身馆的特点是挑战性,让幼儿了解自己的体能水平。每个游戏都有自评表,幼儿玩好后都要记录自己的原有水平,如跑、钻、爬及登山的速度,跳的、投准的个数,举重、拉力的磅数等。

(2)小龙人游乐园的特点是团队合作性,这个区域的游戏都是只有合作才可以完成的游戏。如,双人抬的、多人推的、多人投的、多人爬的,以及集体竞技的游戏。团队获胜则个人获胜。

(3)小龙人迪士尼的特点是娱乐性,这个区域的游戏以娱乐为主,幼儿都会在游戏中扮演动物或卡通人物角色来完成有趣的娱乐游戏。

(三)区块混龄游戏联动方式

(1)准备阶段:各班教师带领幼儿了解每个区块游戏,讲解玩法和游戏用具的使用及游戏规则。

(2)初期联动:幼儿在自己教室所在的区域内联动。每个幼儿都有一张游戏卡,卡上印着本区块的所有游戏标识。幼儿按照游戏卡上的标识,找到自己想要玩的游戏,看每个游戏室外的指引标牌,进入游戏场。玩好后,在游戏卡上盖章。每个游戏只能玩一次。当幼儿已经熟悉本区块游戏的时候,三个区块可以整体区块交换游戏。幼儿仍然在本区块联动。

(3)大联动:当每个幼儿已经熟悉了三个区块所有游戏后,开启大联动。也就是幼儿可以在幼儿园大楼内自由行动,选择自己要玩的游戏。

(4)小班幼儿由大班幼儿带领参加联动游戏,记录由大班幼儿协助完成。

(5)区块混龄游戏的时间安排在上午9:10—10:10,开始和结束都由广播室的音乐来控制。

三、基于企业特色区块联动混龄游戏的实施

（一）区块联动混龄游戏实施的机制保障

1.时间保障

按幼儿园常规的一日生活流程，户外活动要有 2 小时，恶劣天气不能进行户外活动时，要在室内做 1 小时的体能游戏。为此，我们特别制作了晴雨两套作息时间，以制度的形式保障了区块联动游戏的可操作性。

2.空间保障

区块联动游戏需要统筹安排好场地，午睡室、走廊、空地都利用上，变成游戏场馆。每个游戏都由专人负责，每位老师负责区块内的一块游戏场地。为此，幼儿园的联动游戏分成三个区块来落实，即东部、中部和西部。幼儿根据班级位置被划分到相应的区块中，幼儿在自己划分的区块内自主选择联动游戏。

3.人员与安全保障

区块联动混龄游戏是全园同时开放的，幼儿可以在走廊、楼梯和各个班级自主行动。楼梯上、走廊上、每个角落都要有人员看护和指导。为此，全体保育老师都被分配到各个区块负责幼儿上下楼梯和在走廊里行动的安全，关注幼儿的运动量，发现有出汗的幼儿提醒其坐下来休息。教师要在自己的游戏区内组织游戏、观察评价和关注幼儿的运动量，安排幼儿适当休息，保障幼儿的运动安全。

（二）基于企业特色的区块内游戏的设计与实施

混龄游戏一共有三个主题游戏区块：小龙人健身馆、小龙人游乐园和小龙人迪士尼。我们依据区块联动游戏主题和混龄游戏设计原则，结合企业提供的材料创编出具有企业特色的各类游戏。

1.东部的小龙人健身馆内的游戏（挑战）

拳击架、举重器、平衡木、体操垫、滑板车、自行车、大游泳圈、轮胎等。

2.中部的小龙人游乐园内的游戏（合作）

吉利碰碰车、中粮派送队、导盲犬过桥、撕名牌、气球赛、野战医院、气球大战。

3.西部的小龙人迪士尼内的游戏（娱乐）

打地鼠、煲仔饭、开心农场、五丰蒸包、射击场、啦啦操、炸碉堡、种豆豆、娃娃戴帽子。

（三）区块联动混龄游戏评价与反思

区块联动游戏的开展，对于教师来说是一次挑战。按常规，教师只接触一个年龄段的幼儿，因而与这个年龄段的幼儿互动有一定的经验。但是区块联动游戏的进行过程中，教师可能会同时接触三个年龄段的幼儿。教师要把游戏设计得有趣还要适合不同年龄段的幼儿，这就增加了设计和组织难度。同时，教师还要依据幼儿在游戏中的表现，观察分析，记录幼儿的体能发展状况。教师在区块联动游戏中拓宽了观察领域，在对不同年龄幼儿进行评估的过程中，其专业能力可以获得快速提升。

游戏开始时，小朋友根据游戏卡中的标记找到相应的游戏场所，场所中的老师负责组织幼儿的活动，游戏结束时，幼儿自行在规则牌下面找到印章并在自己的记录本上盖上印章，表示今天已参加过此游戏。所有的章都敲过了，证明区块游戏全部完成，若有多余时间，幼儿可到自己喜欢的游戏区与老师商量再玩一次。该园采取包干式评价，教师在每个幼儿的游戏卡后面做一个标记，例如五星、三角或波浪线，代表在这个游戏中的三个水平。教师可以观看这个游戏卡来了解在自主游戏中，这个孩子去了几个区，对他在游戏中的体能水平也会有所了解。经过观察研究，由于幼儿的自控能力比较弱，个别幼儿会出现运动过量现象，即出汗比较多，每个游戏区的老师都有责任提醒幼儿要注意运动过程的休息，保障幼儿的运动密度和运动强度维持在适宜的水平。我们也会就此问题继续研究，保证每位幼儿都能够在区块联动游戏中健康快乐成长。好多幼儿在雨天来得特别早，他们说特别喜欢小龙人健身馆游戏。我们期待，幼儿的健身习惯能因为我们这个基于企业特色的区块联动游戏从小就建立起来。

基于企业特色的区块联动混龄游戏得到了幼儿的喜爱，他们自由结伴，享受着自己选择游戏的快乐。大班幼儿带着弟弟或妹妹一起完成游戏，增强了责任感。小班幼儿也因为有了大哥哥、大姐姐的带领，可以顺利完成各项游戏，学会了轮流游戏和遵守规则。区块联动游戏满足了幼儿好动的心理和娱乐需求，又能提高幼儿的身体素质，幼儿的社会性发展也有了平台。在此期间，教师的混龄游戏的设计和组织能力及评价能力都获得了提升。

第三节　大力倡导混龄教育，特别是间断性混龄教育

社会学研究表明，独生子女的社会网络中天然的无选择的人际关系（指兄弟姐妹由此派生的家族关系）的缺少，迫使他们在家族之外寻求社会交往，如果幼儿缺乏建立、发展良好的社会关系（包括同伴关系）的能力，势必影响其获取广泛的信息资源，从而妨碍其发展。那么，是否也和国外相关研究所证明的一样，我国这些独生的幼儿在心理理论上的表现要差于那些有兄弟姐妹的幼儿？对此，我们目前很难去做大样本的调查加以验证。随着"二孩"政策的放开，这个课题将成为可能。研究发现，混龄交往有利于促进幼儿心理理论的发展。具有不同的心理阅读能力的幼儿在一起，会以不同的方式进行相互交往，

即当那些通过心理理论任务的幼儿和那些没有通过心理理论任务的幼儿搭配成组时,他们之间进行的游戏比起那些在心理理论水平上表现均衡的匹配组幼儿(如两个都通过心理理论任务的幼儿搭配,或者两个都没有通过心理理论任务的幼儿进行搭配)之间的游戏更为活跃。这表明,让通过心理理论任务的幼儿和没有通过心理理论任务的幼儿在一起进行游戏的效果最好。

哈图谱(Hartup)认为:"不同年龄儿童的交往对儿童的社会性和人格发展非常重要。虽然跨年龄交往看起来是一种不对称的关系,年长儿童比年幼儿童有更高的权力和社会地位,但这种不对称性可使儿童获得更多的社会性能力。"一项对六种不同文化背景中儿童的社交活动的调查表明:"跨年龄交互作用与同龄交互作用有着多方面的差异。照顾他人等亲社会行为在跨年龄同伴交往中更多地出现,而偶然的社会性活动和攻击性行为则在同龄交往中更易出现。"以往有关混龄教育的研究主要侧重于教育组织形式对幼儿社会性发展的影响,很少从社会认知的角度来探讨混龄教育对幼儿发展的作用。杜晓玲在对学前儿童游戏择伴的研究中还发现,学龄前儿童在游戏过程中以同龄择伴为主流。应该说,同龄交往和异龄交往对幼儿的成长都是不可或缺的。因此,我们"提倡混龄教育,提高幼儿的心理理论水平"。如前文所述,混龄教育可以促进幼儿心理理论的发展,完全混龄和间断性混龄交往的幼儿在心理理论上的得分都显著高于完全同龄的幼儿,而前两类幼儿的心理理论得分之间并未发现显著差异。主要原因可能在于,混龄环境既容易引发同龄之间的认知冲突与合作,又很容易出现异龄之间的认知冲突与合作。

目前绝大部分幼儿园为了追求管理方便,不仅将幼儿严格按年龄进行分班,而且大部分时间将幼儿限制在活动室里。虽然幼儿园是幼儿生活的场所,但不同年龄的幼儿很少有机会交往,即使是同一年龄的平行班内的幼儿也较少来往,许多幼儿对其他班的同伴并不相识——"教学班"或"班级"概念在幼儿时期已经非常牢固——这就是他们活动、交往的范围。跨班或异龄交往的缺失很可能会在一定程度上对幼儿的发展产生不利影响。"间断性混龄教育"既可以为幼儿提供与异龄同伴交往的机会,扩大他们的交往范围,又可以比较充分地整合利用幼儿园的人际资源,进行差异性互补。

蒙台梭利在其《有吸收性的心理》一书中写道:"社会生活的美丽在于一个人遇到的不同类型的数量。没有什么地方比敬老院更加无聊单调。按年龄实行隔离是一个人能够做的最残酷最不道德的事情之一,对儿童也是如此。它打破了社会的契约,剥夺了生活的滋养……重要的是不同年龄的儿童要混合在一起。我们学校的经验表明了不同年龄的儿童之间可以互相帮助。年龄小的儿童可以看年龄大的儿童做事并请他们进行说明解释。他们是很乐意这样做的;这样教学才真正有价值,因为5岁儿童的心理比我们更接近3岁儿童的心理，幼儿很容易学会我们认为是难以传授的东西。他们两者之间存在一种人们在成人与幼儿之间很少发现的交流与和谐……有很多东西教师是不能够传授给 3 岁的儿童的，但 5 岁的儿童却能轻易地做到。他们之间存在一种自然的心理渗透(osmosis)，而且 3 岁儿童对 5 岁儿童所做的事情是非常感兴趣的，因为这些与他自己的能力相差不远。所有年龄大些的儿童变成了英雄和老师，而幼小的儿童就成为他们的羡慕者。幼小的儿童从年龄大些的儿童那里得到灵感，然后继续做他们的工作。在另一类学校里，同班的儿童年龄相同，聪明的儿童能够轻而易举地教其他儿童，但这几乎是不允许的。他们唯一能做的就是当差生不能回答教师的提问时由他们来回答。结果他们的聪明才智经常受到忌妒。忌妒是不为幼儿所知的。他们不会因为年龄大的儿童懂得的比他们多而羞愧，因为他们觉得当他们长大后也会如此。两者之间存在爱和羡慕；这是一种真正的兄弟关系。"从理论上讲，分龄教育和混龄教育两种教育组织形式都可以在教育实际过程中践行。我们认为，间断性混龄是一种更为适合我国国情的学前教育组织形态。

一、为什么要实施混龄教育

目前，我国绝大多数幼儿园都采用同龄编班的教育组织形式，严格依据年龄(一般是 1 岁以内的年龄差)把幼儿划分成小班、中班和大班。这种同龄编班的形式便于实施集体教学，是与我国长期以来大一统的学校课程体系相一致的。然而同龄编班也存在一定的问题，比如因较少考虑儿童的个别差异而导致"一刀切"的教学方式。同时，我国绝大多数幼儿因缺乏兄弟姐妹而导致异龄交往不足或缺失，而同龄编班又不能弥补这种缺失和不足，从而会对幼儿的社会化发展造成某些潜在的不利影响。

人类学家梅尔文·科恩特指出，"幼儿有一种天生的与非同龄人交往的倾向"，而我们的教育实践却往往由于过分强调年龄差别而使幼儿的这种先天倾向受到抑制，从而在一定程度上限制了幼儿与异龄同伴交往的机会，这是有悖于幼儿的天性的。因为"完善的个体发展离不开同龄伙伴和异龄伙伴的交往，它们各自获得的益处是不同的。没有与年长者的交往，知识经验和技能的学习机会将减少；没有与年幼者的交往，社会责任心、自主感和组织能力的补偿难以实现；没有与同龄者的交往，对事物共同的体验就失去了可比较的机会和协商合作的可能"。

应该说，同龄交往和异龄交往对幼儿的成长都是不可或缺的。著名教育家马卡连柯曾说："独生子女没有兄弟姐妹，因而没有相互体贴、照顾的经历，没有互爱互助、相互模仿、共同努力的经历，这不利于发展儿童的集体意识，而会导致儿童个人主义的蔓延。"我们应该鼓励不同年龄间的幼儿进行相互交往,并让他们从中受益。作为同龄教育的一种有益补充,混龄教育可以为幼儿提供与异龄同伴交往的机会。同时,在幼儿园实际的教育组织中,同龄交往和异龄交往也应该是共生共存的,两者共同促进幼儿的全面发展。"在年龄混合的情况下,与自己年长或年幼者的友谊并不会取代同龄人间的友谊,反而是以一种有益的方式补充同龄人间的交往。"当我国独生子女社会化问题成为一种普遍的社会现象时,部分幼儿园开始了各种形式的混龄教育的尝试,如"部分混龄""完全混龄""间断性混龄""连续性混龄"等,试图补偿独生子女社会化方面的某种缺憾。

二、何谓间断性混龄教育

"间断性混龄"是混龄教育的一种组织形态,它和"连续性混龄"相对,是按照混龄教育组织的时间维度来进行划分的。

"间断性混龄"与"连续性混龄"的主要区别在于,在时间上,前者是非连续的、间隔的;后者是连续的、每日的。实践表明,两种不同的教育组织形式各有利弊,对于幼儿的发展都具有重要的价值和意义。需要指出的是,本书论述的"间断性混龄"教育主要是指,幼儿园每周有一两个固定的时间段(如上午),将几个年龄段幼儿的游戏、学习、运动和生活等活动贯穿于其中的一种教育组织形式,其特点是:有固定的时间、固定的地点、固定的幼儿编班、固定的带班教师,以及灵活而有计划的活动内容。

三、间断性混龄:一种比较适合我国国情的幼儿园教育组织形态

第一,实施间断性混龄符合幼儿天性,以及幼儿自身发展的需要。一般来说,幼儿通常喜欢选择与自己年龄相仿的伙伴来玩,即使在邻里之间,幼儿彼此间半数以上的交往也多是发生在与他们年龄差距不超过 1 岁的伙伴之间,尤其在游戏中。同龄伙伴之间有着更多的相似性和共同点,从而成为幼儿交往的主要对象。同时,幼儿也非常渴望异龄玩伴,而喜欢与年长幼儿交往胜于与年幼幼儿交往,这在男孩身上尤为明显。我们通过对 102 名幼儿的调查发现,当问及他们"你喜欢和小哥哥、小姐姐(或小弟弟、小妹妹)玩吗"这个问题时,分别有 90.6％和 90.3％的幼儿回答"喜欢";在回答"如果幼儿园把你和小哥哥、小姐姐,还有小弟弟、小妹妹编在一个班里一起上课、一起玩,你高兴吗"这个问题时,88.2％的幼儿表示非常"高兴"。为此,大年龄幼儿说"弟弟妹妹不会的时候,我可以帮他们","弟弟妹妹和我玩我很开心","他们很乖巧,但是我知道得比他们多","小弟弟喜欢我"等;而小年龄幼儿则说"可以学很多本领","很开心","因为哥哥姐姐和我好","因为他们不打人"等。由此可见,在成长过程中,幼儿的交往特点是以同龄伙伴为主要交往对象,但又表现出对异

龄玩伴的渴望。有研究指出:"儿童与年长、年幼或同龄同伴交往的偏好受交往目的的影响。当问及谁是自己最好的伙伴时,儿童更愿意选择同龄同伴。如果儿童需要得到帮助或保护,则他们更愿意选择年长儿童。如果情境要求他们表达同情,或者是教给其他儿童自己已经掌握的知识时,他们会选择年幼的儿童。"

间断性混龄在保证幼儿和同龄伙伴充分交往的同时,又提供给他们与异龄伙伴交往的机会,在一定程度上满足了他们对与不同年龄玩伴交往的需要。

第二,实施"间断性混龄"符合幼儿家长的需要,家长的支持率高。幼儿园能否顺利进行混龄教育,家长是否支持非常关键。我们对上海一所普通幼儿园的215位幼儿家长进行问卷调查发现,有一半以上的家长(53.5%)认为自己的孩子缺乏不同年龄的玩伴,59.2%的家长希望自己的孩子能够与"不同年龄的孩子"交往,他们认为孩子能"从不同年龄层次的孩子中学到他们的长处","结交不同年龄的小伙伴,有利于促进孩子身心健康发展","学会与不同年龄段的孩子交往","与稍大的孩子玩可以提高待人接物、思考问题的能力;与稍小的孩子玩可以帮助他学会关注和帮助更弱小的人"等。可见,大部分幼儿家长已经意识到不同年龄的玩伴对幼儿社会化发展的重要性。因此,当被问及"如果幼儿园要进行混龄编班,每周活动一次或两次,您同意自己的孩子参加吗"这个问题时,84.5%的幼儿家长表示"完全同意",只有0.9%的幼儿家长表示"不同意",其余家长则持"无所谓"态度。可见,幼儿家长对这种间断性混龄形式非常认同,支持率很高,为促进家园友好合作奠定了基础。

第三,实施间断性混龄,幼儿教师承受的压力相对较小,教师接受率高。"混龄教育使教师面临着多元目标的挑战",这"迫使教师提高环境创设的能力",并"对教师的教育机制提出更多要求",所以在实行连续性混龄的幼儿园中,表示愿意尝试带混龄班的教师只占26.7%,而73.3%的教师则不愿意带混龄班。而在间断性混龄中,由于每周只进行一次或两次混龄活动,幼儿教师有相对较充分的时间为这些混龄活动做准备,承受的压力相对较小,因而,很多老师都比较愿意尝试带混龄班。据我们对一所幼儿园的18位教师所进行的调查发现,85%的教师"能够接受"带混龄班的任务。当然间断性混龄对幼儿教师的要求也是很高的,能够胜任其职也是需要付出很大的努力的。

第四,实施间断性混龄不会对幼小衔接造成不利影响。我国目前的学前教育体制基本都是儿童从小班逐步升到大班,然后再上小学。在幼儿园的大班,幼儿要为上小学做准备,因此很多家长都会对孩子能否顺利进入小学、适应小学的学习生活而担心。在实行连续性混龄教育的幼儿园,家长的这份担心就会更大。而在间断性混龄教育中,家长则不会太担心:一方面,每周一次域两次的混龄活动占用的时间不是太多,同时又可以为孩子提供与异龄伙伴交往的机会,在一定程度上弥补幼儿异龄交往的不足;另一方面,这种混龄主要还是以同龄交往为主,不会影响大班组织的正常教学,因而深得幼儿家长支持。据调查,虽然大班家长支持幼儿园实施间断性混龄的比率不如小班(87.1%)和中班(82.8%)高,但是仍有 80.0%的大班幼儿家长表示"完全同意"。

第五,实施间断性混龄符合当前学前教育改革所倡导的新理念。以往,在传统的应试教育体制和观念的重压下,幼儿园为了追求所谓的教学效率和教学效果,不仅将幼儿按年龄严格分班,而且大部分时间被限制在固定的活动室里,即使同一年龄的平行班也较少往来,更不用说和异龄班级了。这严重限制了幼儿活动和交往的范围。在强调素质教育的今天,这种情形将会逐渐得到改观。当前课程改革的一个难点是过程和结果的矛盾。要"注重过程,而不要过于追求结果",这不仅是幼儿教育的特征,也是使幼儿成为发展主体的保证。间断性混龄就是要求教师关注每个孩子的个体差异和实际的发展过程,关注每个幼儿实实在在的发展。同时,在这种非常自然的教育生态环境中,不同年龄幼儿之间的交往和社会建构是复杂而多向的,每个幼儿都能在其间找到自己的定位和发展空间,找到自己的"最近发展区",从而不断超越原有的水平,向着自己力所能及的最高水平发展。

2001 年,《幼儿园教育指导纲要(试行)》中指出,"环境是重要的教育资源,应通过环境的创设和利用,有效地促进幼儿的发展","同伴群体及幼儿园教师集体是幼儿园宝贵的教育资源,应该充分发挥这一资源的作用"。基于这种理念,我们认为,间断性混龄教育既可以为幼儿提供与异龄交往的机会,扩大他们的交往范围,又可以比较充分地整合、利用幼儿园的人际资源,进行差异性互补,从而为幼儿营造一个良好的发展环境。

第六,从我国国情看,很多地区并不具备实施连续性混龄的条件。我国人口众多,经济发展不平衡,加上实施连续性混龄对幼儿园的师资力量、教师教育观念、教育机制,以及家长观念、幼小衔接等都是一种巨大挑战,因此,除了少数经济比较发达、师资力量较好地方(如北京、上海等)的某些幼儿园外,多数幼儿园目前还不具备实施连续性混龄的条件。而间断性混龄则比较符合广大幼儿家长要求,能满足幼儿交往意愿,在实践中亦不存在太大的外在压力,对于幼儿教师而言,难度也不是太大,相对容易操作,并且不影响幼小衔接,符合我国当前学前教育改革所倡导的新理念,在实施素质教育的今天,不失为一种值得提倡的幼儿园混龄教育组织形态。在我国,间断性混龄教育是一种值得大力提倡的学前教育组织形式。[8]

参考文献

[1] Cnrtis D M S. On becoming a competant multi-age practitioner[D]. Memorial University of Newfoundland,1999.

[2] 童的梦艺术幼儿园混龄课题研究组.混龄教育组织形态的研究[J].上海教育研究,2005(2):63-65,70.

[3] 何敬红.走进混龄教育[M].上海:中国福利会出版社,2010.

[4] 徐刚,华爱华.混龄日记中的教育启示[M].上海:华东师范大学出版社,2014.

[5] 葛晓英.混龄班幼儿教育活动实例[M].福州:福建人民出版社,2011.

[6] 周穗萍.在玩中学[M].上海:上海教育出版社,2009.

[7] 陈冰美.爱的屋檐下——"间断性混龄"教育中人际互动行为之研究[M].香港:香港文汇出版社,2010.

[8] 武建芬,陈冰美.间断性混龄:一种比较适合我国国情的学前教育组织形态[J].幼儿教育(教师版),2006(3):4-6.

索　引

后　记

　　本书是浙江省哲学社会科学规划课题的成果，是一本专门探讨儿童心理理论与混龄教育的专著。

　　本书是我 10 多年来坚持梦想的一个阶段性回报。2004 年，在华东师范大学攻读学前教育学博士学位的时候，因为一个偶然的机会，我结识了上海市浦东新区云台幼儿园的陈冰美园长和她优秀的教师团队，与他们一起开始了混龄教育的学习和研究。经过共同努力，我们完成了"'间断性混龄'教育中师幼互动行为之研究"的课题。后来，陈园长和老师们还在此课题基础上，完成了《爱的屋檐下——"间断性混龄"教育中人际互动行为之研究》的著作出版。正是当年这美好的经历，让我走进了至今钟爱的混龄教育领域。也正是来杭州工作 10 多年来，遇到了很多帮助我的人，才使我最终实现了一直以来想完成一本与混龄教育有关的著作的梦想。所以，对所有给我提供帮助的人，我是充满感恩和敬意的。

　　感谢我的博士生导师王振宇教授一直以来的鼓励和支持。无论当年读书期间，还是后来工作期间，王老师始终鼓励我们进行学术研究，要求我们必须坚持科学精神，要敢于怀疑，敢于批判，坚持实证，谦虚谨慎。感谢王老师为本书作序，鼓励我在学术的道路上不懈前行。

　　感谢我团队的所有成员为本课题的完成所做的共同努力。感谢所有为我的研究提供帮助的幼儿园。感谢杭州市胜利幼儿园、杭州市紫阳幼儿园、杭州市胜利东河幼儿园、浙江省军区后勤部六一幼儿园、杭州市名苑学前教育集团和庄幼儿园、杭州市莲花港幼儿园、杭州市九莲幼儿园、杭州市启睿多元培训中心、杭州市夏衍幼儿园、杭州市钱新幼儿园以及杭州师范大学教育学院学正幼儿园等。感谢周穗萍园长、章玲敏园长、孔英萍园长、李瑾园长、董瑾勤园长、戴翎园长、须晶晶园长、黄斌彬园长、上官晓军园长、万小飞园长及陈福静园长等各位园长为本研究提供的资料和研究之便，感谢这些幼儿园里混龄班的老师和孩子们！感谢杭州市西湖区幼教教研员、省特级教师沈颖洁老师，杭州市上城区幼教教研员沈杭凯老师，杭州市上城区教育学院研究员单瑛凡老师，杭州市江干区幼教教研员杜丽娟老师，杭州市西溪花园幼儿园的舒红老师，这些老师为我提供了更为广阔的研究思路和幼儿园研究基地。感谢书中所有提及的文献的作者和幼教同行。

　　我的研究生倪灵俊、王秋利、许君迎、王玉芳、刘畅、李玲玲、周栓栓、陈芊芊及本科生孔琳燕、陈芳、陈茜等先后为本书顺利出版做出了很大贡献。倪灵俊参与了第三章的研究,王秋利参与了第四章的研究,许君迎、王玉芳和刘畅参与了第五章的研究,李玲玲、周栓栓、陈芊芊、孔琳燕等参与了第六章的研究。从数据收集、资料分析,再到文稿梳理、整体校稿等,都离不开他们的勤奋付出。在此,感谢他们。

　　感谢我的同事朱晓斌教授为本书出版提供的方便和支持。感谢杭州师范大学科研处王晨老师和教育学院冀嘉嘉老师的支持,他们每次善意的提醒和鼓励,鼓舞了我继续完成课题研究的斗志。

　　感谢浙江大学出版社的领导将此书列入出版计划。特别感谢阮海潮和陈静毅编辑对我的大力支持和帮助,每一次的邮件、通话、QQ 或微信交流,都能让我感受到他们优秀的专业素养和善解人意的做人品质。

　　感谢我的先生张崇生,尽管平时工作非常忙碌,但他依然为我完成课题提供了很大帮助。感谢我的儿子,是他儿时清澈明亮的眼睛,点燃了我研究儿童的兴趣。一路走来,他的青春活力带给我生命的美好动力,他纯洁动听的歌声缓解了我工作中的疲倦。感谢我的家人们,为他们,我总是做得太少。

图书在版编目(CIP) 数据

心理理论与混龄教育/ 武建芬著. —杭州:浙江
大学出版社,2017.5
　ISBN 978-7-308-16831-1

　Ⅰ.①心… Ⅱ.①武… Ⅲ.①儿童心理学－教育心理
学　Ⅳ.①G44

　中国版本图书馆 CIP 数据核字(2017)第 078270 号

心理理论与混龄教育

武建芬　著

责任编辑	陈静毅
责任校对	杨利军　陈思佳
封面设计	春天书装
出版发行	浙江大学出版社
	(杭州市天目山路 148 号　邮政编码 310007)
	(网址:http://www.zjupress.com)
排　　版	浙江时代出版服务有限公司
印　　刷	杭州日报报业集团盛元印务有限公司
开　　本	710mm×1000mm　1/16
印　　张	14.25
字　　数	271 千
版 印 次	2017 年 5 月第 1 版　2017 年 5 月第 1 次印刷
书　　号	ISBN 978-7-308-16831-1
定　　价	45.00 元